KB042601

유토피아

을유사상고전

유토피아

토마스 모어 지음 | 주경철 옮김

을유문화사

을유사상고전
유토피아

발행일 2007년 6월 1일 초판 1쇄
2021년 2월 25일 개정판 1쇄
2023년 3월 20일 개정판 3쇄

지은이 토머스 모어
옮긴이 주경철
펴낸이 정무영, 정상준
펴낸곳 (주)을유문화사

창립일 1945년 12월 1일
주소 서울시 마포구 서교동 469-48
전화 02-733-8153
팩스 02-732-9154
홈페이지 www.eulyoo.co.kr

ISBN 978-89-324-4005-7 04340
ISBN 978-89-324-4000-2 (세트)

THOMAS
MORVS PETRO
AEGIDIO
S. D.

PVdet me prope
modum charis-
ſime Petre Aegi
di, libellum hūc
de Vtopiana re
publica, poſt an
num fermè ad te mittere, quē te
nō dubito intra ſeſquimēſem ex-
pectaſſe. quippe quum ſcires mi-
hi demptum in hoc opere inueni
c endi

『유토피아』 제3판의 헌정 페이지, 한스 홀바인, 1518

일러두기

1. 본문에 옮긴이의 주는 숫자로 표기했다.
2. 책이나 잡지에는 『』, 신문, 논문, 단편, 시를 비롯해 연극, 미술, 음악 등 예술 작품의 제목은 「」로 표기하였다.
3. 인명은 국립국어원의 외래어 표기법에 따랐으나, 일반적으로 굳어져서 사용된 명칭은 그에 준했다.
4. 이 책에는 독자의 이해를 돕기 위한 도판을 새로이 추가하였다.

개정판 옮긴이 서문

토머스 모어의 『유토피아』가 처음 출판된 것은 1516년이다. 출판 500주년이 되는 2016년에 우리나라와 서구 학계에서는 이 책에 대해 활발한 학술적 논의가 이루어졌다. 무릇 고전이란 많은 시간이 흐른 후에도 계속 사람들에게 읽히고 생각할 거리를 주는 책이니, 『유토피아』야말로 그런 설명에 정확히 부합하는 저서라 할 수 있다.

우리 모두의 소망은 행복한 삶을 사는 것이다. 모든 사람이 행복하게 살아갈 수 있는 곳은 어떤 나라인가, 어떻게 그런 나라를 만들 수 있는가 하는 물음은 근대 사회가 스스로 제기해 온 가장 중요한 질문이다. 『유토피아』는 바로 그 문제를 본격적으로 제기한 최초의 책 중 하나다. 이 책을 꼼꼼히 읽은 독자라면 알겠지만, 『유토피아』의 장점은 단순히 저자가 생각하는 이상적인 국가의 모습을 제시하는 데 그치는 게 아니라, 그와 같은 기획이 얼마나 이행하기 어려우며, 자칫 얼마나 큰 모순과 위험을 안고 있는가 하는 점을 동시에 말한다는 데에 있다.

이 책을 우리말로 번역하여 출판한 지 14년이 지났다. 그동안 적지 않은 독자들이 이 책을 텍스트로 삼아 그와 같은 문제에 대해 고민하며 공부해 왔다. 이제 새로운 판본으로 『유토피아』를 출판하게 되었다. 이 기회를 이용해서 난

삽하거나 딱딱한 일부 용어와 표현을 바로잡았다. 앞으로도 이 책이 우리나라 독자들의 사고를 풍요롭고도 세련되게 만드는 데에 일조하기를 진심으로 바란다.

2021년 1월
주경철

초판 옮긴이 서문

이 책은 토머스 모어의 『유토피아』를 우리말로 옮긴 것이다. 이 작품에서 비롯된 '유토피아'라는 말은 원래 '아무 데에도 존재하지 않는 곳'을 뜻하지만 동시에 '이상향'을 가리키는 말로 널리 쓰인다. 중요한 하나의 개념, 그리고 그와 관련된 한 장르의 기원이 이렇게 분명하게 하나의 작품에서 유래된 것은 흔치 않은 일이다.

모어가 이 세상 어디에도 존재하지 않는 이상적인 세계를 그려 본 이유는 무엇일까? 우리가 살아가는 이 세계를 포기하고 실현 불가능한 허구의 세계 속으로 도피하려 함은 분명 아닐 것이다. 유토피아는 단순한 허구에 그치지 않는다. 모어는 이 책을 쓰면서 사람들이 고난에 찬 현실 세계를 냉철하게 바라보고 모든 이가 행복하게 살 수 있는 이상적인 세계는 어떠해야 하는지 숙고하도록 만들려고 했을 것이다. 유토피아라는 이상 사회는 현실의 디스토피아(유토피아와 반대되는 어두운 세계)를 비추는 거울과 같다. 이 작품은 그 시대의 참담한 현실에 대한 지식인의 예리한 성찰이 빚어낸 걸작이다. 다른 고전 작품과 마찬가지로 『유토피아』 역시 자기 시대의 문제의식에 매우 투철한 작품이기 때문에 시대를 초월하여 오늘날까지도 우리에게 깊은 울림을 주는 것이다.

사실 이 작품의 독해는 생각보다 쉽지 않다. 자세히 읽으면 읽을수록 저자의 진의가 무엇인지 알기 어렵다는 느낌을 받게 될 것이다. 모어가 그리는 사회가 정말로 이상적인 공동체인가? 그렇다고 하기에는 너무 많은 모순으로 가득 차 있다. 우리가 그 같은 사회에서 살게 된다면 행복을 느끼기보다는 지나치게 강압적인 분위기 때문에 고통스러워할 것이다. 『유토피아』에서 제시된 사회가 그대로 적용할 만한 모델이 아니라는 점은 저자 자신이 책의 말미에서 밝히고 있다. 그렇다면 그 사회에 이상적인 성격은 전혀 없단 말인가? 그렇다고 하기에는 저자의 설명과 염원이 참으로 진지해 보인다. 현실 사회의 문제점들에 대한 모어의 처방들은 분명 그의 경험과 학식이 녹아 있는 성실한 답변들이지만 그의 텍스트는 매우 복합적이고 다층적이어서 전문 연구자들 간에도 완전한 의견 일치를 찾기 힘들 정도이다.

분명한 것은 이 책이 현실과 이상에 대한 성찰의 산물이며, 이 책을 읽는 우리에게도 역시 그 같은 성찰에 참여하도록 촉구한다는 점이다. 고전이란 바로 그와 같은 가치를 지니는 책이 아니던가. 그런 점에서 이 책의 메시지를 너무 단편적으로 받아들이지 않는 것이 좋다. 예컨대 유토피아 사회의 핵심을 재산 공유제로 규정하고 모어를 최초의 공산주의 사상가로 받아들인 카우츠키 식의 해석이 대표적인 오독 사례일 것이다. 현실을 비판하고 그에 대한 이상적인 답을 찾으면서 동시에 그 이상에 대해 문제 제기를 하는 모어의 사고를 함께 좇으면서 우리 역시 현실과 이상에 대한 깊은 사고를 개진해 보는 것이 이 책을 읽는 좋은 방식이다.

사실 『유토피아』는 이미 좋은 번역서들이 없지 않다. 그럼에도 이번에 다시 번역을 하게 된 이유는 우선 과거의 훌륭한 번역본들이 절판되어 구하기 어려운 점도 있고, 또 그 번역들이 현재의 언어 감각으로는 다소 낡은 느낌을 주기 때문이다. 그래서 차제에 읽기 편하도록 풀어서 번역하였다. 그리고 독자들의 이해를 돕기 위해 해제와 참고 자료를 첨부하였다.

이 책이 어떤 사회가 이상적인가, 행복하게 사는 삶은 어떤 것인가 같은 문제를 생각해 보는 데 도움이 되었으면 하는 것이 역자의 바람이다.

2007년 5월

주경철

차례

제1부

빛나는 위업을 이루신 잉글랜드의 무적왕 헨리 8세는 최근 카스티야의 왕세자 카를로스[1]와 상당히 중요한 문제에서 의견 차이를 보여, 이 문제를 논의하고 해결하기 위해 나를 플랑드르로 파견하셨다. 나의 동행인은 비할 데 없이 탁월한 인물인 커스버트 턴스털[2]이었는데, 최근에 그는 모든 사람이 기대한 대로 국왕에 의해 기록담당장관으로 임명되었다. 그에 대한 찬사는 더 이상 하지 않겠다. 원래 친구가 하는 칭찬은 사람들이 별로 신용하지 않는 법이며 사실 그의 학식과 인품은 내가 묘사할 수 없을 정도로 훌륭해서 칭찬하지 않아도 누구나 잘 알고 있기 때문이다. 내가 칭찬의 말을 보탠다면 속담대로 "태양에다가 등불을 들이대는" 격이 될 것이다.[3]

브루게에서 만나게 되어 있는 우리의 회담 상대 역시 훌륭한 분들이었다. 그들의 대표는 브루게 후작[4]이라 불리는 뛰어난 인사였다. 하지만 실질적인 교섭 대표이자 정신적인 지도자 역할을 하는 사람은 카셀 시장인 조르주 드

---

1 카스티야의 카를로스는 후일의 신성 로마 제국 황제 카를로스(독일어 식으로는 카를) 5세를 말한다. 잉글랜드 국왕 헨리 8세와 갈등을 빚었던 문제는 당시 합스부르크 영토이던 네덜란드의 수입세 관련 사항이었다. 수입세 부과에 대해 잉글랜드 측이 잉글랜드 양모 수출금지 조치로 맞서려 했고 에스파냐 측은 잉글랜드 선박들의 억류를 암시하였다.

2 커스버트 턴스털Cuthbert Tunstall(1474~1559)은 유명한 학자이자 고위 성직자로서 1515년에 대사로 임명되어 브루게로 갔으며, 다음해에 기록담당장관Master of the Rolls으로 임명되었다.

3 에라스뮈스가 편찬한 속담집『아다지아*Adagia*』에 나오는 표현이다.

템세크였다.[5] 그는 타고난 성품과 소질이 뛰어난데다가 훈련을 쌓아서 웅변이 뛰어났고, 법학에 조예가 깊었으며, 외교 문제에 관한 능력과 경험이 특출했다. 양측은 여러 차례 만났으나 몇 가지 점에 대해서는 끝내 합의에 이르지 못했다. 그래서 그들은 며칠 동안 회담을 연기하고 왕세자의 의견을 직접 듣기 위해 브뤼셀로 갔다.

며칠간의 여유를 얻게 된 나는 안트베르펜을 방문했다. 그곳에서 만난 사람 중에 가장 반가운 이는 다른 누구보다도 페터 힐레스[6]였다. 안트베르펜 태생인 그는 이미 큰 명성을 누리며 높은 직위에 올라 있었다. 사실 그는 그럴 만한 최상의 자격을 갖춘 인사였다. 그는 내가 아는 젊은이 가운데 가장 높은 학식과 훌륭한 성품을 구비한 사람이었다. 교양과 덕성을 갖추었고 모든 사람에게 예의 바른데다가, 벗들에게 매우 솔직하고 진실하며 다정하게 대하는 그와 같은 친구는 다시 만나기 어려울 것이다. 그보다 더 소탈하고 정직한 사람은 없을 것이며, 소박함과 지혜가 그처럼 잘 결합된 사람도 없을 것이다. 그의 이야기는 참으로 즐겁고 위트가 넘쳐서, 이미 넉 달 동안이나 가족과 떨어져 있던 나로서는 그를 만나 즐겁게 대화를 나눔으로써 조국과 가족에 대한 간절한 그리움을 다소나마 진정시킬 수 있었다.

어느 날, 나는 안트베르펜에서 가장 아름답고 신도들이 가장 많이 찾는 노트르담 성당에서 미사를 드린 후 숙소로 돌아가려던 참이었는데, 마침 그가 나이 지긋한 어떤 낯선 이와 이야기하는 것을 보았다. 그 사람은 햇볕에 그을린 얼굴에 수염이 길게 자라나 있었고, 어깨에 외투를 대충 걸치고 있었다. 그의 외관과 옷 때문에 나는 그가 선장일 거라고 판단했다. 페터는 나를 보자 곧

---

4 드 할베인J. de Halweyn이라는 인물이 브루게 후작이다. 후작margrave이란 원래 변경지역의 태수에 해당하는 직위로서 이 시기에 이르면 과거의 흔적에 불과했지만 그 때문에 오히려 고풍스러운 품격을 띠었다.

5 조르주 드 템세크George de Themsecke는 브루게 출신으로서 이 지역의 역사를 쓴 바 있으며, 당시 카셀 시장이었다.

6 페터 힐레스Peter Giles(영어식으로 발음하면 '피터 자일스'가 될 것이다)는 에라스뮈스의 총애를 받던 학생으로, 이때는 안트베르펜 시에서 일을 하는 동시에 시인이자 라틴어 텍스트 편집자로 활동했다.

다가와서 인사를 했고 나 역시 답례를 했다. 그는 잠시 나를 옆으로 불러내서는 그 낯선 사람을 가리키며 말했다.

"저 사람 보이지요? 마침 당신한테 소개하려던 참이었소."

"당신이 소개한다면야 환영해 마지않지요" 하고 나는 답했다.

그러자 페터는 이렇게 말했다.

"저 사람이 누구인지 안다면 나보다는 저 사람 때문에 환영하였을 거요. 저 이만큼 미지의 나라들에 대해 많은 이야기를 해 줄 사람은 없을 겁니다. 당신은 언제나 그런 종류의 이야기를 듣고 싶어 했지요?"

"정말이지 내 추측이 틀리지 않았군요. 나는 첫눈에 저 사람이 선장이라고 생각했습니다."

"단순히 선장이라고만 하면 딱히 맞지는 않습니다. 왜냐하면 저 사람의 여행은 팔리누루스[7] 식 여행보다는 율리시스 식 아니면 플라톤 식 여행에 가깝기 때문입니다. 저 사람의 이름은 라파엘이고 성은 히슬로다에우스[8]인데, 라틴어에 능통할 뿐 아니라 특히 그리스어 실력이 뛰어납니다. 라틴어보다 그리스어를 더 많이 공부한 이유는 주된 관심이 철학이기 때문이지요. 저 사람 생각에는 세네카나 키케로 같은 몇몇 저자들 외에는 로마인들 가운데 우리에게 가치 있는 저작을 남겨 준 사람이 별로 없다는 거예요. 저 사람은 세상을 두루 보고 싶었기 때문에 고향인 포르투갈에서 자기가 받기로 되어 있던 재산을 형제들에게 모두 넘겨주고 아메리고 베스푸치 아래 들어가서 일을 했지요. 그래서 네 번에 걸친 아메리고 베스푸치의 항해에 모두 동행했는데, 그 기록은 요즘 아주 널리 읽히고 있지 않습니까?[9] 그런데 마지막 네 번째 항해에서 그는

---

7 팔리누루스Palinurus는 로마의 전설적인 창시자 아이네이스의 항해 안내인이었는데, 뱃전에서 졸다가 바다에 빠져 죽었다. 그래서 이 글에서 그는 '부주의한 여행자'를 나타낸다. 율리시스는 여행을 통해 배우는 사람, 플라톤은 배우기 위해 여행하는 사람이라 할 수 있다.

8 히슬로다에우스Hythlodaeus는 그리스어의 huthlos(난센스)와 daien(나누어 주다)의 합성으로 보이며, 따라서 '허튼소리를 퍼뜨리는 사람'이란 뜻이 된다.

9 아메리고 베스푸치Amerigo Vespucci의 3, 4차 여행은 포르투갈 국왕을 위해 한 것이며, 따라서 히슬로다에우스를 포르투갈인으로 상정하였다. 그의 여행기는 1507년에 출판된 후 유럽 전역에서 널리 읽혔다.

베스푸치를 따라 귀국하지 않았습니다. 베스푸치는 그 항해에서 가장 멀리 갔던 곳에 요새를 건설하고 그곳에 스물네 명을 주둔시키고 왔는데[10] 이때 라파엘 씨는 베스푸치에게 떼를 쓰다시피 하여 그 가운데 끼었던 것입니다. 죽음도 불사할 정도로 여행을 좋아한 그로서는 이렇게 해서 신세계를 탐험할 수 있게 되어 무척 즐거워했습니다. 그는 '무덤이 없는 자는 하늘이 덮어 준다', 그리고 '천국에 가는 길은 아무 데서나 똑같은 거리이다'라는 말을 자주하곤 했지요.[11] 하지만 사실 이런 태도는 만일 하느님의 가호가 없었던들 큰 변을 초래했을 겁니다. 베스푸치가 떠난 뒤 그는 남아 있던 사람들 가운데 다섯 명을 데리고 탐험 길에 올라 여러 나라를 떠돌아다녔습니다. 그리고 정말로 운이 좋아서 실론을 거쳐 캘리컷[12]에 이르렀고, 그곳에서 포르투갈 배를 만나 귀국할 수 있었습니다."

나는 이런 설명을 듣고, 그와 즐거운 대화를 나누도록 주선해 준 페터 씨에게 감사를 표했다. 그러고는 라파엘 씨에게로 몸을 돌려 인사를 하고, 처음 만나는 사람들 간에 하는 의례적인 말들을 나눈 후 모두 함께 내 숙소로 갔다. 잔디로 덮인 정원 벤치에 앉아 우리는 대화를 시작했다.

베스푸치가 떠난 후 요새에 남아 있던 사람들은 그곳 주민들에게 우호적으로 대해 점차 호의를 얻었고, 곧 그들과 안전하고도 친밀한 관계를 맺게 되었다. 이곳 왕(나는 그 왕의 이름과 그 나라 이름은 잊어버렸다)은 호의를 베풀어서 그들에게 충분한 식량을 제공했을 뿐 아니라, 수로 여행에 필요한 뗏목과 육로 여행에 필요한 수레까지 내주었다. 그뿐 아니라 그들이 방문하는 곳의 왕에게 그들을 소개할 믿음직한 안내인까지 딸려 보냈다. 며칠을 여행한 끝에 그들은 여러 마을과 도시, 또 인구가 많고 훌륭한 제도들을 갖춘 나라들을 보았다고 한다.

잘 알다시피 적도 근처 지역에는 태양이 도는 길을 따라 항시 내리쬐는 열

10 브라질의 리우데자네이루 북쪽의 프리오Frio 곶이다.

11 각각 루카누스의 『내전기內戰紀』와 키케로의 『투스쿨라나룸 담론』에서 인용한 격언이다.

12 인도 케랄라 주 북부에 있는 도시로, 현 지명은 '코지코드Kozhikode'다.

잠든 아메리카 원주민을 깨운 아메리고 베스푸치, 「아메리카의 우화」,
요하네스 스트라다누스, 1575~1580

때문에 모든 것이 타 버린 듯한 광대한 사막이 펼쳐져 있다. 이 지역은 메마르고 지저분하며, 침울하고 황량한 곳으로서, 야수들과 뱀, 또는 그 짐승들과 별다르지 않은 야만적이고 위험한 사람들이 살고 있다. 그러나 이곳에서 조금 더 나아가자 풍경은 점차 부드러운 모습을 띠었다. 열기도 조금 덜하고, 푸른 식물들이 차차 눈에 띄며, 사람들과 짐승들마저 덜 사나워졌다. 마침내는 자신들끼리든 혹은 이웃 주민들하고든 교역을 할 뿐 아니라, 바다나 육지를 통해 먼 나라와도 무역을 하는 도시들에 이르게 되었다.[13] 그 후부터는 선박을 이용해서 주변의 여러 나라를 방문할 수 있었다고 한다.

그들이 처음 본 배들은 밑바닥이 평평하고, 돛은 파피루스나 버들가지, 혹은 가죽으로 되어 있었다. 조금 더 멀리 가자 유럽의 배와 비슷하게 뾰족한 용골과 범포를 사용하는 배들을 볼 수 있었다. 이 지방의 선원들은 바람과 해류에 아주 익숙해 있었지만 그때까지 나침반을 알지 못해서, 그가 나침반 사용법을 가르쳐 주자 무척 고마워했다. 그전에 그들은 아주 조심스럽게, 그것도 여름철에만 항해를 했다. 그런데 이제 나침반을 알고부터는 자신감을 얻어 겨울철 항해를 조금도 두려워하지 않게 되었다. 그래서 그들에게 유익하리라 믿었던 것이 오히려 경솔한 행동을 부추겨서 커다란 불행의 원인이 되었다.

라파엘 씨가 우리에게 해 준 이야기를 여기에서 모두 반복하면 너무 길 것이고 또 그렇게 하는 것이 이 책의 목적도 아니다. 그가 언급한 여러 유용한 것들에 대해, 특히 여러 문명국들의 현명하고 훌륭한 제도들에 대해서는 다른 기회에 다시 이야기할 수 있을 것이다. 이 주제에 대해 우리는 라파엘 씨에게 진지하게 물었고, 그는 기꺼이 대답했다. 하지만 우리는 여행기에 흔히 등장하는 괴물들에 대해서는 질문하지 않았다. 스킬라, 굶주린 켈라에노, 사람을 잡아먹는 라에스트리고네스 같은 괴물들[14] 이야기는 많은 여행기에 거의 빠짐없이 등장하지만, 탄탄한 정부가 훌륭한 통치를 펼치는 나라에 대한 이야기는

13 근대 초 유럽인들은 교역의 유무를 문명 발전의 중요한 척도로 삼았다.

14 스킬라, 라에스트리고네스는 모두 호메로스의 『오디세이』에 나오는 사람을 잡아먹는 괴물이다. 켈라에노는 『아이네이스』에서 피네우스Phineus를 몹시 괴롭힌 하르피이아라는 괴물의 우두머리다.

흔히 들을 수 있는 내용이 아니다. 그가 처음 방문한 여러 나라에는 분별없는 관습들도 있지만, 우리의 도시, 국가, 민족, 왕국 들이 저지르고 있는 잘못을 수정하는 데 모범이 될 만한 관습들도 적지 않았다. 이런 점들은 앞서 말한 대로 다른 기회에 이야기하려고 한다. 여기에서는 다만 유토피아의 관습과 법에 대해서만 말하고자 한다. 우선 그가 어떻게 해서 유토피아 이야기를 꺼내게 되었는지부터 말하겠다. 라파엘 씨는 우리가 사는 이쪽 세계와 지구 반대편의 저쪽 세계 양쪽에서 모두 찾을 수 있는 여러 잘못된 점들과 훌륭한 제도들에 대해 현명하게 이야기하였다. 그런데 그는 잠깐 방문했던 지역이라도 마치 평생 산 것처럼 그곳의 관습과 통치에 대해 예리하게 설명하곤 했다. 이 점에 대해 페터는 경탄해 마지않았다.

"라파엘 씨, 당신이 왜 국왕에게 가서 봉사하지 않는지 모르겠습니다. 당신을 환영하지 않을 왕은 하나도 없을 겁니다. 여러 국가와 민족에 대한 당신의 경험과 지식이 국왕을 즐겁게 할 것이고, 더 나아가서 많은 박식한 사례와 충고를 들려준다면 아주 유익할 것입니다. 그러면 당신뿐 아니라 당신의 친척과 친구들의 입신에도 도움이 되지 않겠습니까?"

"나는 내 친척과 친구들에 대해서는 크게 괘념치 않습니다. 그 사람들에 대한 내 의무는 다했다고 생각합니다. 보통 사람 같으면 늙고 병들어서야 자기 재산을 내놓겠지만(그리고 그때에도 더 이상 재산을 지킬 수 없기 때문에 할 수 없이 내놓는 것이지만) 나는 아직 젊고 건강할 때 모든 재산을 친척과 친구들에게 나누어 주었습니다. 그런 정도의 선물을 받고 만족했을 테니, 나보고 그들을 위해 국왕의 노예 생활을 하라고까지 부추기지는 않겠지요."

"잘 알겠습니다. 하지만 내가 말하려는 것은 왕에게 '굴종'하라는 것이 아니고 '봉사'하라는 것입니다."

"그것은 결국 한 음절 차이 아니겠습니까?"[15]

"알겠습니다. 하지만 당신이 어떻게 부르든 간에 국왕을 위해 일한다면 당

---

15 '굴종'과 '봉사'는 라틴어 원어로는 servias와 inservias이며, 영어로는 service와 servitude이다.

신 친구들이나 일반 대중들 모두에게 도움을 줄 뿐 아니라, 무엇보다도 당신 자신이 더 행복한 삶을 누리리라고 생각합니다."

"더 행복하다니요! 내 영혼이 그처럼 불쾌하게 여기는 것이 내 삶을 더 행복하게 만든다고요? 지금도 그렇지만 나는 언제나 내가 좋아하는 대로 살아왔습니다.[16] 궁정인들의 삶이 아무리 화려해 보여도 그런 기쁨을 누리지는 못할 겁니다. 게다가 군주들의 은총을 갈구하는 사람들이 워낙 많기 때문에 나 같은 사람 몇 명이 없다 한들 큰 손실은 아닐 겁니다."

이 말을 듣고 내가 말했다.

"라파엘 씨, 당신이 부와 권력을 탐하지 않는다는 것은 잘 알겠습니다. 위대한 인물들의 특성인 그런 정신을 지닌 당신을 높이 평가하고 존경합니다. 하지만 설사 당신이 개인적으로 불리함을 떠안게 되더라도 재능과 정열을 바쳐 공무에 헌신한다면, 그것이 결국 관대하고 철학적인 당신의 성격에 맞는 일이 아니겠습니까? 당신은 훌륭한 보좌관이 되어서 군주가 고상하고 정의로운 일을 하도록 영향력을 행사할 수 있을 것입니다. 국민 전체의 복지나 비참함은 모두 국왕에게 달려 있습니다. 영원히 마르지 않는 샘에서 물이 계속 흘러나오듯 모든 것이 국왕으로부터 흘러나오기 때문입니다. 당신의 학식은 설사 경험과 결합되지 않는다 하더라도 이미 그 자체로서 충분하고, 또 당신의 경험은 학식과 결부되지 않더라도 그 자체로서 대단히 크기 때문에, 그 두 가지를 모두 갖춘 당신은 그 어느 왕에게나 특출한 보좌관이 될 것입니다."

이에 대해 그는 이렇게 답했다.

"모어 씨, 당신은 두 가지 점에서 틀렸습니다. 하나는 나에 대한 점이고 다른 하나는 지금 말한 그 사실입니다. 당신이 언급한 그런 능력이 나에게는 없을 뿐 아니라, 또 내가 그런 능력을 가지고 있다 해도 내 평화를 희생하면서 일해 봤자 사람들이 더 나은 삶을 살지도 못할 것입니다. 무엇보다도 대부분의 군주들은 평화보다는 전쟁술에 더 큰 관심을 가지고 있는데, 그런 문제에 대해

16 자신이 좋아하는 대로 산다는 것이 키케로가 정의한 자유이며, 이는 르네상스 시대에 자주 인용되었다.

서라면 나는 능력도 없고 관심도 없습니다. 대개 군주들은 이미 가지고 있는 영토를 잘 다스리기보다 모든 수단을 동원해서 새로운 영토를 얻는 데 혈안이 되어 있습니다. 그런데다가 군주들을 보필하는 보좌관들은 다들 현명하기 때문에 다른 사람들의 충고를 필요로 하지 않습니다(실제 어떻든 자신들이 현명하다고 생각하지요). 그 사람들은 기껏해야 국왕의 총신들이 내놓는 온갖 이상한 제안들을 승인할 뿐입니다. 총신들에게 아부해서 국왕의 호의를 얻으려 하기 때문입니다. 물론 모든 사람은 다 자기 의견이 최선이라고 생각하게 마련입니다. 늙은 까마귀에게는 새끼 까마귀가 가장 예뻐 보이고, 원숭이에게는 새끼 원숭이가 가장 예뻐 보이듯이 말입니다.[17] 다른 모든 사람을 시기하고 자신만이 옳다고 생각하는 자들이 가득한 궁정에서 어떤 사람이 다른 시대에 일어난 일들에 대해 책을 통해 안 내용이든지 혹은 어느 먼 곳에서 직접 본 사실을 이야기한다고 합시다. 그러면 다른 보좌관들은 그런 제안에 대해 트집 잡지 않는 한 자신이 현명하다는 평판이 흔들리고 자신이 마치 바보처럼 보인다고 생각합니다. 만일 그런 트집 잡기가 모두 실패로 돌아가면 대개 이런 말을 해서 피해 버립니다. '우리는 언제나 해 왔던 방식대로 할 뿐입니다. 이 관습은 우리 조상 대대로 타당한 것이었고 그래서 우리도 우리 조상들만큼 현명하기를 바랄 뿐이오.' 그렇게 말함으로써 아주 현명한 결론을 내린 듯 여기고 자신들이 대단히 사려 깊은 사람인 척하면서 자리를 보존하는 것입니다. 그 사람들 식이라면 어떤 점에 대해서든 조상들보다 누군가가 더 현명하다면 그게 아주 위험한 일인 것 같습니다. 사실 우리는 조상들이 우리에게 전해 준 최선의 생각들은 조용히 무시하는 경우가 많습니다. 그러면서도 더 나은 어떤 제안이 나오면 그저 지난 시대에 대한 존경을 핑계 삼아 무조건 과거에 매달리는 것입니다. 그런 오만하고 고집불통이고 우스꽝스러운 편견을 나는 여러 번 겪어 보았습니다. 한 번은 잉글랜드에서도 그런 적이 있었지요."

"아니, 당신은 잉글랜드에도 있었단 말입니까?" 하고 나는 놀라 물었다.

17 에라스뮈스의 『아다지아』에서 인용한 속담이다.

“예, 잉글랜드에 몇 달 머문 적이 있습니다. 콘월 지방의 반란[18]이 진압되고 거기에 연루된 불쌍한 사람들이 비참하게 학살당하고 나서 얼마 지나지 않은 때였습니다. 그 당시 나는 캔터베리 대주교이자 당시 잉글랜드의 대법관Lord Chancellor이던 존 모턴[19] 추기경에게 신세를 많이 지고 있었습니다. 모어 씨는 그분에 대해 잘 알고 있으리라 믿습니다. 그분은 자신의 권위뿐 아니라 현명함과 덕성 때문에 큰 존경을 받았습니다. 중간 키에, 연세가 많음에도 불구하고 허리가 굽지 않았으며, 용모는 무서움을 자아내기보다는 존경심을 불러일으켰지요. 그분의 말씀은 비록 진지하고 근엄했지만, 두려움을 자아내지는 않았습니다. 간청하러 오는 사람들이 있으면 거칠지는 않으나 아주 예리한 질문을 던져서 그 사람들의 정신과 마음 자세가 굳건한지를 살펴보았습니다. 그분 자신이 바로 그러한 자세를 견지했으므로, 무례한 수준에 이르지 않는 한도 내에서 다른 사람들 역시 같은 자세를 취하도록 하고자 했습니다. 그런 성격의 사람들이 국사國事를 맡는 데 가장 적합하다고 생각했던 것입니다. 그분의 말씀은 세련되었고 명확했습니다. 법률 지식이 대단했을 뿐 아니라 이해력과 기억력도 놀라웠습니다. 그럴 수밖에 없는 것이 늘 공부하고 실천함으로써 원래 가지고 있는 천부적인 능력을 더욱 연마했기 때문이지요. 내가 잉글랜드에 있을 때 국왕은 그분의 조언에 크게 의지했고, 그래서 그분은 나라 전체의 중요한 지주支柱처럼 보였습니다. 그분은 소년티를 채 벗기 전에 학교를 떠나 궁정으로 간 뒤 일생 동안 중요한 국사를 수행했고, 그러는 가운데 많은 파란곡절을 겪으며 지혜를 얻었습니다. 그렇게 얻은 지혜는 쉽게 사라지지 않는 법이지요.

어느 날 그분과 함께 식사를 하는데, 그 자리에 당신들 나라의 법률에 정통

---

18 1497년에 헨리 7세의 가혹한 조세 수탈에 항의하여 콘월 주민들이 봉기해서 런던으로 행진해 가다가 블랙히스Blackheath에서 진압당하고 야만적으로 살해당한 사건이다.

19 존 모턴John Morton(1420~1500)은 고위 성직자이자 탁월한 정치인, 행정가였다. 모어의 아버지는 당시의 관례대로 아들을 모턴 추기경 집에 2년 동안 시동侍童으로 들여보내 교육시켰다. 모턴 추기경은 당시 12세인 모어의 총명함에 깊은 인상을 받아서 그를 옥스퍼드대학교에 입학시켰다.

한 속인俗人[20] 한 명이 동석해 있다가 그 당시 도둑들에게 행해지던 가혹한 처벌을 옹호하는 이야기를 했습니다. 그가 말하기를 도처에서 도둑들을 교수형에 처하고 있어 어느 날인가는 한 교수대에 스무 명까지 달려 있었다는 것입니다. 교수형을 피할 길이 거의 없는데도 왜 그렇게 많은 도둑이 횡행하는지 이해할 수 없다고 하더군요. 그래서 추기경 앞임에도 불구하고 내가 선뜻 나서서 대답했습니다. '그건 놀랄 일이 아닙니다. 이런 식으로 도둑을 처벌하는 것은 정의롭지도 않고 공익을 위해서도 좋지 않습니다. 그런 처벌은 과도하면서도 범죄를 막는 데는 효과적이지 않습니다. 단순 절도는 사형에 처할 정도로 큰 범죄가 아닙니다. 그리고 먹을 것을 구할 길이 전혀 없는 사람에게는 아무리 심한 처벌을 한다 하더라도 도둑질을 막을 수는 없습니다. 이 문제는 잉글랜드만이 아니라 거의 모든 나라가 다 똑같아서, 학생들을 가르치기보다는 매질만 하려 드는 훈장을 닮은 것 같습니다. 절박한 필요 때문에 도둑질을 하다가 그로 인해 죽음을 맞게 만들 것이 아니라 모든 사람이 자기 생계를 잘 유지하도록 해 주어야 하는데도 당신은 단지 가혹하고 가공할 처벌만 주장하고 있습니다.'

그러자 그 사람은 이렇게 말하는 것이었습니다. '물론 우리도 그런 배려를 하고 있지요. 사람들이 일부러 악당이 되려고 하지만 않는다면 여러 직종의 일도 할 수 있고 농사일도 할 수 있지 않습니까?'

이 말에 나는 이렇게 답했습니다. '그렇지 않습니다. 그렇게 말한다고 될 일이 아닙니다. 우선 외국에서 벌어졌던 전쟁이나 내전에서—얼마 전에 있었던 콘월 전쟁이나 그전에 있었던 프랑스와의 전쟁 말입니 다—불구가 되어 돌아온 사람들은 일단 제외하고 이야기합시다. 국왕과 국가를 위해 싸운 이 사람들은 원래 자신이 하던 일을 하기에는 너무 심한 불구가 되었고, 새로운 일을 배우기에는 나이가 많습니다. 그렇지만 어쨌든 전쟁은 자주 일어나는 일이 아

---

20 당시 성직자가 아닌 속인이 법학 공부를 하는 경우는 매우 드물었는데, 모어는 잔인하고 어리석은 견해를 대변하는 인물을 나타내기 위해 일부러 속인 법률가를 등장시켰다.

니므로 이 사람들은 예외라고 해 두고 그 대신 매일같이 일어나는 일들에 대해 생각해 봅시다. 대부분의 귀족들은 수벌처럼 게으르게 살아갑니다. 이 사람들은 오직 소작농들의 노동을 통해 먹고 살아가는데, 늘 소작료를 올려서 농민들의 고혈을 짜냅니다(귀족들은 나머지 모든 일에서는 관대하여 곧 빈민 보호소로 가게 될 정도로 낭비를 일삼지만 농민을 쥐어짜는 일에서만은 엄격합니다). 그리고 이 사람들은 늘 게으른 시종들[21]을 한 무리씩 몰고 다닙니다. 이 시종들 역시 생계를 이어갈 수 있는 다른 일은 전혀 배운 바 없는 자들입니다. 이들의 주인이 죽든지 아니면 그 사람들 자신이 병들면 곧바로 쫓겨나게 마련입니다. 주인들은 차라리 게으른 사람이라면 몰라도 병자를 데리고 있으려 하지는 않으니까요. 주인이 죽고 아들이 유산을 물려받으면 적어도 처음에는 그의 아버지만큼 큰 집과 시종들을 유지하는 데 힘겨워하므로 시종들을 내보냅니다. 이렇게 쫓겨난 시종들은 도둑질을 하지 않으면 굶게 됩니다. 도대체 무슨 일을 하겠습니까? 떠돌이 생활로 건강을 해치고 옷이 해지고, 그래서 얼굴이 핼쑥해지고 누더기 차림이 되면 상류층 사람들은 그들을 거들떠보지도 않습니다. 농민들도 그런 사람은 원치 않습니다. 여태까지 한가한 오락에 길들여져 있고, 칼과 방패를 들고 거들먹거리면서 사람들을 하시하던 이들이 삽과 곡괭이를 들고 일을 잘할 리 없다는 것을 잘 알기 때문입니다. 또 이 사람들 자신도 보잘것없는 임금과 형편없는 식사에 만족하면서 가난한 사람들 밑에서 열심히 일하지는 않겠지요.'

이 말에 변호사는 이렇게 말했습니다. '우리는 그 사람들을 특별히 도와주어야 합니다. 전쟁이 일어나면 우리 군대는 이들에게 의존할 수밖에 없습니다. 일꾼이나 농사꾼보다는 그런 사람들이 더 용감하고 귀족적인 정신을 보여 주지 않습니까?'

그래서 내가 또 이렇게 말했습니다. '전쟁 때문에 도둑들을 키워야 한다는

---

21 이때의 시종은 주인에게 군사적 봉사를 하는 사람을 가리킨다. 당시에는 이미 많이 사라졌지만 봉건제의 흔적처럼 남은 일종의 사병 집단이라 할 수 있다.

말씀이군요. 이런 사람들이 있는 한 도둑들은 결코 모자라지 않을 겁니다. 어떤 도둑들은 꽤 괜찮은 군인이듯이 어떤 군인들은 꽤 괜찮은 도둑이 되고 맙니다. 이 두 직업은 서로 연결되어 있으니까요. 하지만 지나치게 많은 시종을 거느리는 관습은 꼭 이 나라만의 일은 아니고 거의 모든 나라에서 마찬가지입니다. 프랑스는 이보다 더 심한 역병에 시달리는 중입니다. 평화 시에도—하긴 그것을 평화라고 부를 수 있을지 모르겠지만—나라 전체에 외국 용병들이 북적댑니다. 이 용병들을 고용하는 이유는 당신네 나라에서 귀족들이 게으른 시종들을 거느리는 것과 똑같습니다. 아는 체하는 사람들은 공공 안녕은 강력한 군대에 달려 있고 그 가운데에서도 특히 노병들이 중요하다고 말합니다. 그들 생각에 경험이 부족한 신병들은 신뢰할 수 없기 때문에, 군인들을 훈련시키고 경험 많은 살인자들을 유지하기 위해 가끔 일부러 전쟁의 구실을 찾습니다. 살루스티우스가 그럴듯하게 표현했듯이 〈경험 부족으로 손과 영혼이 둔하게 되지 않도록〉[22](즉, 전투 경험 부족으로 전투력이 떨어지지 않도록) 해야 한다는 것입니다. 하지만 프랑스는 그런 야수 같은 자들을 먹여 살리는 것이 얼마나 해로운 일인지 아주 비싼 대가를 치르고 배웠습니다. 로마, 카르타고, 시리아,[23] 그 외에도 많은 사례가 그 점을 말해 줍니다. 상비군 때문에 정부만이 아니라 농촌과 심지어 도시까지 황폐해진 것입니다. 하지만 그렇게 늘 전쟁에 대비하고 있어야 별 소용도 없습니다. 젊을 때부터 군사 훈련을 계속했다는 프랑스 군인들이 당신들 잉글랜드군과 싸워서 큰 승리를 거두지 못했다는 점을 생각해 보십시오.[24] 내가 당신들한테 아부하는 것처럼 보일까 봐 그 이야기는 이 정도에서 멈추도록 하지요. 어쨌든 도시 노동자들이나 거친 농사꾼들은 귀족의 게으른 시종들과 싸우는 일을 두려워하지는 않습니다. 사고를 당하든지 극심한 빈곤으로 인해 몸이 약해지는 일만 없다면 말입니다. 하여튼 그 시

22 살루스티우스, 『카틸리나의 음모』

23 이때의 시리아는 아마도 터키와 이집트를 가리키는 듯하다. 이곳에서는 야니세리 혹은 맘룩이라는 이름으로 외국 군인을 이용하였다. 혹은 그보다 훨씬 이전의 시리아 제국을 가리킬 수도 있다.

24 잉글랜드의 강건한 농민군이 프랑스의 기사들을 눌러 이긴 점은 마키아벨리를 비롯한 당시 작가들이 자주 언급하였다.

종들은 한때 강하고 건장했다 하더라도(귀족들은 이런 사람들만 골라서 망쳐 놓는 법이니까요!) 게으르고 여성스러운 생활 때문에 힘없고 무능하게 된 사람들입니다. 이런 사람들이 이제부터라도 생계를 위해 일을 배우고 남자다운 일을 하도록 훈련받으면 좋은 일일지언정, 그 때문에 이 사람들이 약해진다고 두려워할 이유가 없습니다. 하여튼 전쟁에 대비한다는 명분으로 그토록 많은 군사를 유지해서 평화를 교란하는 것은 결코 공익에 도움이 되지 않습니다. 전쟁을 하려고 일부러 마음먹지 않는다면 전쟁은 일어나지 않습니다. 전쟁보다는 평화를 더 생각해야 합니다. 하지만 이것만이 도둑질을 피할 수 없게 만든 상황은 아닙니다. 또 한 가지 요인은 특히 잉글랜드에 특유한 것입니다.'

'그게 뭔가요?' 하고 추기경이 물었습니다.

'당신들 나라의 양입니다. 양들은 언제나 온순하고 아주 적게 먹는 동물이었습니다. 그런데 이제는 양들이 너무나도 욕심 많고 난폭해져서 사람들까지 잡아먹는다고 들었습니다. 양들은 논과 집, 마을까지 황폐화시켜 버립니다. 아주 부드럽고 비싼 양모를 얻을 수 있는 곳이라면 어디에서든지, 대귀족과 하급 귀족, 심지어는 성무를 맡아야 하는 성직자들까지 옛날에 조상들이 받던 지대地代에 만족하지 않게 되었습니다. 그들은 이 사회에 아무런 좋은 일을 하지 않고 나태와 사치 속에서 사는 것만으로도 부족하다는 듯이 이제는 더 적극적인 악행을 저지릅니다. 모든 땅을 자유롭게 경작하도록 내버려 두지 않고 목축을 위해 울타리를 쳐서 막습니다.[25] 이들은 집과 마을을 파괴해 버리고 다만 양 우리로 쓰기 위해 교회만 남겨 놓습니다. 이미 많은 땅을 방목지와 사냥용 짐승 보호지로 만들어 버린 것도 모자라서 이 높은 분들은 주거지와 경작지마저 황폐하게 만드는 중입니다. 이렇게 만족을 모르고 탐욕을 부리는 한 사람이 수천 에이커를 울타리로 둘러막고 있습니다. 이런 사람은 정말로 이 나라에 역병 같은 존재입니다. 소작농들은 쫓겨나든지 속임수, 강짜 내지는 끊임없는 괴롭힘을 견디다 못해 자기 땅을 팔 수밖에 없습니다. 남녀노소, 남

25 넓은 땅에 울타리를 쳐서 목초지를 만들던 현상을 인클로저enclosure라고 부른다.

편과 아내, 고아와 과부, 어린아이 딸린 부모 등 가난한 사람들 모두 이사를 가게 됩니다. 원래 농사일은 많은 일손이 필요한지라 이 사람들은 대개 가난하면서도 식구 수가 많습니다. 자기 사는 곳만 알고 지내던 이들은 막상 고향 땅을 떠난다 해도 달리 갈 곳이 없습니다. 이 사람들은 원매자願買者를 느긋하게 기다릴 여유가 없기 때문에 세간을 헐값에 넘기므로 몇 푼 못 받습니다. 여기저기 떠돌이 생활을 하다가 그 얼마 안 되는 돈마저 다 날리면 결국 도둑질 끝에 당신 말대로 교수대에 매달리든지 아니면 유랑하며 구걸하는 수밖에 없습니다. 하지만 유랑민이 되면 결국 게으르다는 죄로 감옥에 갇히게 됩니다. 일할 수 있다면야 기꺼이 하겠지만 누구도 이 사람들에게 일자리를 주려 하지 않습니다. 이 사람들은 농사일은 잘할 수 있지만 경작할 땅이 남아 있지 않으니 농사일 자체가 사라진 것입니다. 경작과 수확을 위해 많은 일꾼이 필요했던 그 땅에 가축을 풀어 놓은 뒤에는 한 명의 양치기면 충분하게 되었습니다.

인클로저로 인해 많은 곳에서 곡물 가격이 급등했습니다. 또 양모 가격도 껑충 뛰어서 가난한 직공들이 양모를 구하지 못하여 일 없이 놀게 되었습니다. 그렇게 된 이유 중의 하나는 목초지를 조성하고 난 후 역병이 돌아서 양들이 떼죽음을 당했기 때문입니다. 마치 탐욕을 벌하기 위해 하느님께서 동물들에게 전염병을 내린 것 같습니다만, 사실은 그 동물들보다는 동물 주인들에게 그 벌이 떨어졌으면 더 좋았을 것입니다! 하지만 설사 양의 수가 크게 늘었다 하더라도 양모 가격은 한 푼도 떨어지지 않았을 것입니다. 양모 상업이 정말로 단 한 사람의 수중에 들어간 것이 아니므로 '독점'이라고 부를 수는 없지만 아주 소수의 수중에 들어가 있고(그래서 '과점'이라고 부를 수 있을 것입니다) 또 이 사람들이 아주 부자들이어서 그들이 팔고 싶은 마음이 들 때까지, 다시 말해서 받고 싶은 가격이 될 때까지는 서둘러 팔려고 하지 않기 때문입니다.

그와 똑같은 이유에서 다른 가축들의 가격도 크게 올랐습니다. 농가와 농민이 아예 사라져 가는 상태이므로 소 치는 사람이 충분치 않습니다. 부자들은 새끼 양만큼 송아지를 키우려 하지는 않고, 다만 마른 송아지들을 구입한 다음 자기 목장에서 살찌게 만들어서 고가에 파는 일만 하려 합니다. 이런 나쁜 체제의 악영향은 아직 완전히 다 드러나지 않은 것 같습니다. 이런 장사꾼들이 살이 오른 송아지들을 팔 때 가격을 올리려 한다는 것을 우리는 잘 압니다. 그런데 송아지를 증식시키는 것보다 더 빠르게 구입하면 결국 구입지에서도 송아지 공급이 줄어들게 될 터이므로 장차 대량 부족 사태가 일어날 것입니다. 이런 문제에서 늘 사정이 좋던 당신네 섬나라는 소수의 지독한 탐욕 때문에 몰락할 것입니다. 곡가가 계속 오르면 부자들은 앞으로 자기 집의 시종 수를 줄이려 할 터인데, 그때 이 사람들은 구걸이나 절도 아니면 도대체 무슨 일을 하겠습니까? 힘깨나 쓸 줄 아는 사람이라면 굽신거리며 구걸하기보다는 도둑질을 할 것입니다.

이런 비참한 빈곤을 더 악화시키는 것은 방탕한 사치입니다. 귀족 집안의 시종들만이 아니라 상인과 농부, 그 외에 모든 사회 계층 사람이 화려한 옷치장과 호사스러운 음식에 탐닉하고 있습니다. 음식점, 유흥주점, 그에 못지않게 질이 안 좋은 선술집, 포도주나 맥주 파는 상점들을 보십시오. 주사위, 카드, 공놀이, 볼링, 고리 던지기같이 사행성 노름을 하느라 돈이 빠른 속도로 빠져나갑니다. 이런 데 익숙한 사람들이 곧바로 도둑질로 나아가지 않겠습니까? 이런 병폐를 없애야 합니다. 농장과 농촌을 황폐화시킨 사람들 자신이 그것들을 복구하든지 혹은 자기가 하지 않겠다면 그렇게 하려는 사람들에게 땅을 넘기도록 규제하는 법을 제정하십시오. 모든 상품들을 독점 구매하여 이익을 취하려는 부자들의 권리를 제한하십시오. 게으름에 빠진 사람들 수를 줄이십시오. 농업을 복구하고 직물업을 되살려서 현재 게으른 생활을 하는 사람들—즉 가난 때문에 이미 도둑이 되었든지, 혹은 방랑생활과 나태한 시종생활을 하다가 장차 도둑으로 변할 것이 분명한 사람들—에게 유용한 일거리를 주십시오.

만일 이런 악페에 대한 치유책을 찾지 못한다면 도둑을 엄벌하는 데 대해 자랑할 일이 못 됩니다. 당신이 말하는 정책은 피상적으로는 정의로워 보이지만 실제로는 정의롭지도 않고 효과도 없습니다. 젊은이들을 처음부터 잘못 가르쳐서 부패하도록 만든다면 잘못을 저지르도록 유도한 것과 마찬가지입니다. 그래 놓고 어른이 되었을 때 그런 잘못에 대해 처벌한다면 도둑을 만들어

놓고 처벌하는 것과 무엇이 다릅니까?'

내가 이렇게 말하는 동안 그 변호사는 부지런히 대답을 준비해 두었던 모양인데, 그것은 대답이라기보다는 이미 말한 내용의 요약에 가까웠습니다. 이것은 대개 훌륭한 기억력을 자랑하는 논쟁자가 흔히 취하는 형식적인 방식입니다. 이런 식이지요. '당신은 외국인치고는 꽤 말을 잘했습니다만, 정확하게 이해하기보다는 소문에 따른 내용이 더 많습니다. 몇 마디 말로 이 점을 명백하게 증명하겠습니다. 우선 당신이 이야기한 내용을 순서대로 반복하고, 다음에 우리의 관습에 대한 당신의 무지 때문에 어떻게 논리적으로 잘못되었는지를 밝히겠습니다. 그리고 마지막으로 당신의 주장을 모두 반박하여 뒤엎도록 하지요. 당신은 네 가지 점에서……'

바로 이때 추기경이 그의 말을 막았습니다. '조용히 하십시오. 당신의 이야기는 몇 마디 말로 끝날 것 같지 않군요. 지금 바로 답할 필요는 없습니다. 당신과 라파엘 씨 모두 가능하다면 내일 다시 만나서 그때 답하도록 하시지요. 그보다는 라파엘 씨, 내가 듣고 싶은 것은 당신은 왜 절도를 사형으로 처벌하면 안 된다고 생각하며, 사형이 아니라면 공익에 더 적합한 처벌은 무엇이라고 생각하는가 하는 점입니다. 당신도 절도에 대해 아무런 처벌을 내리지 말아야 한다고 생각하지는 않을 것입니다. 사형에 대한 공포로도 범죄를 막지 못하는 것이 현실입니다. 그런데 당신이 말하는 대로 생명을 보장해 준다면 무엇으로 범죄자를 막는다는 말입니까? 그들은 가벼운 형벌을 더 많은 범죄를 저질러도 좋다는 공개적인 승낙으로 여기지 않을까요? 그것은 마치 범죄를 부추기는 것과 같습니다.'

나는 추기경한테 이렇게 답했습니다. '추기경님, 다른 사람의 돈을 빼앗았다고 해서 목숨을 빼앗는 것은 부정의라고 생각합니다. 돈으로 얻는 것 가운데 그 어떤 것도 사람의 목숨만 한 가치를 가진 것은 없습니다. 돈 때문이 아니라 정의에 대한 침해와 법률 위반 때문에 도둑을 처벌한다고 말할지 모르겠지만, 극단적인 정의는 실제로는 극단적인 불의라고 해도 좋을 것입니다. 아주 작은 위반 행위에 대해서도 칼을 빼들었던 험악한 만리우스[26]의 법을 인정해

「자신의 아들을 참수하도록 명령하는 티투스 만리우스 토르콰투스」,
페르디난드 볼, 1661~1663년경

서는 안 됩니다. 또 모든 죄는 다 똑같은 것이라면서 살인이나 돈 몇 푼 훔치는 것이 차이가 없다고 보는 스토아적인 견해[27] 역시 받아들여서는 안 됩니다. 형평을 따져 생각하면 이 두 종류의 범죄는 완전히 다른 것입니다. 하느님께서는 〈살인하지 말라〉고 말씀하셨습니다. 그런데 돈 몇 푼 훔친 행위를 두고 우리가 그토록 쉽게 살인(도둑을 사형에 처하는 행위)을 해야 합니까? 그렇다면 살인을 허락하는 인간의 법 때문에 살인을 금한 하느님의 법이 적용되지 않는 것입니다. 그와 같은 식이라면 예컨대 강간, 간통, 위증을 정당화하는 법들도 만들어질지 모릅니다. 하느님께서는 다른 사람을 살해하는 것만이 아니라 자기 자신의 목숨을 스스로 앗아가는 것까지 금하셨습니다.[28] 만일 인간이 상호 동의를 통해 어떤 특정한 경우에는 살인을 허락하자고 결정한다면 이는 하느님의 법을 자유롭게 피할 수 있는 권리를 인정하는 셈입니다. 그렇다면 이는 하느님의 법보다 인간의 법을 우선시하는 것이 아닙니까? 그렇다면 결국 하느님의 법을 얼마나 준수해야 하는지 인간들이 스스로 정하는 결과가 될 것입니다. 모세의 법[29]은 노예화되고 고집 센 민족에 대한 법인지라 엄격하기 그지없습니다만, 심지어 여기에서도 절도에 대해 사형이 아니라 벌금을 부과하였습니다. 하느님께서 우리에게 아버지의 온화함으로 대하는 새로운 자비의 법을 주셨는데도, 인간들이 서로에게 잔인하게 대하라고 허가해 준 것으로 생각하지 말아야 합니다.

이런 것들이 내가 도둑들을 사형에 처해서는 안 된다고 생각하는 이유입니다. 하지만 사실 절도와 살인을 똑같이 처벌하는 것이 어리석고 또 공공복리에 맞지 않는다는 것쯤은 모두 잘 알고 있습니다. 절도죄와 살인죄가 같은 처

---

26 기원전 4세기의 인물인 티투스 만리우스는 엄격한 법 시행으로 유명하다. 그는 자기 아들이 법을 어기자 사형에 처하였다.

27 일부 스토아주의자들이 모든 범죄는 다 똑같다는 주장을 하였는데, 이는 특히 호라티우스의 『풍자시』에서 비웃음을 당했다.

28 이 내용은 이 책의 2부에서 안락사를 인정하는 내용과 모순된다.

29 모세의 법은 출애굽기 22장에 나온다. 여기에서는 절도에 대한 여러 처벌 조항이 나오지만, 사형은 언급되어 있지 않다.

벌을 받는다면, 도둑들은 단지 돈만 훔쳐갔을 상황에서 살인까지 저지르고 말 것입니다. 처벌이 똑같다면 살인을 저지르는 것이 더 안전할 테지요. 증인까지 살해함으로써 범죄를 숨길 수 있기 때문입니다. 그렇다면 도둑들에게 극도의 잔인성으로 겁을 주려고 한 것이 그만 무고한 사람을 살해하도록 부추기는 결과가 됩니다.

더 좋은 처벌 방식으로 어떤 것이 있는지 질문을 하셨는데, 더 나쁜 방식보다는 더 좋은 방식을 찾는 것이 쉬운 일입니다. 최상의 통치술을 자랑하던 로마인들이 오랫동안 사용한 처벌 방식의 가치는 의심할 수 없겠지요? 로마인들은 극악한 범죄를 저지른 사람들을 사슬로 묶어서 채석장이나 광산에서 종신 노역을 시켰습니다. 하지만 내 생각에 정말로 최선의 것은 페르시아 여행 중에 본 적이 있는 폴릴레리트[30] 사람들의 방식입니다. 훌륭한 통치가 이루어지고 있고 규모도 꽤 큰 이 나라는 페르시아의 샤 황제에게 매년 조공을 바치는 것 외에는 자유를 누리며 자신들의 법을 유지하고 있습니다. 또 바다에서 멀리 떨어져 국토의 대부분이 산으로 둘러싸여 있습니다. 여러 가지 물자가 제법 풍부하므로 다른 나라와 접촉할 일이 거의 없고 또 이 나라를 방문하는 사람들도 없는 편입니다. 이 나라 사람들은 옛날부터 영토 확장을 꾀하지 않고, 또 페르시아에 조공을 바치는데다가 산 뒤에 숨어 있으므로 더더욱 자연스럽게 보호를 받습니다. 이들은 영광스러운 삶보다는 안락한 삶을 추구하고, 야심이나 명성보다는 만족을 선호합니다. 그래서 이 나라는 바로 이웃 나라 사람들 말고는 이름도 거의 알려져 있지 않습니다.

이 나라에서는 도둑질을 하다 잡힌 사람은 주인에게 훔친 물건을 변상합니다. 다른 나라에서는 거의 대부분 장물이 군주에게 돌아가는 것과는 다릅니다. 그들 생각으로는 도둑과 마찬가지로 군주 역시 장물에 대한 권리가 없다는 것입니다. 만일 훔친 물건이 없어지면 절도범의 재산에서 변상케 합니다. 남은 재산은 모두 절도범의 아내와 아이들에게 넘겨주고, 절도범 자신은 중노

30 Polylerites라는 이름은 그리스어의 polus(많은)와 leiros(난센스)의 합성어다. 물론 가상의 민족이다.

동형에 처해집니다.

절도 외에 다른 흉악한 범죄를 함께 저지르지 않았다면 감옥에 가두거나 사슬을 채우지 않고, 간수도 없는 가운데 자유롭게 다니며 공공사업 일을 합니다. 그들이 꾀를 부리고 열심히 일하지 않으면 쇠사슬로 묶지는 않고 채찍질만 합니다. 대신 일을 열심히 하면 모욕적인 대우를 받지 않으며, 저녁에 점호를 한 다음 정해진 숙소에 갇히는 점만 빼면 일반인과 다르지 않게 살아갑니다. 따라서 항상 일을 해야 하는 점 외에는 사는 데 불편함이 없습니다. 그들은 국가를 위해 일을 하므로 공공 비용으로 충분한 음식을 제공받는데, 구체적인 방식은 지역마다 조금씩 다릅니다. 어떤 곳에서는 사람들의 자선으로 도움을 받습니다. 이것이 약간 불안정해 보일지 모르지만 폴릴레리트 사람들은 자비심이 많기 때문에 사실 이보다 더 좋은 방법이 없습니다. 다른 곳에서는 공공재정에서 이들을 돕는 비용을 따로 마련하기도 하고 특별세를 걷기도 합니다. 어떤 때는 이들이 공공사업에 동원되지 않고, 일반인들에게 품을 팔기도 합니다. 일꾼을 필요로 하는 사람들이 인력 시장에서 돈을 지불하고 이들을 하루 단위로 고용합니다. 금액은 미리 정해져 있는데 자유인보다 약간 쌉니다. 이때 그들이 게으름을 피우면 채찍질을 하는 것은 합법입니다. 하여튼 그들로서는 결코 일거리가 떨어지지 않으며, 그들의 생계 비용을 약간 웃도는 돈을 받으므로 그만큼의 이익을 국고에 가져오는 것입니다.

그들은 다른 사람들과 구별되는 한 가지 색깔의 옷을 입습니다. 머리를 삭발하지는 않지만 한쪽 귀 끝을 살짝 자른 다음 그 부분의 머리를 짧게 자릅니다. 그들의 친구가 음식과 음료수를 주거나 또는 허용된 색깔의 옷을 줄 수 있습니다. 하지만 그들에게 돈을 주면 주는 사람이나 받는 사람 모두 사형에 처합니다. 그 어떤 이유가 되었든 간에 자유인이 그들로부터 돈을 받는 것도 중대한 범죄입니다. 그리고 노예(이곳에서는 죄수를 이렇게 부릅니다)가 무기를 소지하는 것 역시 사형에 해당하는 중죄입니다. 이 나라 어느 지역이든 간에 이 사람들은 특별한 표시를 달게 되어 있습니다. 이 표시를 버리든지, 다른 구역으로 넘어가든지, 혹은 다른 구역 노예와 이야기만 해도 사형입니다. 탈주를 모의하는 것만으로도 탈주 그 자체와 마찬가지로 위험한 일입니다. 탈주 계획을 모의하면 노예는 사형이고 이에 협력한 자유인은 노예가 됩니다. 반면 그런 모의를 고발하면 보상을 받습니다. 자유인은 돈을 받고 노예는 자유인이 되는 동시에 그가 그런 모의에 가담했다는 점도 사면받아서 전혀 문제가 되지 않도록 합니다. 그러므로 탈주 계획을 모의하는 것보다는 그것을 포기하는 편이 훨씬 더 안전합니다.

이것이 그들의 정책입니다. 그것이 얼마나 온건하고도 실제적인지는 명백합니다. 이곳에서 형벌의 목적은 악덕을 없애고 사람을 구하는 것입니다. 범죄자들로 하여금 정직하게 살 필요를 느끼도록 하고 남은 일생 동안 그들이 지은 죄에 대해 스스로 보상하도록 하는 취지입니다. 재발 위험이 워낙 적기 때문에 이 나라에서 여행자들은 노예들을 최상의 안내인이라고 보고 그들의 안내를 받다가 구역이 바뀌는 곳에서 노예 안내인을 바꿉니다. 노예들은 무기가 없는데다가 돈을 가지고 있는 것이 범죄의 증거가 되므로 도둑질을 할 수 없습니다. 범죄를 저지르다 잡히면 그 자리에서 처벌받고, 탈주할 가능성도 전혀 없습니다. 노예의 옷이 일반인들과 다르기 때문에 벌거벗고 뛰지 않는 한 어떻게 도망갈 수 있겠습니까? 설사 그렇게 한들 그들의 잘린 귀 때문에 곧 신분이 밝혀질 것입니다. 혹시 노예들이 반정부 반란을 획책하지는 않을까요? 그럴지도 모르지요. 하지만 반란에 성공하려면 여러 구역의 노예들을 그 일에 끌어들여야 할 텐데 그럴 가능성이 거의 없습니다. 이웃 구역의 노예들과는 만나거나 말하거나 심지어 인사하는 것도 허락되지 않기 때문에 그런 것은 아예 불가능합니다. 그런 일에 가담하는 것은 극히 위험한 반면 그것을 밀고하는 것은 대단한 이익임을 잘 알기 때문에 누구든지 그런 음모에 가담하는 위험을 감수하지 않습니다. 게다가 복종과 인내의 심정으로 벌을 받아들이고 장차 훌륭한 삶을 살겠다고 작정하면 언젠가 자유를 되찾으리라는 희망이 있습니다. 실제로 매년 여러 사람들이 그들의 순종적인 태도 때문에 사면받습니다.'

이 말을 마치고 난 후, 나는 이 제도를 잉글랜드에서 받아들이지 않을 이유가 없으며, 그렇게 되면 변호사가 그렇게 높이 평가한 '정의'보다 더 이롭지 않겠느냐는 말을 덧붙였습니다. 그러나 그 변호사는 만일 이 제도를 잉글랜드에 도입하면 나라 전체가 큰 위험에 빠질 것이라고 단언했습니다. 그러면서 그는 얼굴을 찡그리며 침묵해 버리는 것이었습니다. 그 자리에 있던 사람들 모두 그의 의견에 동의하더군요.

그때 추기경이 이렇게 말했습니다. '이 제도를 시행해 본 적이 없으니 이것이 잘 작동할지 아닐지는 알기 어렵겠소. 하지만 어떤 혐의자에게 사형이 언도되었을 때 사형 집행을 일시 유예하고—다만 비호권[31]은 허락지 않는다는 조건입니다만—이 제도가 잘 작동하는지 시험해 볼 수는 있을 것입니다. 그 결과 이 제도가 잘 작동한다는 것이 밝혀지면 그때 국왕이 법으로 확정하면 어떨까요? 만일 이 제도가 잘 작동하지 않는 것으로 밝혀지면 그때 그 사람에 대한 형을 집행하면 됩니다. 일찍 형을 집행하지 않았다고 해서 이것이 불편이나 부정의를 초래한다고는 생각하지 않습니다. 그러니 이 실험에 큰 위험은 없는 셈이지요. 그리고 유랑민들에 대해서도 같은 실험을 할 수 있을 것입니다. 우리는 그동안 유랑민들에 대한 법률을 많이 시행했지만 그중 어느 것도 실질적인 효과를 보지는 못하지 않았습니까?'

추기경이 그렇게 결론을 내리자 이전에 내가 이야기했을 때는 경멸하는 태도를 보이던 사람들이 모두 그 생각에 찬성하였습니다. 특히 추기경이 덧붙인 유랑민과 관련된 생각을 찬양해 마지않더군요.

다음에 내가 이야기할 것은 어리석은 내용인지라 말할 가치가 있는지 모르겠으나, 나쁜 이야기도 아니고 또 우리 주제와 관련이 있기 때문에 말하도록 하지요. 그 자리에 진짜 어릿광대와 구분하기 힘들 정도로 아주 그럴듯하게 어릿광대 흉내를 잘 내는 식객이 있었습니다. 그 사람은 농담을 자주했는데 그것이 늘 어색해서 사람들은 그 농담보다는 차라리 그 사람에 대해서 웃곤 했습니다. 하지만 가끔은 아주 기발한 것도 있었는데, 이는 주사위를 여러 번

---

31 비호권庇護權, sanctuary은 교회를 비롯한 지성소至聖所로 죄인이 들어갔을 때 그를 함부로 잡아올 수 없게 되어 있는 관습을 말한다. 모어 시대에는 이 관습이 많이 사라졌지만 그래도 여전히 여러 곳에 남아 있었다. 모어는 이것이 법 집행에서 일종의 복권 같은 요소라며 비판하였다.

던지다 보면 언젠가는 숫자가 맞는다는 속담과 같은 것이지요.[32]

일행 중 한 사람이 이렇게 이야기했습니다. '라파엘 씨는 도둑에 대해서 이야기했고 추기경께서는 유랑민들에 대해서 이야기했는데, 그렇다면 이제 병이나 노령 때문에 생계를 유지하기 힘든 걸인들에 대해서 이야기해 보면 어떨까요?'

그러자 어릿광대가 이렇게 말했습니다. '그 문제는 나에게 맡겨 주세요. 내가 곧바로 해결할 수 있습니다. 나는 언제나 걸인들이 내 눈에 보이지 않게 사라졌으면 하고 바라왔지요. 이 사람들이 어찌나 구성진 목소리로 구걸을 하는지 항상 그 때문에 시달렸거든요. 하지만 아무리 가슴 아프게 이야기해도 나한테서는 한 푼도 나가지 않습니다. 한 푼도 주고 싶지 않거나 아니면 나에게 한 푼도 없거나 둘 중의 하나이지요. 그러니까 이제 그 사람들은 현명해져서 나를 보면 동냥을 받을 가망이 없다는 것을 알기 때문에 아무 소리 안 하고 그냥 지나가게 합니다. 내가 사제장[33]인 줄 아는 모양이에요. 나 같으면 모든 걸인들을 베네딕트 수도원으로 보내서 남자들은 수사로 만들고 여자들은 수녀로 만드는 법을 제정하겠습니다.'

추기경은 이 말을 농담으로 듣고 흘려버리는 듯했지만 다른 사람들은 아주 진지하게 받아들였습니다. 그런데 그 가운데 신학교를 졸업한 탁발승[34]이 한 명 있었습니다. 이 사람은 평소에는 침울할 정도로 말이 없었는데, 일반 사제들과 수도사들에 대한 농담을 듣고는 기분이 좋았는지 그 역시 즐겁게 이야기를 했습니다. '우리 탁발승 문제를 처리하지 않으면 모든 걸인들을 없애지는 못할 거요'라고 말하더군요. 그러자 어릿광대는 이렇게 대답했습니다. '당신

---

32 에라스뮈스의 『아다지아』에 비슷한 속담이 있다.

33 아마도 누가복음(10:31)의 착한 사마리아인의 고사에 나오는 사제장을 가리키는 것 같다. 어떤 사람이 강도를 만나 거의 죽을 뻔한 채로 길거리에 버려졌다. 이때 사제장이 그 길을 지나다가 그 사람을 보았으나 모른 척하고 지나쳤다. 레위 사람도 그렇게 지나쳤다. 그러나 한 사마리아인이 그를 여관에 데려가서 누이고 여관 주인에게 돈을 주며 그 사람을 보살펴 주라고 부탁했다.

34 수도원 내에 기거하는 일반 수도사들과 달리, 사람들의 보시에 의존하면서 돌아다니며 설교하는 수도승을 말한다.

들에 대해서는 이미 추기경께서 해결책을 제시하지 않았습니까? 모든 유랑민들을 체포해서 노역을 시켜야 한다고요. 당신네들 탁발승이야말로 가장 문제가 심각한 유랑민이 아닙니까?'

사람들은 모두 추기경의 눈치를 살폈는데, 추기경이 이 말에 대해서도 역시 농담으로 받아들이자 환호를 했습니다. 물론 그 탁발승만 빼고 말이지요. 충분히 상상할 수 있겠지만, 탁발승은 식초에 빠진 것처럼[35] 격노해서 어릿광대에게 욕설을 퍼부었습니다. 그를 악당, 중상모략가, 불경한 말을 하는 자, 혹은 성경을 인용하면서 파멸의 자식son of perdition이라고 불렀지요.

그러자 어릿광대도 정색을 하고 대꾸했습니다. '화내지 마세요, 수사님. 성경에도 이렇게 나와 있지 않습니까. 〈너희는 참고 견디는 가운데 너희의 생명을 얻으리라.〉(누가복음 21:19)'

그러자 탁발승도 성경을 인용하며 대꾸하더군요. '화내는 것이 아닐세, 교수대에나 매달릴 놈 같으니라고. 그리고 적어도 죄를 짓지 않는 것은 더 분명하다네. 시편에 이르기를 차라리 화를 내더라도 죄는 짓지 말라고 하지 않았나.'[36]

이쯤 되자 추기경이 탁발승에게 진정하라고 주의를 주었지만, 탁발승은 계속 이렇게 말했습니다. '추기경님, 저는 성심聖心, zeal으로 이야기하는 겁니다. 의당 그래야겠지요. 성인들은 모두 성심을 가지고 있지 않습니까. 성경에도 〈주의 집에 쏟은 내 열정이 내 안에서 불처럼 타고 있습니다〉라고 되어 있지 않습니까.(시편 69:9) 그리고 교회에서 부르는 찬송가에도 〈하느님의 집으로 가는 엘리사에게 대머리라고 놀리던 사람들은 성심의 화를 당했다〉고 되어 있습니다.[37] 그 말처럼 이 불경한 말을 떠벌리는 자도 화를 면치 못할 겁니다.'

이에 대해 추기경은 '당신 말이 맞을 테지만, 어릿광대에 맞서서 어릿광대처럼 싸우는 일을 하지 않는다면 더 성스럽든지 적어도 더 현명한 처신이 될

---

35 호라티우스의 『풍자시』에 나오는 "이탈리아 식초에 젖은"이라는 표현과 관련이 있어 보인다.

36 "두려워 떨어라. 죄는 짓지 말지어다."(시편 4:4)

37 엘리아의 아들 엘리사에 대해 어린아이들이 대머리라고 놀렸다. 그러자 엘리사는 숲에서 곰들을 불러내어 그 어린이들을 잡아먹게 하였다.(열왕기 2권 2:23)

거요' 하고 말했지만, 탁발승은 또 이렇게 답하였습니다. '아닙니다. 저는 더할 나위 없이 현명하게 처신 중입니다. 사람 중에 가장 현명하다는 솔로몬이 〈어리석은 자에게는 그 어리석음에 맞게 대답하라〉[38]고 하였는데, 제가 바로 그렇게 하는 중입니다. 저는 저 작자가 조심하지 않으면 어떤 지옥 구덩이에 떨어지게 되는지 가르쳐 주렵니다. 엘리사 한 사람을 대머리라고 조롱하던 많은 사람이 화를 당했는데, 수많은 대머리를 한 사람이 놀린다면 얼마나 더 큰 화를 당하겠습니까? 그리고 우리를 놀리는 사람들은 파문에 처한다는 교황 칙서까지 있습니다.'

이 문제가 쉽게 가라앉지 않으리라고 생각한 추기경은 어릿광대에게 눈짓을 해서 그 자리를 떠나도록 하고 대화를 조금 더 명랑한 주제로 바꾸었습니다. 그러고는 곧 탄원을 하러 온 사람들을 만나기 위해 자리를 떠났지요.

모어 씨, 내가 너무 이야기를 길게 한 모양입니다. 당신이 이 이야기를 해 달라고 원했고 또 한 부분도 빼놓지 않고 아주 열심히 들어주시니 망정이지 그렇지 않았으면 내가 조금 창피했을 겁니다. 사실 더 짧게 이야기할 수도 있었지만 일부러 길게 한 것은 처음에 누구도 내 주장을 받아들이지 않다가 추기경이 반대하지 않는다는 것을 알자 곧바로 사람들이 내 말을 받아들이던 일을 말씀드리기 위함입니다. 어릿광대의 말도 추기경이 농담으로나마 받아들이자 박수를 보내면서 환호할 정도로 사람들은 아부를 잘합니다. 그런 정도이니 궁정인들이 내 조언을 어느 만큼이나 소중하게 받아들이겠습니까?"

이 말에 나는 이렇게 답했다.

"라파엘 씨, 당신의 이야기는 모두 현명하면서도 재치가 있어 아주 즐거웠습니다. 당신 이야기를 듣는 동안에 나는 다시 어린 시절의 고국 땅으로 되돌아간 듯했습니다. 나는 당신이 말한 바로 그 추기경의 궁정에서 자랐기 때문입니다. 그렇지 않아도 당신에게 친밀감을 갖고 있었지만, 추기경에 대한 좋은

---

38 "미련한 사람이 어리석은 말을 할 때에는 같은 말로 대응하여 주어라. 그가 지혜로운 체할까 두렵다."(잠언 26:5) 바로 앞 구절도 참조하라. "미련한 사람이 어리석은 말을 할 때에는 대답하지 말지어다. 너도 그와 같은 사람이 될까 두렵다."(잠언 26:4)

추억을 가지고 계시다니 더더욱 그렇게 느낍니다. 하지만 원래 내가 말씀드린 그 의견을 아직 버리지 못하겠습니다. 궁정 생활에 대한 반감을 억누르기만 한다면 군주에 대한 당신의 충고는 모든 사람에게 큰 이익이 될 것입니다. 그것은 당신 같은 훌륭한 인사들이 마땅히 수행해야 하는 의무가 아닐까요? 당신의 친구와도 같은 플라톤은 철학자가 군주가 되든지 혹은 군주 자신이 철학자가 되어야만 나라가 행복해진다고 말하였습니다.[39] 그런데 철학자들이 심지어 군주에 대한 조언마저 하지 않으면 우리의 행복의 가능성은 멀어지지 않겠습니까?"

"철학자들이 그렇게 몰인정하지는 않습니다. 만일 군주들이 철학자들의 충고를 받아들일 준비만 되어 있다면 그들은 기쁜 마음으로 봉사를 하였을 겁니다. 그리고 실제로 저서를 통해 충고를 했습니다. 그렇지만 군주 자신이 철학적이지 않으면—이들은 대개 어릴 때부터 잘못된 사고에 빠져서 헤어 나오지 못하곤 합니다—진짜 철학자들의 충고를 결코 받아들이지 않으리라는 플라톤의 예언이 맞습니다. 플라톤 자신이 시라쿠사의 디오니시오스 1세에게서 그런 경험을 했습니다.[40] 내가 만일 어떤 군주에게 유익한 법을 제안하고 그의 영혼에서 사악함과 타락의 씨앗을 제거하려고 노력한다면 나는 곧 추방당하든지 경멸스러운 취급을 당하고 말 겁니다.

예컨대 내가 프랑스 궁정에 있다고 생각해 봅시다.[41] 왕이 직접 주재하는 비밀회의에서 모든 현명한 보좌관들이 모여 앉아 교묘한 전략을 짜는 데 내가 참여한다고 합시다. 왕은 밀라노를 지배하고, 프랑스의 영향에서 벗어나려는 나폴리를 정복한 다음, 베네치아인들을 몰아내서 이탈리아 전부를 굴복시키려고 합니다.[42] 그다음에는 플랑드르와 브라반트, 부르고뉴를 프랑스

39 플라톤의 『국가론』에 나오는 표현이다.

40 시라쿠사의 참주 디오니시오스 1세의 교육을 위해 플라톤이 초빙되었으나, 개선 효과가 보이지 않자 플라톤은 곧 분개하며 떠났다.

41 내용상으로 볼 때 프랑수아 1세의 궁정을 염두에 두었을 것이다.

42 프랑스 왕실은 밀라노와 나폴리에 대해 왕조와 관련된 지배권을 주장하였다. 그러나 여러 차례 외교상의 노력과 전쟁을 거친 후에 1513년 이탈리아에서 물러났다.

영토로 병합하고 그 외에 다른 나라까지 침략할 생각을 합니다. 어떤 보좌관은 적당한 기간 동안 베네치아와 동맹을 맺어서 그들과 공동 전략을 취하고 심지어 그들에게 약간의 영토 정복까지 허락해 주되 나중에 계획대로 일이 잘되면 그 영토를 회수하자고 조언할 것입니다.[43] 다른 보좌관은 독일 용병Landsknecht들을 고용하고 대신 스위스 용병들을 매수하여 중립을 지키도록 만들자고 할 것입니다.[44] 세 번째 사람은 신성 로마 제국 황제에게 거액의 금을 제공해서 상처 입은 자존심을 달래 주어야 한다고 주장할 것입니다.[45] 또 다른 사람은 생각이 달라서 아라곤 왕과 조약을 맺되 평화를 유지하기 위해서 그가 나바라[46]의 왕위를 차지할 수 있도록 허락해야 한다고 주장할 것입니다. 그리고 또 어떤 사람은 카스티야 왕세자[47]와 결혼 동맹을 맺는 것이 중요하며 그러기 위한 첫걸음은 우선 비밀리에 보조금을 주는 방식으로 카스티야의 궁정 귀족들을 매수하는 것이라고 말할 겁니다. 가장 어려운 문제는 잉글랜드를 어떻게 하느냐입니다. 보좌관들은 모두 현재 취약한 상태에 있는 잉글랜드와 동맹을 강화해야 하지만 잉글랜드는 한편으로 친구이면서 동시에 언제적으로 돌아설지 모르는 일이므로 경계해야 한다고 말합니다. 그래서 스코틀랜드인들을 항시 준비시켜 잉글랜드가 약간이라도 혼란에 빠지면 곧 공격하도록 만들자는 제안을 합니다. 또 잉글랜드 왕위에 대한 권리를 주장하는 스코틀랜드 출신 망명 귀족들[48]을 비밀리에 부추겨서(공개적으로 그렇게 하면 안 된다는 조약을 맺었기 때문입니다) 믿지 못할 잉글랜드 국왕을 견제하면서 압박

---

43 프랑수아 1세가 마리냐노 전투에서 승리를 거둔 덕분에 베네치아는 베로나와 롬바르디아 평원 일부를 차지했다.

44 1494년부터 이탈리아를 무대로 전쟁이 일어났을 때 독일의 용병들은 개인별로든 혹은 중대 단위로든 자주 고용되었다. 독일인보다 더 뛰어난 용병으로 소문나 있던 스위스인들은 싸울 필요도 없이 중립을 지켜 준다는 명목만으로 돈을 받기도 했다.

45 신성 로마 제국 황제인 오스트리아의 막시밀리안은 유럽을 지배하겠다는 야심을 품었으나 자금 부족에 시달렸고 뇌물을 잘 받았다.

46 나바라는 피레네 산맥에 있던 작은 나라로, 프랑스와 에스파냐 사이의 정치적 갈등에 휘말려 들어가곤 했다. 이 나라의 대부분은 1598년 앙리 4세에 의해 프랑스의 영토로 편입되었다.

47 장차 에스파냐 국왕 카를로스 1세 그리고 황제 카를 5세가 될 카스티야 왕세자의 결혼 문제는 유럽 정치의 초미의 관심사였다. 그는 20세가 되기 전에 열 번이나 약혼과 파혼을 반복했다.

을 가하자고 주장합니다.

자, 이제 이런 식으로 많은 문제들이 걸려 있고 이에 대해 많은 영민한 인사들이 정교한 전략들을 경쟁적으로 꾸며내는 회의에서 나 같은 하급 인사가 일어나서 전혀 엉뚱한 방향의 조언을 한다고 생각해 보십시오. 나 같으면 국왕에게 프랑스만 해도 잘 다스리기에는 너무 큰 나라이니 다른 나라를 합병할 생각은 꿈도 꾸지 않는 것이 좋으며, 그러니까 이탈리아 공격은 그만두라고 제안할 것입니다. 그리고 유토피아 섬 남쪽에 있는 아코리아[49]의 칙령을 거론한다고 생각해 보세요. 아주 오래전에 이 나라의 국왕은 혼인 관계를 통해 이웃 나라의 왕위 계승권이 자신에게 있다는 주장을 하면서 전쟁을 일으켜서 승리를 거두었습니다. 그런데 곧 그 나라의 합병만큼이나 통치가 어렵다는 것을 깨닫게 되었지요. 새로 얻은 나라의 사람들이 언제나 반란을 일으키든지 아니면 다른 침략자들의 공격을 받았기 때문에, 아코리아 사람들은 이 나라 사람들을 위해서건 아니면 이 나라 사람들에 대해서건 전쟁을 해야 했고 그래서 항시 군대를 유지해야 했습니다. 그러는 동안 늘 무거운 세금에 시달렸고 많은 자금이 국외로 빠져나갔으며, 또 인명 피해가 계속되어서 평화의 가능성은 아예 없었지요. 전쟁이 계속되자 이 나라 사람들은 절도와 살인 충동에 물들게 되었고, 또 국왕은 두 나라를 통치하느라 어느 한편에도 적절한 주의를 기울이지 못하는 바람에 법은 무시되었습니다.

이런 불행의 목록이 한이 없다는 것을 깨달은 보좌관들이 회의 끝에 국왕에게 두 나라 모두를 통치할 수는 없으므로 그가 좋아하는 나라 하나를 골라서 통치해 달라고 정중하게 제안을 했습니다. 양국 국민의 수가 너무 커서 반쪽짜리 왕으로서는 통치가 힘들다고 이야기하고, 심지어 노새 몰이꾼을 고용

48 스코틀랜드는 전통적으로 잉글랜드의 라이벌이고 프랑스의 우방이었다. 여기에서 스코틀랜드의 망명 귀족이 누구인지는 불명확하지만, 리차드 드 라 폴Richard de la Pole일 가능성이 높다. 실제로 그는 프랑스 국왕 루이 12세가 잉글랜드 국왕으로 인정한 바 있다.

49 그리스어의 a(없는)와 chora(장소)의 합성어로서 결국 '아코리아'는 '아무 데에도 없는 나라'라는 뜻이 된다. 이 나라가 유토피아의 남쪽에 있다는 설정으로 보건대 프랑스를 가리키는 듯하다. 그렇다면 여기서 설명하는 내용은 프랑스가 이탈리아에 개입한 사태에 대한 모어의 예언이 될 것이다.

할 때도 만일 그 사람이 동시에 두 마리의 노새를 몰아야 한다면 그를 쓰지 않을 것이라고 덧붙여 이야기했다는 것입니다. 훌륭한 왕은 결국 원래 자기 나라에만 만족해야 했고 다른 나라는 지인에게 넘겨주었지만 그 역시 곧 쫓겨났습니다.

내가 프랑스 왕의 보좌관들에게 이렇게 말했다고 생각해 보세요. 한 사람의 욕심 때문에 참으로 많은 나라 사람이 혼란에 빠졌습니다. 이 전쟁은 재원을 고갈시키고 사람들의 사기를 떨어뜨리며 종래에는 불행한 일로 끝맺게 될 것입니다. 그러니 프랑스 국왕은 조상에게서 물려받은 나라나 잘 지키면서 그 나라를 훌륭하게 잘 가꾸어 가는 것이 최선입니다. 국왕은 백성들을 사랑하고 또 백성들의 사랑을 받아야 하며, 백성들 가운데에서 살면서 그들을 어질게 통치해야 합니다. 그가 가진 나라도 이미 충분히 크니 다른 나라들은 공격하지 마십시오, 이런 충고를 했다고 합시다. 모어 씨, 다른 보좌관들이 내 연설을 듣고 어떻게 생각할 것 같습니까?"

"그리 좋게 생각하지는 않겠지요" 하고 나는 답했다.

"또 이런 생각도 해 봅시다. 어떤 다른 나라 국왕의 보좌관들이 국고를 채우기 위한 여러 계획들을 논의한다고 가정해 보지요. 어떤 사람은 국왕이 채무를 갚을 때는 화폐 가치를 높이 치고 조세를 걷을 때는 화폐 가치를 낮게 치도록 하자는 의견을 제시합니다.[50] 그렇게 하면 거액의 부채를 소액의 돈으로 갚을 수 있고, 소액만 거둘 수 있는 상황에서 거액을 모을 것입니다. 다른 사람의 의견은 전쟁을 일으키는 척해서 그것을 핑계로 세금을 걷자는 것입니다. 그래서 일단 돈이 국고로 들어오면 왕은 멋진 의식을 치르며 평화 조약을 맺는데, 단순한 사람들은 이 행위를 두고 국왕이 국민들에게 자비심을 느껴서 그들의 생명을 지키느라고 그렇게 했다고 믿는다는 것입니다.[51] 또 다른 보좌관은 낡

---

50 잉글랜드의 에드워드 4세, 헨리 7세, 그리고 이 책이 쓰인 시대의 헨리 8세 역시 이런 방법을 사용하였다.

51 1492년에 헨리 7세는 브르타뉴 문제로(그 당시 브르타뉴는 아직 프랑스 영토로 완전히 편입되지 않은 공작령이었다) 프랑스와 전쟁을 한다고 선포하여 조세를 걷고, 그다음에는 전쟁을 하지 않겠다는 명목으로 프랑스 국왕 샤를 8세로부터 뇌물을 받았다.

아빠진 법안을 되살리자는 제언을 합니다. 아주 오래전에 잊혀서 사람들은 그런 법이 있었는지도 모른 채 자신도 모르게 위반하며 살았던 그런 법말입니다. 이 법을 위반한 사람들에게 벌금을 물리면 국왕은 거액의 돈을 벌 수 있을 뿐 아니라 동시에 국왕이 정의를 수호하고 법과 질서를 지킨다는 명망도 얻는다는 것입니다.[52] 또 다른 제안은 공공 이익을 위한다는 명분으로 여러 행위를 금지시키고 이를 어긴 사람들에게 아주 무거운 벌금을 물리자는 것입니다. 그 다음에는 돈을 낸 사람들에게 이런 행위들을 허락해 주는 것입니다. 이렇게 되면 사람들을 만족시키면서 동시에 두 가지 이익을 볼 수 있게 됩니다. 하나는 위반자들에게 물리는 벌금이고 다른 하나는 허가증을 팔아서 버는 돈이지요. 게다가 국왕이 국민들의 복리를 위해 일하는 것으로 보이는 장점도 있습니다. 물론 이때의 금액은 높이 책정할수록 좋습니다. 그러면 국왕께서는 공공의 이익을 저해하는 특권을 가급적 부여하지 않으려 하며, 다만 아주 거액을 부담하는 자에게만 허락하는 것으로 보이지 않겠습니까?

또 다른 보좌관은 판사들이 매사에 왕에게 유리하게 판결을 내림으로써 왕의 영향력을 증대시켜야 한다고 주장합니다. 그리고 판사들을 자주 궁정에 소집하여 국왕의 면전에서 토론을 벌이게 하자고 제안합니다. 국왕의 주장이 아무리 정의에 어긋난다 하더라도 판사 중 한두 명은, 모순을 사랑해서 그러는지, 자신은 늘 남과 다른 의견을 제시한다는 자부심 때문인지, 혹은 단순히 자기 이익을 추구하느라고 그러는지, 하여튼 국왕에게 유리하도록 법을 교묘히 왜곡하는 방법을 발견하게 됩니다. 판사들 간에 이견이 생기면 세상에서 가장 분명했던 일들도 아리송해지고 진리 자체가 의문시되는 겁니다. 이렇게 되면 국왕은 법을 자기 뜻대로 해석할 수단을 얻게 되고 그러면 다른 사람들은 수치 때문에든 혹은 공포 때문에든 거기에 동의하게 됩니다. 판사들은 주저 없이 국왕의 이익을 옹호할 것입니다. 국왕에게 유리한 판결을 내릴 핑계는 얼마든지 찾을 수 있으니까요. 왕에게 유리한 방향으로 형평성을 주장할 수도 있

---

52 헨리 7세 시대에 이런 일이 여러 차례 있었다.

고, 혹은 법률 문구가 우연찮게 맞아떨어지거나 그렇지 않으면 법률 문구들을 뒤틀어서 갖다 댈 수 있겠고, 이런 것들이 모두 실패하는 때는 법률보다 상위에 있는 국왕대권[53]에 호소하면 되는 거지요. 이는 자신의 '의무'를 잘 알고 있는 판사들에게 결코 실패할 리 없는 근거가 되는 것입니다.

모든 보좌관들은 '군대를 유지하려는 국왕에게는 금이 아무리 많아도 부족하다'는 크라수스의 유명한 격언[54]에 동의합니다. 게다가 국왕은 설사 잘못을 범하려 해도 잘못할 수 없다는 주장까지 제시됩니다. 왜냐하면 모든 소유물이 국왕의 것이고 심지어 백성들 자신도 국왕 소유이며, 다만 왕이 호의를 베풀어서 백성들에게서 빼앗지 않고 남겨 준 것만이 개인 소유물이 될 수 있기 때문입니다. 그런데 왕은 백성들에게 가급적 적은 것만을 남겨 주는데, 그 이유는 백성들이 부와 자유로 인해 오만해지는 것을 막아야만 왕의 안전이 보장되기 때문이라는 겁니다. 사람들이 부유해지고 자유로워지기까지 하면 가혹하고 정의롭지 못한 명령을 참아내려고 하지 않는 반면, 가난에 빠지면 영혼이 무뎌지고 그래서 참을성도 커지며 그 결과 억압받는 사람들에게서 고매한 저항 정신을 없애 준다고 믿는 것입니다.

그런데 이런 상황에서 내가 일어나 이 모든 보좌관이 국왕의 명예를 더럽히고 재난을 가져온다고 주장하면 어떻게 되겠습니까? 국왕의 명예와 안전은 왕의 재산이 아니라 백성들의 재산에 달려 있다고 이야기하고, 또 백성들은 국왕을 위해서가 아니라 자신들을 위해서 국왕을 선택한 것이며, 그래서 왕이 고생하고 애쓰는 덕분에 백성들이 안락하고 안전하게 살아야 마땅하다고 주장한다면 어떻게 되겠습니까? 양치기가 자신보다도 양들을 먹이는 일에 더 힘써야 하듯이[55] 자신의 복지보다 백성들의 복지를 더 돌보는 것이 왕의 의무라

---

53 이 시대에 국왕대권prerogative은 법률적으로 정당화될 수 없는 문제에 대해 마지막으로 호소하여 정당성을 얻는 개념으로 사용되곤 했으며, 그런 점에서 오늘날의 '국익'이라는 개념과 비슷하다.

54 키케로의 『의무론』에 나오는 표현이다. 크라수스는 로마 시대의 거부로서(Crassus는 '지방질'이라는 뜻이다) 폼페이, 시저와 함께 제1차 3두정을 구성한 인물이다.

55 다음 구절을 참고하라. "자기 자신만을 돌보는 이스라엘의 목자들에게 화가 있을 것이다! 목자들이란 양떼를 먹이는 사람들 아니냐?"(에스겔서 34:2)

고 내가 주장하는 것이 이런 연유입니다.

백성들의 빈곤이 공공의 평화를 가져온다는 것은 완전히 그릇된 주장입니다. 경험상으로는 정반대가 사실입니다. 걸인들보다 더 자주 다투는 사람이 어디 있습니까? 현 상황에 불만을 품은 사람들보다 더 변란을 원하는 사람들이 어디 있습니까? 무질서 상태가 되면 얻을 것은 있을지 몰라도 더 이상 잃을 것이라고는 없다는 사람들이야말로 무질서의 조장에 가장 적극적이지 않겠습니까? 만일 왕이 큰 증오와 경멸의 대상이어서 백성들에 대한 가혹한 취급과 약탈, 압수, 궁핍화를 통해서만 통치할 수 있다면 차라리 양위하는 것이 훨씬 낫지 않을까요? 그런 상황에서라면 명목상의 권위는 유지할지 몰라도 왕의 모든 위엄은 상실한 상태입니다. 걸인들에 대해서만 권위를 행사하는 왕은 품위를 잃은 것입니다. 번영과 행복을 누리는 백성들을 다스려야만 진정 위엄 있는 왕이라고 하겠지요. 고매한 영혼을 가진 파브리키우스가, 자기 자신이 부자가 되기보다는 차라리 부자들을 통치하겠다[56]고 한 말뜻이 바로 그런 것입니다.

주변 사람들이 모두 불평과 절망의 신음소리를 내는 가운데 그 혼자만이 환락과 자기만족에 빠진 삶을 즐기는 고독한 통치자는 왕이라기보다는 차라리 감옥의 간수와 같습니다. 다른 병이 들게 하지 않고서는 어떤 병을 고치지 못하는 의사가 돌팔이듯이, 백성들의 쾌락을 빼앗으면서 다스리는 왕은 무능력한 왕입니다. 그런 왕은 자유민을 통치하는 법을 모른다고 공개적으로 시인하는 셈입니다.

이런 유형의 왕은 자신의 나태와 오만을 고쳐 나가야 합니다. 이 두 가지야말로 사람들의 증오와 경멸을 사는 악덕입니다. 왕은 다른 사람들에게 폐를 끼치지 말고 자신의 소득을 가지고 살아야 하며, 지출을 소득에 맞추어야 합니다. 왕은 범죄 예방에 노력하고, 백성들을 잘 훈련시켜서 잘못을 저지르지

56 가이우스 파브리키우스 루스키누스는 에페이로스의 왕 피로스와 전쟁포로 교환 협상을 하였는데, 그에게 주려는 뇌물을 거절하여 피로스를 감동시키고, 그 결과 포로들을 안전하게 데리고 왔다. 그의 동료인 쿠리우스 덴타쿠스가 그에 대해 이 말을 하였다.

않도록 해야지, 잘못을 범하도록 만든 다음 처벌해서는 안 됩니다. 아주 오랫동안 잊혀 있던 오래된 법을 갑자기 되살려서는 안 됩니다. 또 사소한 잘못을 저지른 일반 백성들을 범죄자로 몰아가면서 벌과금을 징수해서도 안 됩니다.

그런 사람들에게 내가 유토피아에서 그리 멀지 않은 나라인 마카리아 사람들[57]의 법을 설명한다고 생각해 보세요. 이 나라의 왕은 즉위하는 첫날, 엄숙한 의식을 치르면서 자신의 금고에 한 번에 천 파운드 이상의 금이나 혹은 그에 상당하는 은을 소유하지 않겠다는 서약을 합니다. 그들 말에 따르면 이것은 자신의 부유함보다는 백성들의 번영을 더 원한 과거의 어느 훌륭한 국왕에게서 비롯된 관습이라고 합니다. 그는 왕 자신이 돈을 많이 소유함으로써 백성들을 가난하게 만드는 것을 피하고자 했습니다. 그 왕의 생각에 천 파운드 정도의 금액은 반란을 막거나 적의 침입을 방어하는 데는 충분하지만 다른 나라를 차지하겠다는 호전적인 모험을 하기에는 부족한 정도라고 보았던 것입니다. 이 법은 국왕을 견제하는 것이 주목적이지만 동시에 시민들의 일상적인 거래에 많은 자금이 투입되도록 만들려는 목적도 가지고 있습니다. 법정한도 이상의 돈을 백성들에게 되돌려 주어야만 하는 왕은 분명 백성들을 억압하지는 않을 것입니다. 그런 왕은 악에 대해서는 가공할 적이 될 것이고 선에 대해서는 사랑스러운 연인이 될 것입니다. 결론적으로, 나와는 정반대로 생각하는 사람들 앞에서 이런 생각을 개진한다고 할 때 그들이 내 말을 귀담아듣겠습니까?"

이 질문에 나는 이렇게 답했다.

"물론 전혀 들으려고 하지 않겠지요. 그건 놀라운 일이 아닙니다. 사실대로 말씀드리면, 당신 말을 전혀 들으려고 하지 않을 사람들에게 당신 아이디어를 제시하거나 충고를 해서는 안 된다고 생각합니다. 그렇게 한들 무슨 소용이 있겠습니까? 정반대 의견에 확신을 가지고 있는 사람들에게 당신의 그 새로운 생각을 제시한들 그들이 받아들이겠습니까? 그런 스콜라[58] 철학은 친한 친

57 Makarians: 그리스어 makarios(행복한, 운 좋은)에서 유래했다.

구들 간에는 즐거운 대화가 되겠으나 권위적인 분위기에서 중대한 문제들을 결정하는 국왕 자문 회의에서는 맞지 않겠지요."

"그게 바로 내가 말하려던 바입니다." 라파엘이 답했다. "국왕 자문 회의에서는 철학을 위한 자리가 없다니까요."

"철학을 위한 자리가 전혀 없지야 않지요. 다만 모든 문제에 대해 모든 것을 설명하는 스콜라 철학이 들어설 자리가 없을 뿐이지요. 정치에는 그와는 다른 종류의 철학이 적용됩니다. 그것은 무대가 어떤지, 현재 진행되는 연극이 무엇인지 잘 파악해서, 자기가 맡은 역을 깔끔하고 적절하게 수행하는 철학이지요. 당신이 바로 그런 철학을 제시해 주어야 합니다. 그렇지 않으면 플라우투스의 희극이 상연되어서 집안의 종들이 시시한 농담을 주고받을 때, 당신이 철학자의 옷을 입고 무대에 등장하여 「옥타비아」에서 세네카가 네로에게 하는 연설을 따라 하는 꼴이 되는 겁니다.[59] 전혀 맞지 않는 대사를 읊어서 비극도 희극도 아닌 어정쩡한 희비극으로 만들 바에는 침묵을 지키는 역할이 차라리 낫지 않을까요? 당신이 현재의 연극에 맞지 않는 대사를 한다면, 설사 그 대사가 원작보다 낫다고 하더라도 연극 전체를 망치게 될 것입니다. 현재 상연되는 연극 작품에 맞추어서 최선을 다해야지, 다른 연극이 더 재미있겠다고 생각해서 연극을 망쳐서는 안 됩니다.

바로 그런 것이 이 나라에서 일어나는 일이고 국왕 자문 회의에서 일어나는 일입니다. 나쁜 생각을 뿌리 뽑지 못하고, 오랜 세월 지속되어 온 악을 확실하게 치유하지 못한다고 해서 나라를 포기해서는 안 됩니다. 마치 풍향을 바꾸지 못한다고 해서 배를 버려서는 안 되는 것과 마찬가지입니다. 반대로 사람들이 당신과 다른 방향으로 생각을 한다고 해서 그 사람들에게 당신의 생각을 오만하게 강요해서도 안 됩니다. 당신은 정치에 간접적으로 영향을 미치도록

---

58 scholastica: 학교에서 이야기하는 성격의 아카데믹한 논의.

59 플라우투스Plautus의 연극 대부분은 돈이 필요한 젊은이, 돈을 많이 요구하는 창녀, 늙은 수전노, 영리한 노예 등의 인물들이 벌이는 저급한 음모 같은 내용이다. 한편 「옥타비아」에서는 세네카가 등장인물로 나와서 네로에게 선한 군주가 되라는 내용의 심각한 대사를 말한다.

노력해야 하고, 상황을 기술적으로 조종함으로써 선으로 향하게 하지 못한다면 최소한 악으로 나아가지는 못하도록 만들어야 합니다. 모든 사람이 선하게 되지 않고서야—그런 것은 정말로 요원한 일이겠지요—모든 일이 완벽하게 될 수는 없으니까요."

이런 내 주장에 대해 그는 이렇게 답했다.

"그렇게 하려고 하다 보면 다른 미친 사람들을 낫게 하려다가 나 자신마저 미치게 될 겁니다. 내가 진실을 이야기해야 한다면 내가 했던 그 방식대로 해야 합니다. 철학자들의 임무가 거짓말을 하는 것인지는 모르겠지만, 어쨌든 나는 그렇게 할 수 없지요. 내 충고가 국왕 보좌관들에게 먹혀들지 않는다는 것은 어쩔 수 없다고 해도 미친 사람 취급을 받아야 하는 이유를 모르겠습니다. 그들에게 플라톤이 『국가론』에서 말한 내용이나 혹은 유토피아에서 실제로 사람들이 행하는 내용을 이야기한다면 어떤 반응을 보일까요? 그런 제도들이 아무리 우수하다 하더라도 그곳에서는 모든 것이 공유인 반면 이곳에서는 사유 재산이 일반적이기 때문에 그 제도가 맞지 않아 보입니다.

반대편 길로 달려 나갈 작정을 단단히 한 사람들을 뒤에서 불러서 당신들은 잘못된 길로 가고 있다고 이야기해 준들 별로 환영받지 못합니다. 그렇지만 그 점 말고는 내가 말한 내용 중에 세상 어디에서든 결코 말해서는 안 될 내용이 있단 말입니까? 단지 사람들의 잘못된 관습과 달라서 이상하게 보이는 것들을 두고 불가능한 것, 부조리한 것이라고 내친다면, 예수가 말씀하신 거의 모든 내용 역시 내쳐야 할 것입니다. 하지만 예수는 그렇게 하지 않았습니다. 그가 제자들에게 속삭이듯 이야기한 내용들도 지붕 위에서 당당하게 가르치라고 말씀하지 않았던가요?[60] 예수의 가르침은 대부분 내 이야기와는 비교가 안 될 정도로 인간 사회의 관습과 다릅니다. 그런데 아주 교묘한 설교자들은 사람들이 예수의 명령에 따르기 위해 자기 삶을 바꾸지 않으리라는 것을 알고

60 "내가 너희에게 어두운 데에서 말하는 것을 너희는 밝은 데에서 말하여라. 너희가 귓속말로 듣는 것을 지붕에서 외쳐라."(마태복음 10:27)

예수의 가르침을 마치 납으로 된 자[61]처럼 사람들의 생활에 맞게 조정해 놓았습니다. 그래서 그 두 가지가 서로 잘 맞아떨어지도록 해 놓은 것입니다. 하지만 그들은 단지 사람들이 안심하고 악을 행하도록 만들었을 뿐입니다.

내가 군주의 궁정에서 할 수 있는 일은 별로 없습니다. 그들과는 다른 생각을 제시했다가 완전히 무시당하든지, 혹은 테렌티우스의 작품에서 미티오[62]가 이야기했듯이 다른 사람들 생각에 동조해서 그들의 광기를 도와줄 따름입니다. 당신은 나보고 정치에 간접적으로 영향을 미치라고 이야기했는데 그게 무슨 의미인지 잘 모르겠습니다. 그리고 상황을 기술적으로 조종하기 위해 노력하고, 또 선으로 향하지 못할 일이라면 최소한 악으로 향하지는 않도록 만들라고도 말씀하셨습니다. 하지만 국왕 자문 회의에서는 슬쩍 눈감는다든지 못 본 척하는 일은 불가능합니다. 나쁜 제안이라도 공개적으로 찬성해야 하고 최악의 결정에 대해서도 동의해야 합니다. 만일 최악의 결정에 대해서 내키지 않는 태도로 임하면 심지어 간첩이나 반역자 소리를 듣게 됩니다. 자신들이 개선되기보다는 훌륭한 동료를 타락시켜 버리는 부류가 둘러싸고 있는 판에 그 안에서 어떻게 훌륭한 일을 하겠습니까? 두 가지 중 하나가 되겠지요. 유혹을 받아 스스로 타락하든지, 혹은 계속 정직성과 순수함을 지켜나갈 경우 다른 사람들의 비열함과 사악함과 광기를 가려 주는 가림막 역할을 하게 될 것입니다. 정치에 간접적으로 영향을 미친다! 아마 그럴 가능성은 없을 겁니다.

플라톤이 아주 훌륭한 비유를 통해 현명한 사람은 정치에 간여하지 않는 것이 좋다고 선언한 바가 아마도 이런 맥락일 것입니다. 현인들은 길거리에서 비를 맞고 서 있는 사람들에게 집 안에 들어가서 비를 피하라고 설득할 수 없었습니다. 현인들은 바깥으로 나가 봐야 좋은 일을 할 수도 없고 오히려 그들마저 비에 젖는다는 것을 알고 있습니다. 다른 모든 사람의 광기를 고칠 수 없다

---

61 납으로 만든 휠 수 있는 자는 둥그렇게 각이 진 부분이 많은 고대 건물을 지을 때 유용하게 쓰였다. 이것은 자기 편리한 대로 바꾸어 버리는 도덕적 기준의 상징이다.

62 로마의 극작가 테렌티우스의 「형제」에서 노예인 미티오는 그의 주인에 대해 이렇게 말한다. “그의 광기에 대해 언급하거나 듣기만 해도 나도 그처럼 미치고 말 것입니다.”

면 그들 자신이나마 집 안에 남아서 비에 젖지 않는 것으로 만족하게 되는 것입니다.[63]

그런데 모어 씨, 내 생각을 솔직하게 이야기하면 사유 재산이 존재하는 한, 그리고 돈이 모든 것의 척도로 남아 있는 한, 어떤 나라든 정의롭게 또 행복하게 통치할 수는 없습니다. 우리 삶에서 가장 좋은 것들이 최악의 시민들 수중에 있는 한 정의는 불가능합니다. 재산이 소수의 사람들에게 한정되어 있는 한 누구도 행복할 수 없습니다. 왜냐하면 그 소수는 불안해하고 다수는 완전히 비참하게 살기 때문입니다.

나는 그래서 아주 소수의 법만으로도 대단히 훌륭한 통치가 이루어지는 유토피아의 현명하고도 성스럽기까지 한 제도들을 생각할 때마다 경탄을 금치 못합니다. 그들은 모두 덕을 숭앙하면서도 모든 것을 공평하게 나누어 갖고 또 모든 사람이 풍요롭게 살아갑니다. 이에 비해 다른 나라에서는 늘 새로운 법을 만들면서도 만족스러운 정도로 질서를 이루지는 못합니다. 흔히 사람들은 자기가 얻는 것을 모두 자기 사유 재산이라고 부릅니다만, 그토록 많은 신구新舊의 여러 법들로도 각자의 소유권을 보장하거나 보호하는 것, 심지어 다른 사람 재산과 구분하는 것도 쉽지 않습니다. 같은 재산에 대해 여러 사람이 차례로, 혹은 일시에 자기 권리를 주장하기도 하므로 소송이 끝없이 계속되는 것입니다. 이런 일들을 생각하노라면, 플라톤이 모든 물건의 평등한 분배를 거부한 사람들에게 법의 제정을 거절한 것이 이해가 됩니다.[64] 세상에서 최고의 현인이었던 그는 모든 사람이 복리를 누리는 유일한 길은 재화의 완전한 균등분배뿐이라는 사실을 쉽게 파악했던 것입니다. 그러나 재산이 개인 소유인 곳에서 과연 그런 평등이 이루어질 수 있을지 의문입니다. 아무리 재화가 풍부하다고 해도 모든 사람이 자신만을 위해 가능한 한 많이 소유하려고 하다 보면,

---

63 플라톤의 『국가론』에 나오는 표현이다. 현명한 사람은 정치와 행정, 심지어는 결혼까지 피해야 한다는 이 주장은 많은 초기 인문주의자들의 특징이었다.

64 아르카디아와 테베가 협력하여 대도시를 만들고 플라톤에게 이 도시의 법을 제정해 달라고 부탁했다. 플라톤은 재산의 공유를 전제 조건으로 내걸었다. 양 국민이 이를 거부하자 플라톤 역시 제의를 거절했다.

결국 소수의 사람들이 재화를 독점하게 되고 대다수 사람은 가난 속에 남겨지게 됩니다. 그 결과 두 종류의 사람들이 만들어집니다. 부자들은 탐욕스럽고 사악하며 쓸모없는 자들인 반면, 빈민들은 자신보다는 공공의 이익을 더 생각하는 자들로서 주제넘지 않고 소박하며 열심히 일하는 사람들입니다. 이런 걸 보면 양측의 재산 상태가 뒤바뀌어야 마땅할 것입니다.

그래서 나는 확신하건대 사유 재산이 완전히 사라지지 않는 한 올바르고 정당한 재화의 분배도 불가능하고 사람들의 행복을 위한 통치도 불가능합니다. 사유 재산이 남아 있는 한 최대 다수의 사람들 그리고 최선最善의 사람들은 무거운 근심 걱정에서 헤어 나올 수 없습니다. 이 부담은 현재의 제도에서도 약간 경감시킬 수는 있겠지만 완전히 제거할 수는 없습니다. 물론 어느 한도 이상의 토지를 소유하지 못한다든지 일정한 금액 이상의 소득을 받을 수 없다는 법을 만들 수도 있습니다. 그리고 군주가 너무 강력하든지 인민 대중이 너무 오만해지지 않도록 하는 법률을 통과시킬 수도 있습니다. 공직을 뇌물로 얻거나 매매하는 것을 불법으로 만들든지 혹은 아주 큰 비용이 들도록 할 수 있습니다. (그렇지 않으면 공직자는 부정행위나 강탈을 통해 자신이 들인 돈을 되찾으려 할 것이고, 현명한 사람들에게 돌아가야 하는 직위를 부자들만이 보유하게 될 것입니다.) 하지만 이런 종류의 법률들은 비유하자면 불치병 환자들을 돌보는 것과 같아서 사회적 악덕을 경감시키든지 일시적이나마 그 해악을 완화할 수는 있겠지만, 병을 완치해서 사회를 다시 건강하게 해 줄 가능성은 전혀 없습니다. 사유 재산이 남아 있는 한 그것은 불가능합니다. 하나의 병을 고치는 동안 다른 병이 도지고, 한 가지 병세가 완화되면 다른 병세가 악화됩니다. 한 사람에게서 빼앗지 않는 한 다른 사람에게 줄 수 없기 때문입니다."

"하지만 저는 의견이 다릅니다" 하고 내가 말했다. "내 생각에는 모든 것을 공유하는 곳에서는 사람들이 잘살 수 없습니다. 모든 사람이 일을 안 하려고 할 텐데 어떻게 물자가 풍부하겠습니까? 이익을 얻을 희망이 없으면 자극을 받지 못합니다. 그래서 모두 다른 사람들에게 의지하려 하고 게을러질 것입니다. 어떤 사람이 자신에게 부족한 것을 생산하기 위해 열심히 노력하더라도 자기가 얻은 것을 합법적으로 보장받지 못한다면, 그리고 특히 통치자들에 대한 존경과 그들의 권위가 모두 사라진다면 유혈과 혼란밖에 더 일어나지 않겠습니까? 모든 면에서 사람들이 서로 평등하다면 그들 사이에 어떻게 권위를 세울 수 있을지 나는 모르겠습니다."

이 말에 라파엘은 이렇게 답했다.

"당신이 그런 식으로 생각하는 것은 결코 놀라운 일이 아닙니다. 당신은 그런 상태에 대해 전혀 생각한 바가 없든지 혹은 잘못된 생각을 하기 때문이지요. 당신은 나와 함께 유토피아에 가서 그들의 관례와 관습을 직접 보았어야 합니다. 나는 그곳에서 5년 동안 살았습니다만, 이 세계를 다른 이들에게 알리고자 하는 마음만 아니었다면 결코 그곳을 떠나지 않았을 겁니다. 만일 당신이 그곳을 직접 보았다면 세상에 그 나라보다 더 훌륭한 통치가 이루어지는 곳은 없다고 확신했을 겁니다."

그러자 페터 힐레스 씨가 이야기했다. "우리가 사는 이 세계보다 신세계에서 더 훌륭한 통치가 이루어진다는 것은 믿기 힘든데요. 우리의 정신이 그들보다 못하지 않고, 또 우리의 국가가 그들 국가보다 더 오래되었을 것으로 믿습니다. 오랜 기간 동안의 경험을 통해 우리는 생활에 편리한 것들을 많이 개발했고, 또 운이 좋아서인지 인간의 재주로는 만들기 힘들었을 것도 많이 발견해 냈습니다."

"나라의 오랜 연원에 대해서라면 그들의 역사책을 읽어 본 다음에라야 더 정확하게 판단할 수 있을 것입니다. 그 기록을 믿는다면 우리가 사는 이곳에 사람들이 존재하기도 전에 그곳에는 도시가 있었습니다. 인간의 재주를 통해 유용한 것들을 발견하든가 우연히 찾아내는 것은 양쪽 세계 모두에서 일어난 일입니다. 사실 내 생각에 자연적인 지능은 우리가 그들보다 앞서지만 근면함과 배우려는 열정은 그들이 우리보다 훨씬 앞서 있습니다.

그들의 연대기에 따르면 우리가 그곳에 도착하기 전까지 그들은 '적도 너머의 사람들'(그들은 우리를 이렇게 부릅니다)에 대해 거의 들어 본 적이 없습니다. 오직 한 번 1200년 전에 배 한 척이 폭풍우에 밀려 유토피아에 온 적이 있습니다. 로마인들과 이집트인들 몇 명이 바닷가에 표류하였다가 그곳에 영구히 거주하였습니다. 이 한 번의 기회를 유토피아인들이 어떻게 이용했는지 주목할 필요가 있습니다. 유토피아 사람들은 이 방문자들로부터 직접 배우든가 혹은 여러 힌트들을 이용해서 연구하는 간접적인 방식으로 로마 문명의 유용한 기술들을 한 가지도 빠뜨리지 않고 받아들였습니다. 단 한 번 이곳 사람들이 건너간 기회를 이용해서 얼마나 큰 성과를 얻은 것입니까! 만일 비슷한 사건이 일어나서 그곳 사람들이 여기에 도착했다고 해도 우리는 그 사실을 완전히 잊었을 테지요. 그뿐 아니라 아마 내가 그곳에 갔다 온 사실 역시 조만간 완전히 잊히겠지요. 단 한 번의 기회를 이용해서 그들은 우리의 유용한 발명들을 완전히 익혔지만, 우리는 이곳 제도보다 훨씬 우수한 그들의 제도를 배우는 데 아주 오랜 시간이 걸릴 것입니다. 우리의 지능이 그들보다 결코 못하지 않은데도 불구하고, 그들의 통치가 훨씬 낫고 또 훨씬 행복하게 살게 된 아주 중요한 요소가 바로 이 배우려는 열정일 것입니다."

나는 이렇게 말했다. "라파엘 씨, 그 섬에 대해서 이야기해 주시지 않겠습니까? 간략하게 말씀하지 마시고, 지형, 강, 도시, 사람들, 관습, 제도, 법 등 우리가 알고자 하는 모든 것을 차례대로 설명해 주십시오. 우리는 아무것도 모르므로 모든 것을 열심히 배우려 한다고 생각하시고 이야기해 주시면 됩니다."

"기꺼이 그렇게 하지요. 이 일들은 아직 제 머리에 온전히 남아 있습니다. 하지만 그 이야기를 하려면 시간이 많이 걸리겠군요."

"그렇다면 우선 점심 식사를 합시다. 그 후에 시간을 충분히 두고 이야기하도록 하지요."

"알겠습니다."

이렇게 이야기를 나누고 우리는 집 안에 들어가서 식사를 했다. 그 후 우리는 같은 곳으로 돌아와 벤치에 앉았다. 나는 하인들에게 아무도 우리를 방해하지 못하도록 하라고 일렀다. 페터 힐레스 씨와 나는 라파엘 씨에게 약속한 대로 이야기해 달라고 말했다. 우리가 그의 말을 열심히 들으려 하는 것을 본 라파엘 씨는 잠시 조용히 생각에 잠기더니 다음과 같이 말하기 시작했다.

제2부

유토피아의 지리

유토피아인들이 사는 섬은 가장 넓은 중앙부의 폭이 200마일입니다. 다른 곳도 대체로 이 정도의 폭을 유지하지만 다만 섬의 양쪽 끝부분으로 갈수록 좁아집니다. 섬 전체가 약 500마일 정도의 큰 원 모양이어서 그 양쪽 끝부분은 서로 근접해 있습니다. 그래서 전체적으로 초승달 모양을 하고 있습니다.[65] 초승달의 양쪽 끝부분 사이의 길이는 11마일이며, 이 좁은 사이로 바닷물이 들어와서 광대한 만을 이루고 있습니다.

육지가 바람을 막아 주므로 이 만은 파도가 크게 이는 적이 없고 언제나 호수처럼 잔잔합니다. 만의 안쪽 해안 거의 전체가 하나의 큰 항구 같으며, 또 선박들은 사방 어디로든지 항해할 수 있어서 대단히 편리합니다. 만의 입구에는 한편으로 얕은 사주砂洲가 있고 다른 한편에 암초들이 있어서 매우 위험합니다. 이 해협의 한복판에 큰 바위가 물 위로 솟아나와 있으나 이 자체는 그리 위험하지 않습니다. 이 바위 위에 탑 하나가 세워져 있고 여기에 주둔군이 배치되어 있습니다. 그러나 물밑에 숨어 있는 다른 바위들은 항해하는 데 대단히

65 이 섬의 크기는 잉글랜드만 하며 그 모양은 산호섬 같은데, 프로이트적인 의미에서 여성의 성기를 나타낸다고 보는 견해도 있다.

위험합니다. 이 해협은 유토피아인들만 자세히 알고 있기 때문에 외지인들은 이 나라의 수로 안내인 없이 들어오기가 힘듭니다. 또 유토피아인 자신들도 해안에 있는 표지들을 이용해서 방향을 잡지 않으면 안전하게 들어올 수 없습니다. 그러므로 이 표지들만 옮겨 놓는다면 아무리 큰 적의 함대가 공격해 오더라도 쉽게 속여서 파괴할 수 있습니다.

섬의 바깥쪽 해안에도 몇몇 항구들이 있지만 이 지역이 원래 바위가 많은 천혜의 요새이기 때문에 소수의 수비병만으로도 적들을 쉽게 물리칠 수 있습니다. 그들은 이곳이 원래 섬이 아니었다고 말합니다(지리를 보면 그 점이 거짓이 아니라는 것을 확인할 수 있습니다). 이 지역은 원래 아브락사Abraxa[66]라고 불렸는데 우토푸스Utopus가 이곳을 점령한 다음 자기 이름을 따라 유토피아라고 부르게 되었습니다. 우토푸스는 원래 거칠고 투박한 이곳 원주민들을 아주 높은 문화 수준으로 끌어올려서 현재 이곳 주민들은 다른 어느 민족보다도 문화적으로 월등합니다. 정복 직후 우토푸스는 원래 대륙과 연결되어 있던 곳에 폭 15마일의 해협을 파서 바다가 이 지역을 둘러싸게 만들었습니다.[67] 그는 원주민들에게만 이 일을 시키지 않고 자기 휘하의 군사들도 함께 일하도록 해서, 피점령민들이 이 일을 수치로 받아들이지 않도록 했습니다. 많은 사람이 함께 일했기 때문에 이 계획은 금세 이루어졌고, 처음에 이 일을 미친 짓이라고 비웃던 주변 민족들도 이 성공적인 사업을 보고는 놀라움과 공포를 느끼게 되었습니다.

이 섬에는 크고 장엄한 도시 54개가 있는데, 이 도시들은 언어, 관습, 제도, 법이 모두 같습니다. 지리적 여건에 따라 다소 차이는 있겠지만, 이 도시들은 모두 하나의 계획안에 따라 건설되었으며 따라서 똑같은 모양을 하고 있습니다. 가장 가까운 도시 간에도 적어도 24마일 떨어져 있고 또 가장 멀리 떨어진

---

66 명확하지는 않으나, 그노시스파(영지주의자들)가 이야기하는 365개의 천국 중 최상위의 것을 가리킨다고 한다.

67 페르시아 황제 크세르크세스 1세가 자신의 전함들을 지협을 넘어 바다로 내보내기 위해 이 비슷한 일을 했다는 고사가 있다. 뒤에 나오듯이 유토피아와 페르시아가 관련이 있다는 점을 볼 때 전혀 무관한 고사가 아닌 듯하다.

유토피아 섬 지도, 1516년 초판본에 수록된 삽화

페르시아-그리스 전쟁을 위해 해협을 만든 것으로 전해지는
황제 크세르크세스 1세, 작자 미상, 기원전 5세기경

도시 간에도 하루에 걸어가지 못할 정도로 멀지는 않습니다.

1년에 한 번씩 각 도시의 경험 많은 노인 세 명이 아마우로툼[68]에 모여서 섬 전체의 공동 관심사를 논의합니다. 아마우로툼은 섬의 중앙부omphalos[69]에 있는 대도시로서 모든 지역으로부터 접근하기 편한 수도 기능을 합니다. 모든 도시는 충분한 토지들을 할당받아서, 사방으로 적어도 12마일에 걸쳐 농지가 펼쳐져 있습니다. 다만 멀리 떨어진 도시는 더 많은 토지를 부여받았습니다. 어느 도시든 더 많은 땅을 차지하려 하지 않는데 그 이유는 이곳 주민들은 자신을 지주가 아니라 차지인이라고 보기 때문입니다. 시골 지역 전역에 일정한 간격으로 건물이 지어져 있고 그 안에 농기구들이 비치되어 있습니다. 이 건물에는 도시민들이 교대로 와서 거주합니다. 시골집들에는 적어도 40명의 남녀와 두 명의 노예가 삽니다. 그리고 각 농가는 사려 깊고 나이 지긋한 남녀 감독관이 관리를 하게 되어 있습니다. 30가구마다 한 명의 필라르쿠스[70]가 있습니다. 도시민들은 2년 동안 농사일을 한 다음 도시로 귀환하는데 매년 20명씩 교대하게 되어 있습니다. 20명이 도시로 돌아가고 대신 새로 20명이 농촌에 와서 1년 먼저 와 있던 사람들로부터 일을 배우게 됩니다. 1년 뒤면 이 사람들 자신이 새로 도착하는 사람들에게 일을 가르치겠지요. 만일 모든 사람이 신참이고 일에 서투르다면 농사를 망치게 될 테니까요. 이러한 당번제는 확고부동하게 이어져 내려온 관습이므로 누구든지 자신의 의사에 반하여 2년 이상 힘든 일을 하지 않아도 됩니다. 다만 농가에서 자연의 즐거움을 만끽한 사람 중에 더 오래 그곳에 머무르기를 희망하는 사람들이 적지 않습니다.

농부들은 밭을 경작하고 가축을 기르고 나무를 해서 수로든 육로든 편한 방식대로 도시에 가져갑니다. 또 아주 훌륭한 방식으로 엄청난 수의 닭도 칩니다. 이 사람들은 따뜻한 장소에서 일정한 온도를 유지하여 계란을 인공 부

---

68 그리스어로 '검은 도시'라는 뜻이다. 아마도 안개 낀 우중충한 런던을 나타내는 것으로 보인다.

69 그리스어로 '배꼽'을 가리키는 이 말은 육체적으로만 아니라 정신적으로도 중심을 뜻하며, 따라서 여기서는 국가의 중심지를 가리킨다.

70 그리스어로 phylon(부족)과 arche(머리)의 합성어로서 '부족장'이란 뜻이 된다.

화하는 법을 알고 있습니다. 병아리들은 껍질을 깨고 나오자마자 처음 본 사람을 자기 어미로 알고 좇아다닙니다.

이들은 소수의 말만 기르며, 아주 기가 센 말을 골라서 청년들의 기마 연습에 씁니다.[71] 경작과 운송 같은 힘든 일에는 말 대신 소를 이용하는데, 소는 단거리의 일에는 말보다 열등하지만, 그 대신 무거운 짐을 지고 오래 가는 일에는 더 알맞고 또 병에도 강하기 때문에 적은 비용과 수고로 기를 수 있다는 것을 잘 압니다. 더구나 소는 늙어서 일을 못하게 되면 고기를 얻을 수 있습니다.

이 사람들은 빵을 얻는 목적으로만 곡물을 재배합니다. 음료수로는 포도주, 능금주, 배술, 아니면 물을 마십니다. 간혹 물에다가 꿀이나 혹은 이곳에서 많이 나는 감초를 타서 마십니다. 그들은 한 도시와 그 주변 지역에서 어느 만큼의 곡물을 소비할지 아주 구체적으로 잘 알지만, 그들의 필요보다 더 많은 곡물과 가축을 길러서 남는 것은 이웃 사람들에게 나누어 줍니다. 시골에서 생산할 수 없는 필수품은 도시 관리들에게 요청하는데, 돈을 지불하든지 교환해야 하는 것이 아니므로 원하는 것은 아무런 문제없이 곧바로 얻습니다. 이 사람들은 축일holy days을 지내기 위해서 한 달에 한 번씩 도시로 갑니다. 수확철이 오면 필라르쿠스들은 도시 관리들에게 어느 만큼의 일손이 필요한지 공지합니다. 그러면 적당한 때에 수확 일꾼들이 도착하는데, 날씨 좋은 날 하루에 수확을 모두 끝냅니다.

도시들, 특히 아마우로툼

모든 도시는 지리적인 차이 때문에 생겨나는 어쩔 수 없는 경우만 빼면 똑같이 생겼기 때문에 한 도시만 알면 나머지 도시들은 모두 아는 것과 마찬가지입니다. 그래서 나는 그중 아무 도시나 하나를 설명하겠습니다. 하지만 이왕 설명

71 신대륙에는 유럽인들이 도착하기 전에 소나 말이 없었다. 그러나 모어는 이런 세부적 사실의 정확성은 무시하였다.

할 거라면 아마우로툼이 가장 적합하지 않을까요? 이 도시의 명성은 다른 도시들이 모두 인정하는 바이고, 또 다른 모든 도시에서 매년 아마우로툼에서 열리는 원로원에 대표를 보내고 있는 터입니다. 또 내가 이 도시에서 꼬박 5년을 살았기 때문에 가장 잘 알고 있기도 합니다.

아마우로툼은 경사가 완만한 언덕에 자리 잡고 있습니다. 도시 전체의 모습은 거의 정방형입니다. 이 도시는 언덕 꼭대기의 약간 밑부분으로부터 아래의 아니드루스[72] 강까지 약 2마일 정도 펼쳐져 있고, 강변을 따라서는 그보다 약간 더 길게 확장되어 있습니다. 아니드루스는 아마우로툼 위쪽 80마일 떨어진 곳의 작은 샘에서 발원한 강으로서, 여기에서 여러 지류가 흘러 나가는데 그중에서도 두 개는 상당히 크기 때문에 아마우로툼을 지난 다음에는 이 강의 폭이 반 마일 정도가 됩니다. 그다음부터 강의 폭이 계속 커지면서 60마일 정도 흐른 다음 바다로 들어갑니다. 바다로부터 아마우로툼 너머 몇 마일에 이르는 지역까지 조류의 영향을 받아서, 여섯 시간마다 조수 간만의 급류가 흐릅니다. 밀물 때는 30마일 정도 아니드루스 강에 소금물이 차서 담수를 밀어냅니다. 그 지점 이후에도 몇 마일 정도는 물에 소금기가 있지만 그곳 너머로는 항상 담수가 흐릅니다. 썰물 때는 다시 맑은 물이 소금물을 모두 바다로 밀어냅니다.

강의 양안은 다리로 연결되어 있는데, 이 다리는 나무막대가 아니라 단단한 석재 아치 위에 지었습니다.[73] 이 다리는 바다에서 먼 도시 위쪽에 건설했으므로 배들이 아무런 방해를 받지 않고 아마우로툼의 부두에 출입할 수 있습니다. 이 외에 물살이 아주 부드럽고 편하게 흐르는, 그리 크지 않은 강이 또 하나 있습니다. 이 강은 언덕에서 흘러내려와 도시 한복판을 지나 아니드루스 강으로 흘러 들어갑니다. 이 강은 도시의 약간 외곽에서 발원하여 시 내부로 흘러드는데, 주민들은 이 강의 발원지를 성벽으로 둘러싸서 보호하고 있습니

72 Anydrus: 그리스어로 '물이 없는'이라는 뜻이다. 아마우로툼에 관한 설명을 보면 여러 가지 점에서 런던을 연상시킨다. 심지어 이 시에 음용수를 공급하는 샛강 역시 런던 근방의 플리트 Fleet 강과 유사하다.

73 이 다리는 런던 브리지를 연상시킨다.

다. 적이 공격할 때 이 강물을 막거나 물의 흐름을 바꾸어 놓거나 혹은 독을 풀지 못하게 하기 위해서입니다. 이 강물은 토관土管을 통해 시의 여러 지역에 공급됩니다. 지형 때문에 이렇게 하는 것이 힘든 곳에서는 수조에 빗물을 받아서 사용합니다.

도시는 두껍고 높은 벽으로 둘러싸여 있으며, 그 위에는 탑과 보루가 많이 세워져 있습니다. 또 시의 3면에 마른 도랑을 팠는데, 아주 넓고 깊은 이 도랑에는 가시나무들이 빽빽하게 들어차 있습니다. 나머지 한 면에는 강이 천연의 해자垓字[74] 역할을 합니다. 거리는 교통이 편하면서 동시에 바람을 잘 막도록 설계되어 있습니다. 건물들의 규모도 웅장합니다. 각 구區마다 거리 양쪽에 집들이 열을 이루며 마주보고 있는 모습은 멋진 풍경을 이룹니다. 거리의 폭은 20피트입니다.[75] 각 구역의 중심부에 있는 건물들 뒤쪽으로는 정원이 이어져 있습니다.

모든 집은 거리 쪽으로 하나, 그리고 정원 쪽으로 또 하나의 문이 나 있습니다. 두 개의 문짝으로 된 이 문은 사람이 밀고 들어가면 저절로 닫히게 되어 있는데, 항시 열려 있어서 원하는 사람은 누구나 집 안에 들어갈 수 있습니다. 말하자면 사유 재산이 없는 셈이지요. 사람들은 10년에 한 번씩 추첨으로 집을 바꾸어 삽니다. 유토피아 사람들은 집 뒤편의 정원을 아주 좋아합니다. 포도, 과일, 허브, 꽃이 어우러진 이 나라의 정원보다 더 무성하고 우아한 정원은 다른 어느 곳에서도 본 적이 없습니다. 이 사람들이 정원 일에 큰 관심을 두는 이유는 우선 그들 자신이 이 일에 기쁨을 느끼기 때문이기도 하지만, 각 구역마다 최고의 정원을 뽑는 경쟁 때문이기도 합니다. 정말이지 이보다 더 시민들에게 유용하고 즐거운 일은 없을 것입니다. 이런 점을 보면 이 도시의 건설자가 정원 계획에 특별히 주의를 기울인 것 같습니다.

처음에 이 도시 전체를 계획한 것은 우토푸스 자신이지만, 장식과 개선 작

74 적의 침입을 막기 위해 성 둘레에 도랑처럼 판 못.

75 20피트(약 6미터)의 도로 폭은 오늘날의 관점에서는 좁지만 당시로서는 흔한 것이었다.

업은 후대의 일로 넘겼다고 합니다. 모든 일을 자신의 당대에 다할 수는 없었을 테지요. 이 나라의 연대기 작성은 이 섬이 정복된 1760년 전부터 시작되었는데 이 기록들이 모두 잘 보관되어 있습니다. 기록을 보면 초기의 집들은 헛간이나 시골 오두막집처럼 조그마했습니다. 기본 재료는 목재이고 벽에는 진흙을 발랐으며, 아주 가파른 지붕은 짚으로 덮었습니다. 하지만 현재의 집들은 아무 멋지게 치장한 3층 건물입니다. 건물 전면은 돌, 벽토나 벽돌로 꾸몄고, 쇄석으로 기초를 다졌습니다. 지붕은 평평하고 일종의 회반죽을 발랐는데 이것은 값이 싸지만 오히려 납보다도 불에 강하고 기후의 변덕에도 잘 버팁니다. 창에는 일반적으로 유리를 사용하므로 거친 기후에도 아무런 문제가 없습니다. 그렇지 않으면 기름칠을 하거나 고무를 입힌 아마포를 사용하는데 이렇게 하면 더 많은 빛이 들어오면서 동시에 바람을 잘 막아 줍니다.

관리들

매년 30가구당 한 명의 관리를 선출합니다. 예전에는 이 관리를 시포그란투스라고 불렀지만 요즘은 필라르쿠스라고 부릅니다. 또 열 명의 시포그란투스당 한 명씩의 관리가 있는데 이는 예전에 트라니보루스라고 했지만 지금은 필라르쿠스 장長, protophylarch이라고 합니다.[76] 시포그란투스는 모두 200명이며 이들이 모여서 원수[77]를 선출합니다. 이 사람들은 먼저 최적의 인사를 선출하겠다는 선서를 한 다음, 도시의 네 구역에서 한 명씩 내놓은 후보 4인 가운데 한 사람을 원수로 선출하는 것입니다. 원수는 폭군이 되려 한다는 의혹이 제기되지 않는 한 그 직책을 종신 유지합니다. 트라니보루스들은 매년 선출되며 하찮은 이유로 교체되지는 않습니다. 다른 모든 공직자는 임기가 1년입니다.

트라니보루스들은 원수와 대개 이틀에 한 번씩 만나지만, 필요하면 더 자주

---

76 시포그란투스Syphograntus나 트라니보루스Traniborus는 어원적으로 별다른 의미가 없다. 단지 발음상 고졸한 품격을 주기 위함인 듯하다.

77 Princeps는 로마 시대의 원수元帥를 염두에 두고 쓴 듯하다. 여기에서도 '원수'라고 옮기기로 한다.

「설교자가 있는 고대 로마 유적 카프리치오」, 조반니 파올로 판니니, 1745~1750년경

만나서 공무를 논의합니다. 실제 그런 일은 거의 없으나 혹시 개인들 간에 분쟁이 있을 때는 가급적 빨리 해결해 줍니다. 트라니보루스들은 언제나 두 명의 시포그란투스들을 원로원에 초빙하여 논의하되, 매번 다른 시포그란투스를 불러옵니다. 공무에 관한 결정은 사흘 동안 논의한 다음에야 결정하는 것이 규칙입니다. 원로원이나 민회 바깥에서 공무에 관해 논의하는 것은 사형에 해당하는 중죄입니다. 이런 규칙을 만든 이유는 원수와 트라니보루스가 공모해서 정부를 바꾸고 인민들을 노예화하려는 의도를 막기 위한 것이라고 합니다. 그러므로 중요한 안건들은 우선 시포그란투스 회의에 제기해서 시포그란투스들이 대표하는 가구들과 의논하고 여러 차례 논쟁을 거친 다음 원로원에 건의합니다. 때로 어떤 중요한 문제가 이 섬 전체 의회에 상정되는 때도 있습니다.

원로원에서는 어떤 안건이 제기된 첫날 바로 그 문제에 대해 논의하지 않는다는 규칙이 있습니다. 즉, 모든 안건은 다음 회의로 넘겨서 논의합니다. 어떤 사람이 머리에 바로 떠오르는 생각을 무심결에 이야기하고는 그 어리석은 충동적 견해를 방어하기 위해 전력을 다하는 일이 일어나지 않도록 하기 위해서라고 합니다. 그래야만 공익을 지킬 수 있기 때문입니다. 일부 사람들은 자신이 부주의했다든지 생각이 짧았다는 것을 인정하지 않고 계속 고집을 부려서 국가의 공익을 위태롭게 할 수도 있으니까요. 사람들의 오만은 그처럼 고집스럽고 터무니없는 것이지요. 서두르지 않고 신중하게 이야기하기 위해서는 예지가 필요한 법입니다.

노동 관습

농업은 남녀노소 예외 없이 모든 사람이 해야 하는 일입니다. 사람들은 어릴 때부터 농사일을 배우는데, 한편으로는 학교에서 이론을 배우고, 다른 한편으로는 가까운 농장에 견학을 가서 실습을 통해 배웁니다. 견학하러 가면 단순히 일하는 것을 구경만 하지 않고 때때로 실제 일을 해 보면서 배웁니다.

이처럼 모든 사람이 농사일을 하는 외에 각자 자신의 일을 한 가지씩 더 배웁니다. 그것은 모직이나 아마포 같은 직물업, 석공, 철공, 목공 등의 일입니다. 이것들 말고는 많은 사람이 종사하는 일은 없습니다. 이 섬 전체에서, 그리고 수백 년 동안 내내, 사람들은 같은 모양의 옷을 입었습니다. 다만 남녀의 차이, 혹은 기혼과 미혼의 차이 정도만 있습니다. 이 옷은 꽤 매력적이면서도 몸동작에 방해가 되지 않고, 더위나 추위에 모두 유용합니다. 무엇보다도 중요한 것은 집에서 스스로 이 옷들을 만든다는 점입니다.

농업 외에 두 번째 직종의 일을 배우는 데는 남녀 구분이 없습니다. 여성은 힘이 약하므로 모직이나 아마포 생산 같은 가벼운 일을 맡고, 힘이 많이 드는 일은 남성이 맡습니다. 대개 어린이는 자기 아버지의 일을 이어받습니다. 그 일에 자연스럽게 이끌리게 마련이니까요. 하지만, 만일 아이가 다른 직업에 마음이 가면 그 직종에 종사하는 사람의 가정에 입양되어서 일을 배웁니다. 그런 경우에는 아이의 아버지와 당국은 그 아이가 신중하고 책임감 있는 가장에게 맡겨지도록 최선을 다합니다. 만일 어떤 사람이 한 직종의 일을 배우고 난 다음 다시 다른 일을 배우고 싶어 하면 역시 허가를 받습니다. 두 가지 일을 배운 다음에는, 시 당국이 특별히 어느 한 가지 일을 더 필요로 하는 경우만 아니라면 그 사람은 자신이 좋아하는 일을 할 수 있습니다.

시포그란투스의 주요 임무 내지는 거의 유일한 임무는 아무도 빈둥거리며 나태하게 지내지 않고 모두가 맡은 바 일을 열심히 하도록 관리하는 것입니다. 그렇지만 동시에 어느 누구도 이른 아침부터 밤늦게까지 짐승처럼 혹사당하는 일이 없도록 주의합니다. 그런 비참한 상태는 노예보다 더 나쁘지만, 사실 유토피아만 제외하고 거의 모든 나라 사람의 운명이 대부분 그렇지 않습니까. 유토피아 사람들은 하루 24시간 중 여섯 시간만 일에 할당합니다. 이들은 오전에 세 시간 일하고 점심을 먹습니다. 점심 식사를 한 후에는 두 시간 정도 휴식을 취하고 다시 나머지 세 시간 일을 하러 갑니다. 그 후에 식사를 하고 8시에 취침하여 여덟 시간을 잡니다.

일하거나 먹거나 잠을 자지 않는 나머지 시간은 자기가 원하는 대로 활용할 수 있지만, 다만 술 마시며 떠들거나 나태하게 시간을 낭비해서는 안 됩니다. 대개 이 시간에 자신이 즐겨하는 일을 부지런히 하되 일반적으로는 지적인 활동에 주력합니다. 이 나라에서는 새벽에 공개 강의를 하는 것이 굳어진 관습입니다.[78] 학문에 전념하는 학자들에게는 이 강의 참석이 의무이지만, 다른 사람들도 기꺼이 이 강의에 참석합니다. 이들은 자신의 취향에 따라 강의를 선택해서 듣습니다. 그러나 지적인 생활에 별 관심이 없는 사람들은 오직 자기 일에만 전념하는데 그것을 두고 뭐라고 하지는 않습니다. 사실 이런 사람들이 공동체에 더 유용한 사람들이라고 칭찬을 받습니다.

식사 후에는 한 시간 동안 여가를 즐깁니다. 이 일은 날씨가 좋은 때는 야외에서 하고, 겨울에 날씨가 안 좋으면 그들이 식사를 하는 회관에서 합니다. 그들은 음악이나 대화를 즐기지만 주사위 놀음이나 그 밖의 다른 바보 같고 무용한 놀음은 모릅니다. 이 사람들이 하는 게임에는 두 종류가 있는데 우리의 체스와 크게 다르지 않습니다. 하나는 숫자놀이로서 한 숫자가 다른 숫자를 잡아먹는 놀이입니다. 다른 하나는 악이 선에 대해 싸움을 벌이는 내용의 놀이입니다. 이 게임에서는 악들이 서로 싸우고 또 그것들이 연합하여 선과 싸우는 것을 보게 되는데, 어떤 악이 어떤 선과 싸우며, 악이 선을 어떻게 공개적으로 혹은 교묘하게 공격하는가, 또 선이 어떻게 악의 힘을 부숴서 오히려 좋은 목적으로 돌려서 사용하는가, 그리고 마지막으로 어떤 수단으로 한편이 승리하는가를 볼 수 있습니다.[79]

이런 사실들을 놓고 볼 때 한 가지 중요한 점을 자세히 설명하지 않는다면 오해를 할 수 있을 것 같습니다. 이 나라 사람들이 단지 여섯 시간밖에 일을 하지 않으면 필수품이 부족하지 않겠느냐고 생각할지 모릅니다. 결코 그렇지 않습니다. 그 노동 시간만으로도 생활필수품뿐 아니라 편의품까지 충분하고도 남을 정도로 생산합니다. 다른 나라에서 전혀 일을 하지 않는 사람이 전체 인

---

78 르네상스 시대의 대학에서는 대단히 이른 아침에 강의가 시작되었다. 첫 수업은 대개 새벽 5시부터 7시 사이에 시작되었다.

79 여기에서 소개된 이런 게임들은 르네상스 시대 교육자들에게 큰 인기를 누렸다.

구 중에서 얼마나 큰 비중을 차지하는지 생각해 보면 쉽게 알 수 있을 것입니다. 우선 인구의 절반을 차지하는 여성들이 거의 일을 하지 않습니다. 혹시 여자가 열심히 일하는 경우에는 남편이 빈둥거리곤 합니다. 그리고 성직자들이라든지 소위 종교인이라고 불리는 집단이 있습니다. 여기에 신사나 귀족이라고 불리는 지주들을 더해야 합니다. 그리고 그들에게 붙어 먹고살며 뻐기고 돌아다니는 깡패 같은 시종들도 있습니다. 마지막으로 힘 좋고 건장하면서도 병을 핑계로 일을 하지 않는 걸인들도 계산에 넣어야 합니다. 그러면 생각보다 훨씬 적은 수의 사람들이 생필품을 생산한다는 것을 알 수 있습니다.

그리고 그 가운데에서도 정말로 중요한 일을 하는 사람들이 얼마나 소수인지 생각해 보십시오. 돈이 모든 것의 표준이 되는 곳에서는 순전히 사치와 방탕을 만족시키기 위해서 헛되고 무용한 일들을 하게 됩니다. 그런 일에 투입되는 많은 인력을 정말로 사람들이 필요로 하는 편의품과 필수품 생산에 돌린다면 어떤 결과가 될지 생각해 보십시오. 아마도 생산량이 너무 커져서 가격이 떨어지고 그래서 노동자들의 생계가 힘들어질 정도가 될 겁니다. 무용한 직종에 종사하던 사람들을 모두 유용한 직종으로 돌리고, 모든 게으름뱅이(이 사람들은 실제 일을 하는 사람들보다 두 배나 많이 소비합니다)에게 생산적인 일을 시킨다면, 편의품과 필수품을 생산하는 데 한 사람당 정말로 적은 시간만 일해도 된다는 사실을 쉽게 알 수 있을 겁니다. 제가 말하는 것은 인간의 쾌락을 만족시키는 물품까지 포함해서입니다. 물론 그 쾌락은 진실되고 자연스러운 쾌락을 가리킵니다.

유토피아의 경험으로 보건대 이는 정말로 명백합니다. 도시와 주변 지역 전체에서 나이와 체력으로 볼 때 일하기에 적합한 사람 중에 일을 면제받는 사람은 500명이 채 안 됩니다. 그 가운데에 시포그란투스도 포함되어 있으나 이 사람들은 일을 하지 않아도 된다고 법으로 규정된 그 특권을 이용하지 않고 오히려 더욱 열심히 일을 해서 동료 시민들에게 모범을 보입니다. 또 다른 항구적인 면제자들은 연구에 전념하는 학자들인데 이들은 성직자들의 추천과 시포그란투스의 비밀 투표에 의해 선정된 사람들입니다. 이 학자들 가운데 좋은 성과를 못 내서 사람들의 희망을 충족시키지 못한 경우에는 다시 일하는 일반 시민으로 되돌아갑니다. 반면 일반 시민들 중에 자신의 여가 시간에 연구에 몰두하다가 아주 훌륭한 성과를 내는 경우에는 노동을 면제받고 학자 계층으로 상승하기도 합니다. 이 학자 계층에서 대사, 성직자, 트라니보루스, 원수(과거에는 바르자네스라고 불렸지만 현재는 아데무스[80]라고 불립니다) 같은 사람들이 선발됩니다. 그 나머지 사람들이 모두 게으름을 피우지도 않고 쓸데없는 일을 하지도 않기 때문에 일하는 시간이 적으면서도 그처럼 많은 것을 생산할 수 있습니다.

농업 이외의 부문에서도 역시 다른 나라와 비교해 볼 때 노동 시간이 짧습니다. 다른 나라에서는 늘 건물의 건축과 수리를 해야 합니다. 그 이유는 아버지가 지은 집을 근검절약하지 않는 아들이 폐허로 방치한 나머지 그 후손이 많은 비용을 들여가며 재건축해야 하기 때문입니다. 이런 일만 없으면 아주 적은 비용으로 충분히 유지할 수 있는데도 말입니다. 게다가 어떤 사람이 거액을 들여서 멋진 집을 짓더라도 다른 사람이 자신은 더 훌륭한 취향을 가졌다고 자부하면서 그 집을 방치해서 폐허가 되게 하고 다른 곳에 다시 거액을 들여 새 집을 짓는 일이 허다합니다. 그러나 모든 것이 계획에 따라 이루어지고 공동체의 조심스러운 통제를 받는 유토피아에서는 새로운 부지에 새집을 짓는 일은 아주 드뭅니다. 이 사람들은 신속하게 피해를 복구할 뿐 아니라 피해를 미리 예방하므로 이곳의 건물들은 적은 수리 비용으로도 아주 오래갑니다. 그래서 목수들과 석공들은 할 일이 없어서 장차 필요한 목재와 석재를 준비하며 지냅니다.

또 이 나라 사람들이 의복을 만드는 데 얼마나 적은 노동이 필요한지 생각해 보십시오. 이들의 작업복은 가죽으로 만든 느슨한 옷인데 무려 7년이나 씁니다. 외출할 때는 이 거친 옷 위에 외투 하나만 걸치면 됩니다. 이 섬의 주민들 모두 똑같은 색 외투를 입는데 그 색은 다름 아닌 자연 그대로의 양모 색깔

80 Barzanes는 '제우스의 아들', Ademus는 '백성들이 없는'이라는 뜻이다.

입니다. 그래서 다른 나라에 비해 양모를 덜 필요로 할 뿐 아니라 그들이 사용하는 양모 자체가 더 저렴합니다. 그런데도 이보다 품이 덜 드는 아마 옷을 즐겨 입습니다. 아마 옷은 하얀색이면 충분하고, 모직 옷은 깨끗하기만 하면 된다고 생각하며, 고급 직물을 높이 평가하지 않습니다. 다른 곳에서는 색깔이 다른 네다섯 벌의 외투와 비단 셔츠를 가지고도 사람들이 만족하지 않는가 하면, 멋 부리기를 좋아하는 사람은 열 벌을 가지고도 충분치 않다고 생각합니다. 그러나 유토피아 사람들은 한 벌로 만족하며 그 옷을 2년 동안 입습니다. 더 많은 옷을 가지고 있어 봐야 추위를 더 잘 막는 것도 아니고 더 멋지게 보이는 것도 아니기 때문에 아예 원치를 않는 것입니다.

누구나 유용한 일들을 하면서도 과소비를 하지 않아서 모든 것이 풍족하고 노동력이 남으므로, 혹시 도로 수리 작업이 필요할 경우에는 많은 사람이 일을 하러 모여듭니다. 이런 종류의 공공사업마저 없을 때는 관리들은 흔히 하루의 노동 시간을 더 줄인다고 선포합니다. 시민들에게 불필요한 노동을 강요해서는 결코 안 되기 때문입니다. 이 나라의 헌정의 최고 목표는 공공의 필요만 충족되면 모든 시민이 가능한 한 육체노동을 하지 않고 자유를 향유하면서 시간과 에너지를 아껴서 정신적 교양을 쌓는 데 헌신하도록 한다는 것입니다. 그것이야말로 인생의 진정한 행복이라고 생각하기 때문입니다.

사회관계

이제 이 나라 사람들의 사회관계, 즉 시민들이 서로 어떻게 대하는가, 그리고 재화를 어떻게 분배하는가를 설명해 보겠습니다.

각 도시는 가구들로 구성되며, 각 가구는 일반적으로 혈연관계의 사람들로 이루어져 있습니다. 여자들은 성장해서 결혼하면 남편의 집으로 들어갑니다. 반면 남자 형제들과 그 아들 세대는 자기 집에 남습니다. 가정에서는 연장자에게 복종하지만, 이 연장자가 너무 늙어서 정신이 흐려지면 다음 연장자가 그 뒤를 잇습니다. 한 도시가 지나치게 커지거나 작아지지 않도록 한 도시 안에

(시 주변 지역은 빼고) 6천 가구 이상이 되지 않게 하고 또 한 가구의 식구 수가 10명에서 16명 사이가 되도록 법령으로 정했습니다. 가구당 어린이의 숫자는 제한하지 않고 다만 어른들의 숫자를 조정하는데, 식구가 많은 가구로부터 식구 수가 충분치 않은 가구로 사람들을 이전시킵니다. 마찬가지로 인구가 많아진 도시 주민들 일부를 인구가 부족한 도시로 이주시킵니다. 그리고 만일 이 섬 전체 인구가 정해진 수보다 많아지면 각국에서 일정한 수의 사람들을 모집한 다음, 본토(유토피아 섬이 아닌 대륙)에 원주민들이 경작하지 않는 빈 땅이 많은 곳을 골라 식민지를 건설하고 그 사람들을 보냅니다. 이 식민지에서는 유토피아인들과 함께 살려는 원주민들을 받아들입니다. 그런 식으로 합병이 되면 양쪽 사람들이 서서히 융화되어서 같은 생활 방식과 관습을 공유하게 됩니다. 그러면 양측 모두에게 이익이 됩니다. 왜냐하면 유토피아인들은 땅이 매우 황폐하고 지력이 약해서 원주민들이 살기에도 힘들었던 곳에서 두 나라 사람들이 살기에 충분한 곡물을 생산하기 때문입니다. 하지만 만일 원주민들이 유토피아의 법에 따라 살려고 하지 않으면 그들을 내쫓아버리며, 또 그들이 저항하면 전쟁을 벌입니다. 유토피아 사람들은, 땅을 경작하지 않은 채 방치하면서도 다른 사람들이 자연법칙에 따라 그 땅을 이용하는 것을 방해하는 사람들에게 전쟁을 선포하는 것은 전적으로 정당하다고 봅니다.[81]

만일 어떤 이유에서든 한 도시의 인구가 급격하게 줄어서 다른 도시 주민들을 데려와 충원해야 하는데 이때 자칫하면 인구를 유출시킨 그 도시마저도 기반이 무너지게 될 수 있습니다. 사태가 이런 정도가 되면 식민지 주민들을 도로 불러들입니다. 이 나라에서는 이런 일이 역사상 두 번 있었다고 하는데, 모두 심각한 전염병 때문이었습니다. 이 섬의 도시들이 쇠퇴하는 것보다는 차라리 식민지를 잃는 게 낫다고 보는 것입니다.

다시 이 사람들의 생활 방식에 대해서 이야기하겠습니다. 이미 말씀 드렸듯

81 거의 모든 제국주의자의 논리가 이런 것이다. 신이 부여한 귀중한 땅을 '원주민'들이 이용하지 않고 내버려 두므로 우월한 종족의 사람들이 그 땅을 이용해야 한다는 것이다.

이 각 가구의 최연장자가 가장이 됩니다. 아내는 남편에게, 아이들은 부모에게, 연소자는 연장자에게 복종합니다. 각 도시는 균등한 네 구역으로 구분되어 있는데, 각 구역의 중심에는 모든 상품을 구비한 시장이 있습니다. 각 가구에서 생산하는 물품은 모두 이곳에 반입된 다음 상품별로 정해진 자리에 보관합니다. 가장은 이곳에 와서 자신과 가족이 필요로 하는 물품을 자유롭게, 아무런 비용도 지불하지 않고 가져갈 수 있습니다. 못 가져가게 할 이유가 없지요. 모든 물품이 다 풍부하고, 또 누구도 필요 이상의 것을 요구하지 않으니까요. 물품 부족 사태가 결코 없으리라는 점을 모두가 아는 마당에 누가 필요 이상으로 요구하겠습니까? 모든 생물의 탐욕은 결핍에 대한 공포로부터 나오지만, 여기에 더해서 인간은 오만 때문에 더 큰 탐욕을 부립니다. 오만은 자신의 소유를 피상적인 방식으로 과시함으로써 다른 사람을 누르고 자신을 영광스럽게 만들려는 것입니다. 그러나 이런 악덕은 유토피아의 생활 방식에서는 끼어들 자리가 없습니다.

방금 설명한 시장 옆에 식료품 시장이 있습니다. 이곳에는 온갖 채소와 과일, 빵이 들어옵니다. 생선, 육류, 가금류는 도시 외곽의 정해진 곳에서 흐르는 물로 피와 내장을 처리한 다음 이 시장으로 들여옵니다. 도살과 내장 처리는 전적으로 노예들에게 맡기고 시민들에게는 아예 금지하였습니다. 유토피아인들 생각에 우리의 친구와도 같은 짐승의 도살은 인간성이 발휘할 수 있는 최상의 감정인 연민compassion을 점차 파괴한다는 것입니다. 그뿐 아니라, 이 나라 사람들은 공기 중에 부패의 냄새가 배고 그 결과 전염병이 도는 일이 없도록 더럽고 불결한 것들을 도시 안으로 들여오지 못하게 막습니다.

구마다 따로 널찍한 회관이 있는데, 각각의 회관들은 같은 거리만큼 떨어져 있고 모두 특별한 이름을 가지고 있습니다. 이 회관에 시포그란투스들이 삽니다. 각각의 회관마다 30가구가 배정되어서, 이곳에서 공동 식사를 합니다. 한 쪽에 15가구, 또 다른 쪽에 나머지 15가구가 식사를 하는 것입니다. 회관의 집사들은 정해진 시간에 시장에 가서 자신이 맡고 있는 사람들 수에 맞게 음식물을 가져옵니다.

음식을 배분할 때는 환자들을 가장 먼저 고려합니다. 환자들은 공공 병원에서 간호를 받습니다. 각 도시마다 네 개의 병원이 있는데, 전부 시 성벽 바로 바깥에 자리 잡고 있습니다. 이 병원들은 작은 마을로 보일 만큼 상당히 규모가 큽니다. 병원을 그렇게 크게 지은 이유는 두 가지입니다. 첫째는 환자들이 아무리 많더라도 번잡하고 비좁은 느낌이 들지 않도록 하려는 것이고, 둘째는 전염성이 강한 질병을 최대한 예방하기 위해서입니다. 병원은 아주 잘 정돈되어 있고 환자의 간호에 필요한 모든 물품을 갖추고 있습니다. 환자들은 부드러우면서도 세심한 간호를 받습니다. 이곳에는 능숙한 의사들이 항시 준비하고 있습니다. 그래서 누구도 자신의 의지에 반해서 이곳에 보내지는 법은 물론 없지만, 병에 걸린 사람들이라면 누구나 집에 있기보다는 이곳에서 치료를 받으려고 합니다.

병원 집사가 의사의 처방대로 환자에게 지급하는 음식물을 받아간 다음 그 나머지는 회관별로 사람 수에 따라 공평하게 배분됩니다. 예외적으로 고려하는 사람들은 원수, 고위 성직자, 트라니보루스들, 그리고 경우에 따라 대사들이나 외국인들 정도입니다. 사실 외국인들은 소수이지만, 어쨌든 외국인이 들어오면 가구 딸린 집을 제공합니다.

식사 시간이 되어 트럼펫을 불면, 집과 병원에 누워 있는 환자들을 빼고 나머지 시포그란투스 산하의 모든 사람이 회관에 모여 식사를 합니다. 회관에서의 공동 식사 후에는 각 개인들이 사정에 따라 여분의 음식물을 집에 가지고 갈 수 있습니다. 그렇게 하는 데는 무슨 특별한 이유가 있으리라는 것을 잘 알기 때문에 굳이 금지하지 않는 것입니다. 집에서 식사하는 것을 막지는 않지만 적합한 일은 아니라고 생각합니다. 사실 가까운 회관에서 아주 훌륭한 식사를 할 수 있는데 굳이 집에서 저급한 음식을 장만하느라고 고생한다는 것은 바보 같은 일입니다.

회관에서 힘들고 더러운 일은 모두 노예가 맡아서 합니다. 그렇지만 어떤 음식을 먹을지 계획하고 준비하고 조리하는 일은 각 가구의 주부들이 순번을 정해서 맡아 합니다. 식사하러 온 사람들은 서너 개의 식탁에 나누어 앉습니다. 남자들은 벽에 등을 기대는 쪽에 앉고 여자들은 바깥쪽에 앉는데, 그 이유는 임산부가 갑자기 아프다든지 분만의 통증을 느낄 때 다른 사람들에게 방해가 되지 않도록 바로 간호부에게 갈 수 있게 하기 위해서입니다. 보모와 어린이들을 위한 장소도 따로 준비되어 있습니다. 이곳에는 여러 개의 요람과 깨끗한 물 그리고 난로가 준비되어 있으므로 보모들은 어린이들을 누이고 기저귀를 갈고 옷을 갈아입히고 또 불가에서 놀게 할 수 있습니다. 어린이들은 어머니가 맡아서 키우지만, 혹시 어머니가 죽거나 병에 걸리면 시포그란투스의 아내가 적당한 보모를 곧바로 구해 줍니다. 그것은 어려운 일이 아닙니다. 여자들은 기꺼이 그 일을 맡으려 하고 또 유토피아인들은 그런 여자의 친절함에 찬탄하며, 또 어린이도 유모를 친어머니처럼 여깁니다.

5세 미만의 아이들은 유아실에서 함께 지냅니다. 5세부터 결혼 연령까지의 아이들은 식탁에서 시중을 들든가, 아직 그럴 정도의 나이와 힘이 되지 않는 경우에는 조용히 어른들 곁에 서 있습니다. 이 아이들은 식탁에 앉은 사람들이 건네주는 것들을 받아먹을 뿐 이들만을 위해 따로 음식을 준비하지는 않습니다.

시포그란투스는 아내와 함께 첫 번째 식탁의 가운데 자리에 앉습니다. 식당에서 가장 높은 이곳은 가장 영광스러운 자리로서 홀의 중앙에 위치해 있기 때문에 이곳에서 모든 사람을 지켜볼 수 있습니다. 식탁에는 늘 네 사람씩 앉게 되어 있으므로 최연장자 두 사람이 시포그란투스 부부와 동석합니다. 만일 이 구역에 교회가 있다면 사제 부부가 시포그란투스와 동석하여 식사를 주재할 것입니다. 이들 양편에는 청년들이 앉고 다시 이들 양편에는 노인들이 앉는 식으로, 청년과 노인이 교대로 앉습니다. 그래서 나이가 비슷한 사람들끼리 앉으면서도 전체적으로는 다른 연배의 사람들이 섞여 앉게 되는 것입니다. 그들의 설명에 따르면 노인들의 권위와 그에 따른 존경심을 이용해서 젊은이들의 적절치 않은 언동을 막자는 것이 그 이유라고 합니다. 사방에 노인들이 앉아 있기 때문에 식탁에서 하는 말과 행동이 속속들이 알려진다는 것입니다.

음식 배분도 단순히 한쪽 식탁에서 다른 쪽으로 순서대로 하지 않고 눈에

유토피아인들의 공동 식사, 1715년 출간본에 수록된 삽화

띄는 자리에 앉은 노인들에게 먼저 가장 좋은 음식을 드립니다. 그러고 난 후 나머지 사람들에게 똑같이 음식을 나누어 줍니다. 맛있는 음식은 모든 사람에게 다 돌아갈 정도가 되지 않기 때문에 이렇게 하는 것인데, 노인들은 이웃에 앉은 사람들에게 그 음식을 나누어 주기도 합니다. 이렇게 해서 노인 공경의 예의와 동시에 평등의 원칙도 지킬 수 있습니다.

점심과 저녁 식사는 모두 도덕적 주제의 책을 읽는 것으로 시작하지만, 지루해지지 않도록 가급적 짧게 읽습니다. 노인들은 그 내용을 대화의 실마리로 삼되, 대화가 우울하거나 지루하지 않도록 노력합니다. 그리고 노인들은 대화를 독점하지 않고 젊은이들의 말을 들으려고 합니다. 사실 노인들은 일부러 젊은이들에게 말을 시켜서, 식사 시간의 자유로운 대화에서 저절로 드러나는 각 사람의 성격과 자질을 알아내는 것입니다.

가벼운 점심 식사에 비해 저녁 식사는 조금 더 양이 많은데, 그 이유는 점심 식사 후에는 일을 하지만 저녁 식사 후에는 휴식과 취침이 따르므로 소화가 잘되기 때문입니다. 식사 시간에는 음악이 빠지는 법이 없습니다. 후식은 늘 풍부하게 나옵니다. 식사 중에는 반드시 향을 피우고 향수를 뿌리며, 그 외에도 이 모임이 즐거운 축제 분위기가 되도록 하는 것이라면 하나도 빼놓지 않습니다. 남에게 해를 끼치지 않는 한 모든 종류의 쾌락을 금하지 않기 때문입니다.

이런 것이 도시 생활의 일반 패턴입니다. 시골에서는 이웃과 멀리 떨어져 있으므로 각자 자기 집에서 식사를 합니다. 그렇지만 어느 집이나 음식이 모자라는 법은 없습니다. 도시 사람들이 먹는 음식이 원래 시골에서 나는 것 아닙니까.

여행

다른 도시에 사는 친구를 찾아가거나 단순히 시골에 여행을 가 보고 싶어 하는 사람은, 어떤 특별한 이유로 자기 사는 곳에 반드시 남아야 할 필요가 없는 한 누구든지 시포그란투스와 트라니보루스에게서 쉽게 여행 허가서를 얻을 수 있습니다. 그들은 집단으로 여행을 하며, 여행을 떠나도 좋다는 허락과 돌아올 날짜를 명시한 원수의 편지를 휴대합니다.

그들은 우마차 한 대와 소를 부리고 그들을 돌보아 줄 공공 노예 한 명을 제공받지만, 그들 집단 중에 여성이 끼여 있지 않은 한 우마차는 불필요한 짐이 된다고 해서 대개 거절합니다. 그들은 어디로 여행을 하든지 아무것도 가지고 갈 필요가 없습니다. 어느 곳에 가든 부족한 것이 하나도 없고 제집처럼 편안해합니다. 한곳에서 하루 이상 머무는 경우 누구든 자기 직종에 속하는 가게로 찾아가서 일을 하며, 그 가게 주인은 언제나 그를 환영합니다.

누구든 허락 없이 자기 구역을 벗어났다가 원수의 허가증 없이 잡힌다면 경멸을 받고 탈주자로 간주되어 잡혀 와서 엄한 처벌을 받습니다. 대담하게도 이런 일을 두 번째 저지른 사람은 노예로 만듭니다. 자기 구역 내에서 이리저리 다니며 자세히 구경하려는 사람은 그것을 못하게 막지는 않으나 우선 자기 아버지의 허락을 받고 아내의 동의를 얻어야 합니다. 하지만 그가 시골 지역 어디를 가든 오전 일과 혹은 오후 일과 분량의 일을 하지 않는 한 음식을 받지 못합니다. 사정이 이렇기 때문에 마음대로 여행할 수 있으면서도 자기 집에 머물 때와 똑같이 사회에 유용한 일을 하게 되는 것입니다.

보다시피 이 나라에서는 빈둥거리거나 시간을 허비할 길이 없으며, 일을 피할 방도가 없습니다. 술집이나 맥줏집, 매음굴이 없으니 타락할 기회가 아예 없는 셈이지요. 숨을 곳도 밀회를 할 공간도 전혀 없습니다. 만인이 주시하는 가운데 살기 때문에 일상적인 자기 일을 하든지 건전한 방식으로 여가를 즐길 수밖에 없습니다. 그런 생활 방식은 당연히 우리 삶에 유용한 것들을 풍족하게 만들고 또 그러면서도 모든 것을 공유하므로 결과적으로 누구도 가난에 빠지거나 구걸을 하는 일은 없습니다.

아마우로툼 연례 회의에서(앞에서 이야기한 것처럼 여기에는 각 도시에서 3명의 대표가 출석합니다) 어느 지역에 물자가 부족하고 어느 지역에 잉여가 있는지 조사한 후 곧바로 한 곳의 부족분을 다른 곳의 잉여분으로 채워 줍니다. 이것은 전적으로 무상 선물에 해당합니다. 자신의 남는 물자를 준 사람들은 그것을 받은 사람들에게 아무런 보상도 요구하지 않습니다. 한 도시에 무상으로 물자를 주지만, 그들 역시 다른 도시로부터 무상으로 물자를 받기도 하는 것입니다. 이처럼 이 섬 전체는 마치 하나의 가족 같습니다.

그들이 필요로 하는 물자를 비축한 다음—다음 해의 불확실한 수확에 대비하기 위해서 통상 2년 동안의 소비량을 준비합니다—그 이상의 잉여는 외국에 수출합니다. 막대한 양의 곡물, 꿀, 양모, 대마, 목재, 진홍색 및 자주색 염료, 모피, 밀랍, 수지樹脂, 가죽, 그리고 가축 등이 수출됩니다. 이 화물의 7분의 1은 수입국의 빈민들에게 무상으로 제공하고, 나머지는 아주 저렴한 가격으로 판매합니다. 그 대가로 이들은 자국에서 필요로 하는 상품을 수입하는 외에(그런 대표적인 물건은 철입니다) 막대한 양의 금과 은을 수입합니다. 그들은 아주 오랫동안 이런 무역을 해 왔기 때문에 당신들이 믿지 못할 정도로 많은 양의 귀금속을 보유하고 있습니다. 그 결과 이 나라 사람들은 현찰 거래를 할지 신용거래를 할지 거의 괘념치 않으며, 대부분의 지불은 약속 어음 형태로 이루어집니다. 다만 이런 거래를 할 때 절대로 개인을 믿는 법이 없고 외국의 시 당국이 공식적으로 책임질 것을 요구합니다. 그래서 지불 기한이 되면 외국의 시 당국은 각 개인들이 빚진 금액을 걷어서 시 금고에 예치해 두고는 유토피아인들이 결제를 요구할 때까지 그 돈을 이용합니다. 그런데 사실 유토피아인들은 대개 이 돈의 결제를 곧바로 요구하지 않습니다. 유토피아 사람들은 그들 자신이 필요로 하지 않지만 다른 사람들이 당장 필요로 하는 것을 받아 내는 것은 옳지 않다고 여기기 때문입니다. 다만 다른 어떤 나라에 돈을 대부해 주어야 하는 경우, 혹은 전쟁을 해야 하는 경우에는 지불을 요구합니다. 그들이 거액을 준비하는 유일한 이유가 바로 이같이 극도의 위험이나 급박한 사태에 대비하는 것입니다. 무엇보다도 외국 용병을 고용하는 데 거액의 돈이 사용됩니다. 전시에 이들은 자국 시민보다는 외국 용병을 이용하려고 합니다. 아주 충분한 돈을 사용하면 적의 군사도 매수할 수 있고, 그래서 비밀리에든 공공연하게든 각국 군대 간에 서로 싸우게 할 수 있다는 것을 잘 압니다.

이런 이유 때문에 그들은 거액의 자산을 보유하지만 그것을 무슨 보물로 여기지는 않습니다. 당신들은 틀림없이 내 말을 믿지 않으려 할 것이므로, 그 나라 사람들이 보물을 어떻게 취급하는지 설명하자니 당황스럽습니다. 다른 사람이 그 말을 했다면 나 역시 믿지 않았을 겁니다. 그렇지만 나는 그곳에 가서 내 눈으로 실상을 직접 보았습니다. 어떤 일이든 자신에게 익숙한 것과 다르면 다를수록 받아들이기 어렵지 않겠습니까? 그들의 모든 관습이 우리와 사뭇 다르듯 금과 은의 사용 방식 역시 매우 다릅니다. 하여튼 그 사람들은 자신들끼리는 돈을 사용하는 법이 없고 단지 우발적으로 일어날 수 있는 일에 대비하기 위해서 보관할 뿐입니다. 그러면서 돈을 만드는 금과 은을 실제 합당한 가치 이상으로 과대평가하지 않도록 주의를 기울입니다. 사실 금이나 은보다 철이 훨씬 유용하다는 것은 누구나 잘 압니다. 불이나 물 없이는 살기 힘들듯이 철 없이는 살기 힘듭니다. 이에 비해 금과 은은 필수불가결한 기능을 가진 것은 아니지 않습니까. 몽매한 인간들이 금은을 소중하게 여기는 이유는 단지 그것들이 희귀하기 때문입니다. 가장 현명하고 너그러운 어머니인 자연은 공기, 물, 흙같이 사람들이 가장 필요로 하는 요소들은 도처에 마련해 주었지만 헛되고 무용한 물건들은 외진 곳에 감추어 둔 것입니다.

만일 유토피아에서 금과 은을 어떤 탑 속에 감추어 두었다면 무지한 자들은 국왕과 원로원 의원들이 평민들을 속이고 이익을 취하려 한다고 헛된 이야기를 지어냈을지도 모릅니다. 그들 역시 금과 은으로 아름다운 접시나 공예품을 만들 수도 있겠지만, 그럴 경우 그것들을 다시 녹여서 군인들의 급료를 지불하려고 하면 사람들은 귀하다고 생각하는 그 물건들을 포기하려고 하지 않을 것입니다. 이런 불편을 피하기 위해 그들은 한 가지 아이디어를 생각해 냈는데 그것은 우리와는 정말로 다른 그들의 제도에 합당한 것이었습니다. 그것이 실제 적용되는 것을 보지 않았다면 그들의 아이디어는 매우 우스꽝스러워 보였을 것입니다. 우리는 금은을 높이 평가하고 그것을 조심스럽게 간직하고

자 하지만 그들은 금은을 전혀 다르게 사용합니다. 그들은 값이 헐한 도기 접시와 유리잔으로 음식을 먹으면서 요강과 평범한 그릇 같은 것은 금과 은으로 만듭니다. 이것들은 모두 공공장소에서나 개인 집에서나 가장 저급한 기물들입니다. 노예들을 묶는 사슬이나 족쇄 역시 귀금속으로 만듭니다. 마지막으로 일평생 명예롭지 못한 행위의 표시를 달고 다녀야 하는 범법자들은 금귀고리와 금목걸이를 해야 하고 심지어 금관을 머리에 써야 합니다. 즉 이 사람들은 금과 은을 가능한 한 최대의 조롱거리로 만든 것입니다. 그 결과 다른 나라 같으면 금은을 잃어버릴 경우 마치 자기 내장을 빼 준 것처럼 안타까워하겠지만 이 사람들은 동전 한 닢만큼도 아까워하지 않습니다.

이 나라 사람들은 해안에서 진주를 발견하기도 하고 절벽에서 다이아몬드와 루비를 발견하기도 하지만 일부러 그것들을 얻으려고 애쓰는 법이 없습니다. 만일 우연히 이런 것들을 얻게 되면 잘 닦아서 아이들에게 줍니다. 아이들은 처음에는 그런 저급한 장식물들을 자랑하면서 즐거워합니다. 하지만 조금 자라면 그런 장난감은 아기들이나 가지고 노는 것이라 생각해서 곧 포기합니다. 부모가 그렇게 하라고 이야기할 필요도 없습니다. 우리나라의 어린이들이 조금 크면 딸랑이나 공깃돌, 인형을 멀리하듯이 이 나라 아이들은 그런 저급한 물건들이 더 이상 자기들에게 맞지 않는다는 것을 스스로 알고 멀리하기 때문입니다.

관습이 다르면 사람의 느낌도 다르게 마련입니다. 내가 유토피아에 있을 때 아네몰리우스[82]라는 나라의 대사들이 아마우로툼을 찾아온 적이 있는데 이 경우보다 이 격언이 잘 들어맞은 것을 본 적이 없습니다. 아주 중요한 업무를 논의해야 했기 때문에 각 도시에서 세 사람씩의 대표들이 원로원에 모이게 되었습니다. 그런데 가까운 나라의 대사라면 이전에 유토피아를 방문한 적이 있어서 이 나라 관습을 어느 정도 알 테고 그래서 이 나라에서는 좋은 옷을 입는

82 Anemolius는 그리스어로 '바람의 민족'이라는 뜻이며, 따라서 '허영심이 강하고 오만한 사람들'을 상징한다.

유토피아를 방문한 아네몰리우스의 대사들,
1715년 출간본에 수록된 삽화

다고 존경받지 않으며 비단과 금은은 오히려 경멸의 표시라는 사실을 알고 있습니다. 그렇기 때문에 아주 수수한 옷을 입고 옵니다. 그런데 아네몰리우스 사람들은 멀리 떨어진 나라이고 유토피아와 교류를 한 적이 거의 없으므로 단지 이 나라 사람들은 다 똑같이 수수한 옷을 입는다는 정도만 알고 있었습니다. 그래서 유토피아 사람들은 화려한 옷이 없어서 못 입는 것이라고 잘못 생각했습니다. 이 사람들은 현명하다기보다 오만한 편이므로, 마치 신이나 된 것처럼 화려하게 옷을 입어서 가난한 유토피아 사람들의 눈을 휘둥그레지게 만들겠다고 생각했습니다.

그래서 세 명의 대사는 많은 장식물을 달고 화려한 색깔의 비단옷을 입고 백 명의 수행원과 함께 위풍당당하게 입국했습니다. 자기 나라에서는 귀족들이었기 때문에 이 대사들은 금박 옷을 입었고 금목걸이, 금팔찌, 금반지를 한 데다가, 모자에는 찬란한 진주와 보석을 줄줄이 달았던 것입니다. 그러니까 이들은 유토피아에서 노예들을 처벌하거나 범법자들에게 모욕을 가하는 데 쓰이든지, 혹은 아이들 달래는 데 쓰이는 것들로 치장을 한 셈이지요. 그들이 자신들의 화려한 의상과 그들을 구경하기 위해 거리로 몰려나온 유토피아 사람들의 의상을 비교하며 으스대고 걷는 모습은 정말로 큰 구경거리였습니다. 그들이 얼마나 큰 오해를 했는지, 그들이 기대했던 것과 얼마나 다른 대접을 받았는지를 알면 아주 재미있습니다. 특별한 이유 때문에 외국에 나가본 적이 있는 소수의 사람들을 제외하면 모든 구경꾼들은 이 화려한 외양을 불명예의 표시로 간주했던 것입니다. 그래서 가장 천한 하인들을 주인으로 여겨 절을 하는 반면 금목걸이를 한 대사들은 노예로 생각해서 전혀 경의의 표시를 하지 않고 지나쳤습니다. 진주와 보석을 가지고 노는 때가 이미 지난 어린아이들이 대사들의 보석 달린 모자를 보고 어머니를 쿡쿡 찌르며 이렇게 이야기하는 것이었습니다.

"엄마, 저 큰 멍청이 좀 보세요. 어린아이처럼 진주와 보석을 주렁주렁 달고 있어요!"

그러면 어머니는 아주 진지하게 이렇게 이야기합니다.

"쉿, 조용히 해라. 저 사람은 아마 대사님이 데리고 온 어릿광대일 거야."

어떤 사람들은 금팔찌를 보고 그것이 너무 약해서 쉽게 끊어 버리든지 혹은 너무 헐거워서 노예들이 원하면 언제든지 도망갈 수 있으므로 잘못 만들었다고 생각했습니다. 이 대사들은 유토피아 사람들과 한 이틀을 지내고 난 뒤 이 나라에는 금이 엄청나게 많아서 자기 나라에서 귀한 대우를 받는 만큼이나 여기서는 완전히 경멸의 대상이라는 것을 알게 되었습니다. 또 한 사람의 도주 노예에게 채운 사슬과 족쇄에 들어간 금은이 그들 세 사람의 옷에 사용한 금은보다 더 많은 양이라는 것도 알게 되었습니다. 그래서 약간 풀이 죽은 세 사람은 위풍당당하게 으스댈 때 입었던 화려한 의상들을 벗어 버렸습니다. 그리고 유토피아 사람들과 대화를 나눈 뒤 이 나라의 관습과 견해를 알게 되자 그것이 지혜로운 일임을 깨닫게 되었습니다.

도덕 철학

유토피아인들은 하늘의 해나 별을 볼 수 있는데도 불완전하게 반짝거리는 작은 보석이나 돌멩이를 보고 기뻐하는 사람들에 대해 놀라움을 감추지 못합니다. 또 아주 고운 양모로 만든 옷을 입었다고 해서 자신을 고귀한 인사로 여기는 사람을 바보 취급하며 놀립니다. 그들의 생각으로는 실이 아무리 섬세하다고 해도 그것은 결국 양털에 불과한 것입니다. 그 자체는 무용한 상품인 금이 도처에서 높은 가치를 부여받고, 또 그러다 보니 정작 사람 자신은 훨씬 낮은 가치를 부여받는 데 대해 놀랍니다. 그리고 말뚝만큼도 지성을 가지고 있지 않고 너무나도 타락한 바보[83]가 단지 우연찮게 많은 금을 가지고 있다는 이유만으로 수많은 현명하고 선한 사람들을 지배한다는 사실을 잘 이해하지 못합니다. 그렇지만 이 멍청이가 일가친척 중의 저열한 악당에게 돈을 빼앗기는 경

83 원래의 표현은 '납으로 된 사람'이다. 즉, 금을 많이 가지고 있다 해도 정신적으로는 납같이 저열한 수준에 있는 사람을 뜻한다.

우 그 사람은 곧바로 비천한 처지로 떨어집니다(우연히 이런 일이 일어날 수도 있고 법률적인 사기 행위의 결과일 수도 있습니다. 사실 사람의 운명을 급격하게 망쳐 놓는 일은 우연만큼이나 법률에 의해서도 일어나지 않습니까). 이것을 보면 돈에 종속된 정도가 매우 심해서 마치 그 사람 자신이 돈의 부속물처럼 보입니다. 유토피아인들이 이보다 더 놀라워하는 것은, 사람들이 아무 빚진 것도 없고 어떤 의무도 없는데도 부자를 찬양한다는 것입니다. 이 사람들에게 중요한 것은 단지 그가 부유하다는 사실뿐입니다. 그러면서도 사람들은 그 부자가 아주 천박하고 인색해서 그가 살아 있는 한 단 한 푼도 그 사람 금고에서 나오지 않는다는 것을 잘 알고 있습니다.

유토피아 사람들의 이러한 태도는 한편으로는 다른 나라의 어리석은 제도와는 완전히 다른 사회 제도 속에서 길러졌고 다른 한편으로는 교육과 독서를 통해 얻은 것입니다. 비록 각 도시마다 노동을 면제받고 전적으로 학문 활동에만 몰두할 수 있는 사람은 소수이지만(이들은 어린 시절부터 남다른 총명함과 학문에 대한 헌신을 보인 사람들입니다) 대부분의 사람이 어릴 때부터 양서를 가까이하고 또 일생을 여가 시간에 독서를 하며 보냅니다.

이 사람들은 그들의 모국어로 모든 분야의 학문 연구를 할 수 있습니다. 이 나라 언어는 학문 용어가 풍부하고 듣기 좋은 음률을 지니며 사상의 표현에 훌륭하게 적용 가능합니다. 이 언어는 그쪽 세계의 여러 지역에 널리 퍼져 있지만, 유토피아 이외의 다른 곳에서는 지역에 따라 약간씩 변형되어 있습니다.

우리가 도착하기 전까지 유토피아인들은 우리 사는 세계의 저명한 철학자들을 전혀 모르고 있었습니다. 하지만 음악, 변증법, 수학, 기하학 등에서는 우리의 과거 대학자들이 이루어 낸 것과 거의 똑같은 내용들을 발견했습니다. 그런데 이들은 다른 모든 분야에서는 우리 선조 철학자들과 비슷한 수준에 이르렀지만 우리의 현대 논리학자들의 발견만은 전혀 따라오지 못합니다.[84] 사

84 모어를 비롯한 인문주의자들은 스콜라 학자들에 대해 적대적이었다. 그러므로 이 표현은 비꼬아서 하는 말이다.

실 이 나라 사람들은 우리의 어린 학생들이 『소小논리학』[85]에서 공부하는 한정, 확충, 가정 같은 정교한 법칙들 중 어느 하나도 발견해 내지 못했습니다. 그들은 '2차 개념'[86]에 대한 사고를 전혀 하지 못했기 때문에, 알다시피 '보편 인간'이 그 어떤 거인보다도 크며 심지어 콜로수스보다도 크건만, 우리가 손가락으로 가리키고 있는데도 '보편 인간'을 보지 못하는 것이었습니다.[87] 그렇지만 그들은 천체의 운동에 대해서는 아주 훌륭하게 파악하고 있었습니다. 그들은 태양, 달, 그리고 그들이 사는 지역에서 보이는 별들의 운행을 대단히 정확하게 측정할 수 있는 도구들을 많이 고안해 냈습니다. 그러나 천체의 상생과 상극이니, 혹은 점성술이니 하는 사기 행위에 대해서는 꿈도 꾸지 않습니다. 오랜 관찰 경험에 의해서 그들은 비와 바람, 그 외의 여러 기상 변화에 대해 예측할 수 있습니다. 하지만 기후 변화의 원인, 바다의 움직임과 염도, 하늘과 우주의 기원과 성질 등에 대해서는 다양한 의견을 가지고 있습니다. 일반적으로 이들은 우리의 고대 철학자들과 같은 방식으로 이런 문제들을 다루고, 또 역시 우리의 고대 철학자들과 마찬가지로 의견이 상충하여 보편적으로 수용할 만한 이론들에 합의를 하지는 못했습니다.

도덕 철학 문제에 대해서는 그들 역시 우리와 유사한 주장을 폅니다. 선善의 성격을 조사하고 육체의 선과 정신의 선, 그리고 외부 환경의 기여를 구분합니다. '선'이라는 이름이 그 셋 모두에 적용되는 것인지 오직 정신에만 적용되는지를 묻습니다. 그들은 덕과 쾌락을 논하지만, 그들의 주요 관심사는 인간의 행복이며, 행복이 한 가지로 이루어졌는지 여러 가지로 이루어졌는지를 따집니다. 그들은 인간의 행복이 거의 대부분 쾌락으로 이루어진다는 견해에 다소 과도하게 경도된 듯합니다. 더 놀라운 것은 그들이 진지하고 엄격하다 못

85 나중에 교황 요한 21세가 된 에스파냐의 페트루스 히스파누스Petrus Hispanus가 쓴 논리학 교과서를 가리킨다.

86 '1차 개념'은 어떤 사물의 본성 때문에 직접 파악하는 것이고, '2차 개념'은 지성의 작용에 의해 파악하는 것을 뜻한다.

87 여기에서 모어는 논리학자들의 궤변을 공격하면서 자신과 같은 인문주의자들은 건전한 상식에 근거하고 있음을 강조한다.

해 가혹하고 엄숙한 종교를 통해 이 쾌락주의적hedonistic 철학을 옹호한다는 점입니다. 그들이 행복을 논할 때는 그들의 철학적 합리주의에 반드시 종교 원칙을 결부시킵니다. 이러한 종교 원칙 없이는 철학은 진정한 행복을 추구할 때 미약하고 불완전하다고 생각하는 것입니다.

그들의 종교 원칙은 이런 것들입니다. '인간의 영혼은 불멸이며, 신의 선함에 의해 태어날 때부터 행복을 지향하게 되어 있다. 사후에 덕과 선한 행위에 대해서는 보상받고 죄에 대해서는 벌을 받는다.' 이것들은 분명 종교적 믿음에 속하는 내용이지만 그들 생각에는 인간의 이성이 자연스럽게 이것들을 믿고 수용하게 만든다는 것입니다. 만일 이런 원칙이 없어진다면 사람들은 바보처럼 되어서, 옳든 그르든 어떤 방법으로라도 쾌락을 추구해야 한다고 믿고, 작은 쾌락이 큰 쾌락에 방해가 되지 않게 해야 한다는 것, 그리고 고통이 뒤따르는 쾌락을 피해야 한다는 것에 주의하지 않을 것입니다. 그러한 종교적 원칙이 뒷받침하지 않는다면 사람은 광기에 빠져서 엄혹하고 고통스러운 덕만 추구하고, 생명의 쾌락을 포기하며, 아무런 유익함이 없는 고통을 겪게 될 것입니다. 사후의 보상이 없다면 사람은 쾌락이 없는 생애, 즉 비참하게 그의 전 존재를 보낸 것에 대해 보상을 받으리라는 희망이 없게 됩니다.

그러나 사실 유토피아인들은 행복이 아무런 종류의 쾌락 속에서 발견되는 것이 아니라 선하고 정직한 쾌락 속에서만 발견된다고 믿습니다.[88] 그들 말에 따르면 덕 자체가 우리의 본성을 그런 종류의 쾌락으로, 즉 지극한 선으로 이끌어간다는 것입니다. 그러나 쾌락보다는 덕이 곧 행복이라고 달리 주장하는 학파도 없지는 않습니다.

유토피아인들은 덕이란 자연에 따라 사는 삶이라고 정의합니다. 그리고 신은 우리를 그런 목적으로 창조하셨다고 말합니다. 사람이 이성의 명령에 복종하여 어떤 것을 선택하고 다른 것을 거부할 때 그는 자연에 따르는 것입니다.

---

88 이 책에서 유토피아인들은 이상화된 에피쿠로스주의자로 그려져 있지만 그래도 기독교적인 미덕과는 분명 거리가 있다. 에피쿠로스주의자들은 자칫 저급한 쾌락을 추구하는 사람들로 매도되기도 하지만 실상 그들이 말하는 '쾌락'은 뛰어난 지적인 덕으로서 곧 종교적인 원칙으로 화할 수 있는 종류의 것이었다.

토머스 모어의 유토피아인들은 이상화된
에피쿠로스주의자로 묘사되고 있다.
에피쿠로스 초상, 작자 미상, 3세기 말~2세기 초

이성의 첫 번째 법칙은 인간 존재의 근원이며 인간의 모든 행복을 가능케 한 신을 사랑하고 경배해야 한다는 것입니다. 자연의 두 번째 법칙은 가능한 한 번민으로부터 자유롭고 기쁨이 충만한 삶을 살 것이며, 마찬가지로 다른 사람들을 그 목적으로 인도한다는 것입니다. 이와 달리 가장 완고하게 덕만을 찬미하는 자, 또 가장 엄격하게 쾌락을 배척하는 자를 생각해 봅시다. 그런 사람도 한편으로는 우리에게 힘든 노동과 잠 못 드는 밤과 자책을 강요하면서도, 우리가 할 수 있는 한 최선을 다해 남의 가난과 불행을 덜어 줄 것을 권고하며, 이웃에게 위로와 복리를 제공하는 것이 훌륭한 일이라고 이야기하지 않습니까? 사실 다른 사람의 비참함을 덜어 주고, 고통을 경감해 주며, 그들의 삶에서 슬픔을 없애고 기쁨으로 인도하는 것, 다시 말해서 쾌락으로 인도하는 것보다 더 인간적인 것은 없습니다(인도주의야말로 인간 존재에 고유한 덕입니다). 그런데 만일 이것이 맞다면 자연 역시 우리에게 똑같은 일을 권고하지 않겠습니까? 즐거운 삶, 즉 쾌락의 삶이 좋은 일입니까, 나쁜 일입니까? 만일 그것이 나쁜 일이라면 다른 사람에게도 그것을 도와주어서는 안 됩니다. 그 정도가 아니라 즐거운 삶이 해롭고 치명적인 것이므로 다른 사람에게서 가능한 한 즐거움을 빼앗아야 마땅하다고 할 것입니다. 그러나 만일 그런 삶이 좋은 것이라면, 그리고 만일 우리가 다른 사람들에게 즐거운 삶을 도와주도록 되어 있거나 혹은 그럴 의무가 있다면, 무엇보다도 우리 자신을 위해 그것을 추구해야 하지 않겠습니까? 우리는 누구보다도 우리 자신에 대해 자비를 가져야 합니다. 자연이 우리보고 이웃에게 친절하게 대할 것을 촉구한다고 할 때 그 말이 곧 우리 자신에게는 잔인하고 무정하게 대하라는 의미는 아닙니다. 그러므로 자연은 우리에게 즐거운 삶, 다시 말해서 쾌락을 우리 행위의 목표로 지정해 준 것입니다. 그리고 이에 따라 사는 것을 덕이라고 규정할 수 있습니다. 그리고 자연이 사람들에게 가능한 한 서로의 삶을 유쾌하게 만들라고 명령한 이상, 우리의 이익을 탐한 나머지 이웃에게 불행을 초래해서는 안 된다고 계속 경고합니다. 그 이유는 명백합니다. 어느 누구도 다른 사람들보다 훨씬 더 높은 지위를 차지하여서 그만이 자연의 특권적인 고려 대상이 되는 법은 없습니다. 자연은 똑같은 형상을 부여해 준 모든 생명에 똑같이 애정을 가지고 있습니다.

따라서 유토피아인들은 개인 간의 계약을 준수해야 할 뿐 아니라, 쾌락의 질료가 되는 핵심적인 물품들의 분배를 통제하는 공공 법칙들도 준수해야 한다고 주장합니다. 그런 법들은 훌륭한 원수에 의해 공정하게 선포되었거나 혹은 강제력과 속임수가 없는 상태에서 시민들이 동의한 이상 반드시 준수해야 합니다. 그리고 이 법률들이 준수되는 한도 내에서 누구나 분별력 있게 자기 이익을 자유롭게 추구합니다. 만일 자신의 이익에 더해서 공공 이익마저 추구한다면 그것은 경건한 행위입니다. 그러나 자신의 쾌락을 확보하기 위해 남의 쾌락을 빼앗는다면 그것은 부정의입니다. 한편 다른 사람의 쾌락을 증대시키기 위해 의도적으로 자신의 쾌락을 감소시키는 것은 인도주의와 선의의 행위입니다. 사실 그런 사람은 그가 베푼 것보다 더 큰 이익을 누립니다. 그는 자신의 친절에 대해 보상을 받는 것입니다. 어쨌든 그는 자신이 훌륭한 행위를 한 사실을 의식하게 됩니다. 그는 자신이 포기한 물건으로부터 육체가 얻을 수 있었던 쾌락보다 그가 유익함을 베풀어 주었던 사람의 감사와 선의를 상기함으로써 정신적으로 더 큰 기쁨을 얻게 됩니다. 마지막으로 그들은 신께서 우리가 짧고 일시적인 쾌락을 포기한 데 대해 엄청나고 영원한 기쁨[89]으로 보상해 주리라고 믿습니다(종교는 이처럼 기꺼이 동의하려는 사람들에게 쉽게 그런 사실을 설득하곤 합니다). 그래서 유토피아인들은 이 문제를 조심스럽게 고려하고 잘 판단한 다음, 우리의 모든 행위와 그 안에서 행해지는 덕은 최종적인 목표로서 쾌락과 행복을 지향한다고 결론을 내립니다.

그들이 쾌락이라고 할 때는 자연의 인도에 따라 사람이 그 안에 있으면 기쁨을 느끼게 되는 심신의 상태와 운동을 가리킵니다. 예컨대 그들은 사람의 식욕을 자연스러운 것으로 간주합니다. 자신의 감각과 올바른 이성을 따름으로써 사람은 자연적으로 즐거운 것이 무엇인지 발견하게 됩니다. 그것은 다른

89 Gaudium: 천복에 대한 전망에서 오는 기쁨을 가리키는 신학 용어이다.

사람들에게 해를 끼치거나 큰 쾌락을 배제하거나 고통이 뒤따르는 법이 없는 기쁨입니다. 그러나 자연에 반하는 쾌락, (마치 이름만 바꾸면 사물의 본성까지 바꿀 수 있다는 듯이) 전적인 허구로서 '기쁘다'고 여기는 것은 행복이 아닙니다. 그것은 오히려 행복을 파괴합니다. 왜냐하면 쾌락에 대한 잘못된 생각이 마음에 가득한 사람은 진정한 즐거움을 누릴 여유가 없기 때문입니다. 전혀 단맛이 나지 않고 오히려 쓴맛만 가득한 것들이 세상에는 매우 많습니다. 그런데 잘못된 욕망의 도착된 유혹 때문에 그런 것들이 대단히 큰 쾌락으로 간주되고 심지어 인생의 지상 목표가 되기도 하는 것입니다.

유토피아 사람들이 보기에 이런 사이비 쾌락 중에 대표적인 사례는 앞에서 언급한 것처럼 좋은 옷을 입었기 때문에 자신이 훌륭하다고 생각하는 사람들입니다. 이들은 이중으로 착각에 빠져 있습니다. 우선 자신의 옷이 다른 사람들 옷보다 더 좋다고 생각하는 것이 첫 번째이고, 옷 때문에 자신이 잘났다고 생각하는 것이 두 번째입니다. 의복의 유용함에 대해서라면 고운 실로 짠 것이든 거친 실로 짠 것이든 무슨 차이가 있습니까? 하지만 그들은 자신의 환상 때문에 그런 줄 모르고 자연이 그들을 특별히 배려한다고 착각합니다. 멋진 옷을 입었기 때문에, 집에서 짠 수수한 옷을 입었다면 전혀 기대하지 못했을 명예를 누릴 만하다고 생각하는 것입니다. 그래서 사람들이 특별한 존경을 보이지 않고 지나쳐 버리면 그들은 매우 화를 냅니다.

의례적인 명예 역시 허망한 것에서 기쁨을 찾는다는 점에서는 똑같이 어리석은 일입니다. 다른 사람이 무릎을 꿇거나 모자를 벗어 경의를 표한다고 해서 어떤 진정한 자연적 쾌락을 얻을 수 있습니까? 그렇게 하면 무릎의 상처가 낫습니까, 머릿속의 광기가 고쳐집니까? 사이비 쾌락의 환영을 잘 보여 주는 또 다른 경우는 자신의 푸른색 피[90]에 대한 기쁨에 탐닉하는 사람들, 자신의 귀족성에 대해 뽐내며 자랑하는 사람들, 부유한 자기 조상들(오늘날 중요성을 띠는 유일한 조상은 부자 조상일 것입니다)에 대해 혹은 자기 조상의 소유 영지에

90 귀족성을 가리킨다.

대해 찬미하는 사람들입니다. 현재 토지 한 조각 가지고 있지 않거나, 유산을 마지막 한 푼까지 다 탕진한 사람들도 여전히 자신을 귀족이라고 여깁니다.

보석에 열광하는 사람들 역시 같은 부류입니다. 이들은 아주 멋진 보석을 발견했을 때, 그리고 마침 자기 나라에서 유행하는 종류를 발견했을 때 매우 행복해합니다. 보석은 시장마다 다른 가치를 띱니다. 보석을 수집하는 사람은 그 보석을 세팅에서 빼내어 보기 전까지는 사려고 하지 않고, 그때도 상인이 품질을 보증하고 그 보석이 진짜라는 보증서를 주어야만 만족합니다. 그는 자신이 사기에 속을 것을 두려워합니다. 그런데 그 점을 한 번 생각해 보십시오. 당신 눈으로 진짜와 가짜를 구분하지 못한다면 가짜라고 해도 똑같은 즐거움을 주는 것이 아닙니까? 장님에게 그 두 가지가 같은 가치를 지닌 것으로 여겨지듯이 당신에게도 똑같은 가치를 가진 것이 아니겠습니까.[91]

사이비 쾌락에 대해서 말한다면, 돈을 잔뜩 모아 두었지만 그것을 사용하기보다는 단지 바라보기만 하는 사람은 어떻습니까? 그런 사람이 경험하는 것은 진짜 쾌락일까요, 혹은 쾌락의 그림자에 속는 것일까요? 또 정반대로 돈을 숨겨 두기만 하고 두 번 다시 보지도 않는 사람은 어떻습니까? 돈에 대한 그러한 집착 때문에 그 사람들은 실제로 돈을 잃어버린 것과 마찬가지가 됩니다. 돈을 땅속에 묻어 두어서 그 돈을 사용할 기회를 아예 갖지 못한다면 어떤 일이 일어납니까? 구두쇠는 재화를 숨겨 두고는 마음속으로 이제 안심해도 되겠다면서 의기양양해합니다. 그런데 누군가가 그 돈을 훔쳐갔는데 구두쇠는 그런 사실조차 모른 채 10년 뒤에 죽었다고 가정해 봅시다. 그 10년 동안 그 돈을 도둑맞았든 아니든 무슨 차이가 있습니까? 어떤 경우에도 그 돈은 주인에게 소용이 없습니다.

이런 어리석은 사이비 쾌락에는 사냥과 매사냥, 그리고 노름도 포함됩니다. 물론 유토피아 사람들은 노름에 대해서 들어 본 적은 있지만 결코 해 본 적은

91 에라스뮈스에 의하면, 모어는 자기 아내에게 가짜 보석을 준 뒤 그것이 가짜라는 점에 실망하는 아내를 다소간 야비하게 놀렸다고 한다.

유토아인들은 사냥과 도살을 모두 백정에게 맡긴다.
「구호품을 주는 성스러운 가족이 있는 고기 가판대」, 피터르 아르트선, 1551

없습니다. 테이블 위에 주사위를 던지는 것이 도대체 무슨 즐거움인지 모르겠다고 그들은 말합니다. 처음에는 그렇게 하는 것이 재미있다 하더라도 같은 일을 계속 반복하다 보면 곧 물리지 않겠습니까? 또 개가 짖는 소리를 듣는 것이 무슨 재미가 있습니까? 그거야말로 정말로 지긋지긋한 소리가 아닙니까? 개가 토끼를 쫓아가는 것이 개가 개를 쫓아가는 것보다 더 큰 즐거움입니까? 빠르게 달려가는 것이 즐거움이라면 두 경우 모두 같지 않겠습니까? 만일 당신이 정말로 원하는 것이 눈앞에서 동물을 갈가리 찢어서 죽이는 도살이라면 그야말로 잘못된 일입니다. 토끼가 개에게 쫓기는 것, 약한 짐승이 강한 짐승에게 고통받는 것, 공포에 싸인 순한 동물이 야만적인 동물에게 내몰리는 것, 순한 토끼가 잔인한 개에게 죽음을 당하는 것을 보면 남는 것은 연민밖에 없습니다. 유토피아 사람들은 사냥 행위를 자유로운 인간에게 합당치 않은 일이라고 보기 때문에 이 일을 모두 백정에게 맡깁니다. 앞에서 언급했듯이 백정은 모두 노예입니다. 그들 생각에 사냥은 백정들이 하는 일 가운데에서도 가장 천한 일입니다. 도살장에서 백정들이 하는 일은 그나마 유용하고 정직한 일입니다. 왜냐하면 이들은 필요에 따라 짐승을 죽이기 때문입니다. 그러나 사냥꾼들은 단지 재미를 위해 불쌍한 작은 동물들을 죽이고 사지를 찢습니다. 비록 동물을 대상으로 한다지만 죽음에서 어떤 흥미를 느낀다는 것은 유토피아 사람들이 보기에는 다만 잔인한 품성을 드러내는 일일 뿐입니다. 설사 처음에는 그렇지 않다 하더라도 계속 그런 잔인한 쾌락을 추구하다 보면 사냥꾼들은 곧 실제로 잔인하게 되는 것입니다.

대부분의 사람이 이런 행위를 쾌락이라고 여길지 모르지만 유토피아 사람들은 여기에는 자연적으로 즐거운 데라곤 하나도 없으므로 실제 쾌락과는 전혀 관련이 없다고 단언합니다. 그런 것들은 흔히 감각을 만족시켜 주므로 쾌락처럼 보입니다만, 그렇다고 해서 실제 기본 성질이 그렇지는 않습니다. 이때 쾌감을 느끼는 것은 사물의 본성 그 자체에서 오는 것이 아니라 사람의 왜곡된 습관에서 오는 것입니다. 마치 입맛이 변한 임산부들이 역청(아스팔트)과 나뭇진을 꿀처럼 달게 느끼는 것과 비슷합니다. 사람의 입맛은 병이나 습관 등의 영향을 받아 변화할 수 있지만 그렇다고 해서 쾌락의 본성nature을 변화시키지는 않습니다.

그들은 진정한 쾌락을 여러 종류로 구분하는데, 그것은 크게 보아 육체적 쾌락과 정신적 쾌락으로 나뉩니다. 정신적 쾌락은 지식, 그리고 진리에 대한 관조로부터 오는 즐거움, 또는 잘 보낸 한평생을 되돌아볼 때의 만족이나 장래의 행복에 대한 의심할 바 없는 희망 등입니다.

육체적 쾌락은 다시 두 종류로 나뉩니다. 첫 번째 것은 감각을 만족시키는 즉각적인 즐거움입니다. 때로 이것은 자연적인 열 때문에 육체 기관들이 약화되었다가 음식을 통해 기력을 회복할 때 일어납니다. 혹은 육체에 부과된 어떤 과도함을 제거할 때 일어납니다. 예컨대 배변, 출산, 혹은 가려움을 느낄 때 비비거나 긁는 것 등이 여기에 속합니다. 때때로 그렇게 부족함을 채우거나 과도함을 비워 낸다기보다 숨겨져 있지만 분명히 존재하는 어떤 힘으로 우리를 잡아끄는 것에서 쾌락을 느끼기도 합니다. 음악의 힘이 대표적입니다.

두 번째 종류의 육체적 쾌락은 고요하고 조화로운 육체 상태, 무질서에서 벗어난 건강한 상태를 가리킵니다. 건강한 상태는, 고통으로 방해받지 않는다면, 외부적인 자극이 없더라도 그 자체가 쾌락을 줍니다. 비록 음식을 먹고 마시는 데에서 오는 만족보다는 덜 직접적으로 감각에 호소하지만, 많은 사람이 이 상태가 오히려 가장 큰 쾌락이라고 생각합니다. 많은 유토피아 사람이 이것을 다른 모든 쾌락의 기반으로 여깁니다. 왜냐하면 건강은 그 자체만으로 우리 삶을 평화롭고 바람직하게 만들지만 만일 건강을 잃는다면 다른 모든 쾌락이 불가능해지기 때문입니다. 그러나 긍정적인 건강 상태가 아니라 다만 고통이 없는 상태는 쾌락이 아니라 평범한 둔감함에 불과하다고 봅니다.

쾌락은 외부로부터 불러일으킬 때에만 느껴진다는 이유로 안정적이고 평온한 건강 상태가 정말로 쾌락인지 의심스럽다는 견해가 있었지만 유토피아 사람들은 이를 오래전에 기각했습니다(우리가 그런 주장을 했던 것처럼 이 나라 사람들 중에도 이런 주장을 한 사람들이 있었던 것입니다). 이제 이 사람들은 대부분 건강이야말로 최고의 육체적 쾌락이라고 봅니다. 질병에는 고통이 내재해 있고 또 고통은 쾌락의 중대한 적이므로, 질병이 건강의 적인만큼 쾌락은 분명 안정적이고 양호한 건강 속에 내재해 있음에 틀림없다고 그들은 추론합니다. 혹시 고통은 병 자체가 아니며 단지 거기에 동반되는 '효과'라고 주장할지 모르겠습니다. 그러나 유토피아 사람들은 그 차이가 없다고 주장합니다. 건강이 쾌락 그 자체이든 혹은 단지 쾌락의 원인이든(불이 열의 원인이듯이) 항상 건강을 지키는 사람이 쾌락을 소유한다는 사실은 그대로 유지됩니다.

그들의 설명에 따르면, 우리가 음식을 섭취하는 것은 쇠락해 가던 건강이 기아에 대한 싸움을 벌일 때 필요한 동맹을 얻는 것과 같습니다. 우리의 건강이 힘을 얻어 가면서 기력을 되찾는 이 단순한 과정이 쾌락과 상쾌함을 줍니다. 그 싸움에서 이미 우리의 건강이 즐거움을 느낄 정도이니 최종 승리를 얻었을 때 왜 기쁨을 느끼지 않겠습니까? 마침내 그 모든 싸움에서 원래의 목표였던 대로 원기를 되찾았을 때 건강이 선이라는 것을 깨닫지 않을 수 있겠습니까? 건강은 느낄 수 없는 것이라는 생각은 완전히 틀렸습니다. 건강한 사람은 깨어 있을 때 분명히 그가 건강한 상태임을 잘 느낍니다. 건강이 아주 유쾌한 것임을 받아들이지 않을 정도로 둔한 사람이 있을까요? 그리고 그 유쾌함이 다른 이름으로 표현된 쾌락이 아니고 무엇입니까?

유토피아 사람들은 모든 쾌락 가운데 무엇보다도 정신적 쾌락을 추구하고, 이것을 가장 높이 칩니다. 그 이유는 대부분의 쾌락은 덕의 실천과 올바른 삶에 대한 인식에서 비롯되기 때문입니다. 육체적 쾌락 중에서는 건강을 최고로 칩니다. 음식 섭취나 그 비슷한 종류의 즐거움은 바람직한 육체적 쾌락으로 간주하지만, 단 이것은 오직 건강을 위해서입니다. 그것들은 그 자체로는 즐거운 일이 아니며 다만 질병의 교묘한 공격에 대항하는 방식으로서 중요한 것입니다. 현명한 사람은 질병에 대한 훌륭한 치료책을 찾는 대신 아예 병을 피하려 할 것입니다. 또 진통제를 찾기보다는 고통을 피할 것입니다. 그래서 이런 종류의 쾌락으로 위안을 받기보다는 차라리 그런 것들이 필요 없는 상태가 더 나은 것입니다.

만일 행복이 이런 종류의 쾌락으로 이루어진다고 믿는 사람이 있다면 그런 사람의 이상적인 삶은 끊임없이 기근, 갈증, 가려움을 느끼고서는 그다음에 먹고 마시고 긁는 일이 계속되어야 할 것입니다. 그런 삶이 구역질나는 정도를 넘어서 비참하기 이를 데 없다는 것을 누군들 모르겠습니까? 이런 쾌락은 불순물이 섞여 있는 가장 저급한 수준의 것입니다. 즉 그 반대되는 고통과 짝을 이루어야만 존재하기 때문입니다. 예를 들어 기아는 먹는 즐거움과 연결됩니다. 하지만 쾌락보다 고통이 훨씬 더 강하고 오래가기 때문에 양자는 동등한 짝이라고 할 수 없습니다. 고통은 쾌락보다 앞서가다가 쾌락과 함께 끝납니다. 그래서 유토피아 사람들은 이런 종류의 쾌락에 대해서는 삶에 필요한 때만 제외하면 높은 가치를 부여하지 않습니다. 하지만 그들은 이런 저급한 쾌락 역시 긍정적으로 받아들입니다. 이에 대해서는 어머니인 자연이 아이들을 잘 구슬리고 설득해서 어차피 해야 하는 것들을 즐거운 마음으로 하도록 친절하게 인도한 것이라고 여기고 고마워합니다. 그렇지 않고 마치 병을 치료하듯이 기아와 갈증이라는 일상의 병을 씁쓸한 약과 물약을 가지고 이겨 내야 한다면 우리 인생은 얼마나 비참하게 되겠습니까!

유토피아인들은 미, 힘, 영민함 등을 자연의 특별한 그리고 즐거운 선물로서 기꺼이 받아들입니다. 청각·시각·후각의 쾌락 역시 인생의 특별한 양념거리로서 기꺼이 받아들입니다. 이런 즐거움은 자연이 특별히 인간에게만 허락한 것이라고 생각합니다. 다른 동물들은 우주의 형상과 사랑스러움을 느끼지 못하며, 다만 음식을 찾을 때가 아니라면 좋은 냄새도 원하지 않고, 조화로운 음향과 불협화음을 구분하지도 못합니다. 그러나 유토피아 사람들은 이 모든 쾌락 가운데 작은 쾌락이 큰 쾌락을 간섭하면 안 되고 그 어떤 쾌락도 고통이 뒤따라서는 안 된다는 법칙을 준수합니다. 사이비 쾌락에는 반드시 고통이 수반된다고 봅니다.

게다가 그들은 육체의 아름다움을 경멸하거나, 자신의 힘을 손상시키거나, 에너지를 소진해 무기력하게 만들거나, 단식으로 몸을 무력하게 하거나, 건강을 해치거나, 혹은 자연적인 즐거움을 무시하는 사람은 광인으로 취급합니다. 혹시 그렇게 함으로써 다른 사람들의 복리나 공공선에 도움을 주기 위해서가 아니라면 말입니다. 만일 지금 언급한 그런 목적이었다면 신으로부터 더 큰 보답을 받을 것입니다. 그렇지 않다면 그런 사람은 누구에게도 도움을 주지 못하고, 다만 공허한 그림자와 같은 명성만 얻습니다. 그것은 결코 일어나지 않을 허황된 역경에 대비하여 자신을 학대하는 것에 불과합니다. 유토피아인들은 그런 자들을 완전히 미친 사람으로 취급합니다. 자신에게 잔인하고 자연에 감사할 줄 모르기 때문입니다. 그는 마치 자연에 빚을 지지 않기 위해 자연의 선물을 모두 거절하는 것과 같습니다.

이것이 덕과 쾌락에 대한 그들의 생각입니다. 혹시 하늘의 계시가 인간에게 신성한 가르침을 주는 경우라면 모를까, 인간의 이성을 통해 이보다 더 확실한 결론에 이르지는 못할 것입니다. 여기에서 나는 그들이 옳은지 틀린지 판단할 시간도 없고 또 그렇게 해야 할 의무감을 갖지도 않습니다. 나는 단지 그들의 원칙을 기술했을 뿐이지 그들을 옹호할 생각은 없습니다. 그들의 견해에 대해 나 자신은 확신을 가지고 동의하지만 당신들이 어떻게 생각할지는 잘 모르겠습니다. 그러나 하여튼 세계에서 이들보다 더 행복한 민족은 없다는 점은 분명합니다.

그들의 육체는 활기차고 생기가 넘치며, 그들의 키에 비하면 (물론 그들이 결코 왜소한 것은 아닙니다만) 힘도 셉니다. 그들의 토지는 지력이 아주 좋지는 않고 기후도 최적은 아니지만, 그들은 균형 잡힌 생활로 기후의 불리함을 이겨내고 근면한 노력으로 토양을 개선하기 때문에 그 어떤 곳보다도 곡물과 가축이 풍부하고, 그 어떤 곳보다도 사람들이 활력에 넘치며 병에 잘 걸리지 않습니다. 그들은 노력과 기술을 통해 토양 개선을 하는 정도를 넘어서, 한 곳의 나무를 모두 뽑아 다른 곳에 심는 방식으로 숲을 옮겨 놓을 정도의 일을 합니다. 그렇게 하는 이유는 조림보다는 수송 때문입니다. 즉 나무가 바다, 강, 도시에 더 가까이 존재하도록 하려는 것입니다. 원거리 육로 수송의 경우 곡물보다는 목재가 훨씬 더 힘들기 때문입니다.[92]

92 수송의 편의를 위해 숲을 옮겨 심는 것이 현명한 일인지 의심스럽다.

학문을 배우는 즐거움

이곳 사람들은 일반적으로 온순하고 명랑하고 슬기로우며 여가 생활을 좋아합니다. 꼭 필요한 때는 힘든 일을 잘해 냅니다만, 그렇지 않은 경우 육체노동을 좋아하지는 않습니다. 그러나 지적인 일에는 지칠 줄 모릅니다. 그들이 우리에게 그리스인들의 문학과 학문에 대해 들었을 때 (라틴어로는 몇몇 역사가들과 시인들 말고는 그 사람들이 즐길 만한 것이 별로 없으리라는 것이 우리들 생각이었습니다) 그들이 그리스어를 얼마나 열심히 배우려고 하는지 정말로 놀라울 정도였습니다. 우리는 그들에게 그리스어를 가르쳤는데, 처음에는 그들이 좋은 성과를 거두리라고 기대했다기보다는 그들의 청을 거절하면 우리가 게으른 사람들로 비칠까 두려웠기 때문입니다. 그런데 곧 그들의 열성을 보니 우리가 시간을 허비한 것이 아니라는 확신을 가지게 되었습니다. 그들은 문자를 매우 빨리 습득하고 발음을 아주 정확하게 하며 무척 빨리 문장들을 외우고 또 아주 정확하게 암송해서 거의 기적 같아 보였습니다. 물론 우리에게 배운 학생들은 상당한 수준의 학자들로서 비상한 능력과 완숙한 정신 때문에 뽑힌 사람들임이 분명합니다. 그리고 그들은 스스로 원해서 우리와 공부를 했다기보다 국가의 명령에 따라 한 것입니다. 채 3년이 되지 않아서 그들은 그리스어를 완벽하게 배웠고 최상의 그리스 작가들 작품을—문장 자체가 문제가 없는 경우라면—유창하게 읽었습니다. 혹시 그들의 언어가 원래 그리스어와 비슷하기 때문에 쉽게 배우는 것은 아닌지 생각해 보기도 했습니다. 그들의 언어는 여러 면에서 페르시아어와 비슷하지만, 도시 이름이나 공직 이름에서 그리스어의 흔적을 꽤 자주 볼 수 있어서 그들 언어가 그리스어에서 유래한 것은 아닐까 하는 생각이 듭니다.

네 번째 여행을 떠날 때 나는 배에 상품 대신 상당히 큰 책 꾸러미를 실었습니다. 그때 나는 아예 귀국하지 않을 작정이었지요. 그런 이유로 이 나라 사람들은 플라톤의 저작들 대부분과 많은 아리스토텔레스의 책들, 테오프라스토스의 『식물론』 같은 책들을 받았던 것입니다.[93] 마지막에 언급한 이 책은 안타

깝게도 약간 손상되었습니다. 여행 중에 이 책을 바닥에 두었더니 원숭이가 못된 장난을 쳐서 이곳저곳 몇 쪽을 떼어 냈던 것입니다. 문법책으로는 내가 테오도루스를 가지고 가지 않았기 때문에 라스카리스만 있었고, 또 사전으로는 헤시키우스밖에 없었습니다. 그 외에도 디오스코리데스가 있었습니다.[94] 그들은 플루타르코스의 글을 아주 좋아하였고 루키아노스(서기 125~180년경)의 위트 넘치는 농담에 즐거워하였습니다. 시인으로는 아리스토파네스, 호메로스, 에우리피데스, 그리고 소포클레스 등을 작은 알두스 판[95]으로 받았습니다. 역사책 중에서는 투키디데스와 헤로도토스, 그리고 헤로디아노스를 받았습니다.

의학 서적으로는 내 동료인 트리키우스 아피나투스[96]가 히포크라테스의 소논문들과 갈레아누스의 요약집인 『미크로테크네』를 가지고 왔습니다.[97] 그들은 이 책들을 보유하게 되어 무척 기뻐했습니다. 사실 이 나라만큼 의사가 필요치 않은 나라도 드물지만, 이 나라 사람들은 의학을 가장 훌륭하고 유용한 지식이라고 생각합니다. 이렇게 자연의 신비를 탐사할 때 그들은 자기 자신이 커다란 기쁨을 누릴 뿐 아니라 자연의 주재자이자 창조자인 신에게도 역시 큰 기쁨을 선사한다고 생각하는 모양입니다. 다른 예술가들과 마찬가지로 신 역시 이 세계를 만들 때 누군가가 보고 찬미하기를 원한다고 생각하는 것입니다. 그런데 인간 말고 그토록 정교한 대상을 감상할 존재가 또 누가 있겠습니까? 따라서 신은 이 거대한 광경을 둔한 짐승처럼 바보스럽고 꽉 막힌 정신으

---

93 테오프라스토스Theophrastos는 아리스토텔레스의 제자인데 르네상스 시대에는 식물학의 중요 저자로서 연구되었다.

94 가자의 테오도루스가 편찬한 그리스어 사전은 이 언어를 연구하기 시작한 르네상스 시대에 대단히 유용하게 쓰였다. 5세기의 인물인 알렉산드리아의 헤시키우스는 그리스어 방언과 표현에 관한 훌륭한 책을 펴냈다. 그러나 네로 황제 시대의 인물인 아나자르바의 디오스코리데스는 사전 편찬자가 아니라 약초학 저서를 쓴 사람이다.

95 알두스Aldus사는 15세기 말에 베네치아에 설립된 출판사로서 그리스어 텍스트들을 그리스어 활자로 출판한 최초의 회사이며, 최고 수준의 디자인을 자랑하는 책들을 많이 출판하였다.

96 아풀리아 지방에 있는 작은 도시 이름인 Apina와 Trica를 이용해서 만든 이름이다.

97 히포크라테스(기원전 5세기)와 갈레아누스(서기 2세기)는 수많은 의학 서적의 저자로 알려져 있으며, 후대에 이들의 책을 번역, 확대, 요약, 혼합하여 많이 출판하였다.

DELL'HISTORIA

DELLE PIANTE, DI THEO=
PHRASTO LIBRI TRE,
Tradutti nouamente in lingua.
Italiana da Michel Ange=
lo Biondo Medico.

PER CAGION DI QVEI, CHE,
ne una ne l'altra lingua possedeno, Essendo
per cio, la sua dottrina, molto necessa=
ria, non solamente a gli'agricol=
tori, ma, anchora a i Ret=
tori di corpi humani, et
a quei che trat=
tano li ri=
medij,
QVAI S'OPRANO IN DISCA=
ciare li morbi, & in conseruare la sa=
nità, del huomo, gli altri illu=
strerremo in breue.

CON PRIVILEGIO
apresso il Biondo, in Vinegia.
M D XLIX.

테오프라스토스의 『식물론』 이탈리아어 판본, 1549

로 보는 사람보다는 그의 작품을 조심스럽고 섬세하게 바라보고 찬미하는 사람을 좋아할 수밖에 없다는 것입니다.

일단 그렇게 학문의 자극을 받자 유토피아 사람들의 정신은 삶을 더 유쾌하고 편안하게 만드는 각종 기술들을 놀라울 정도로 빠르게 발전시켰습니다. 그 가운데 두 가지 기술은 분명 우리에게 배운 것입니다. 인쇄술과 제지술이 그것입니다. 이 기술의 개발은 적어도 절반은 우리 덕이고 절반은 그들의 솜씨 덕입니다. 우리가 그들에게 알두스 판 책들을 보여 줄 때 우리는 제지술과 활자 제조에 대해 이야기를 했습니다만, 우리들 가운데 누구도 그 분야의 실제 경험은 없었기 때문에 그 공정에 대해 자세한 설명은 해 주지 못했습니다. 하지만 그들은 대단히 예리한 통찰력으로 기본 원칙을 곧 파악해 냈습니다. 이전에 그들은 송아지 가죽, 나무껍질, 파피루스에다가 글씨를 썼지만 이제는 종이에 인쇄를 하게 되었습니다. 처음에는 그들의 시도가 그리 성공적이지 않았지만, 연습을 통해서 두 가지 기술을 모두 완성시켰습니다. 그들은 그리스 작가들의 텍스트를 가지고 있으므로 곧 적지 않은 책들을 만들어 낼 것입니다. 하지만 내가 앞에서 언급한 책들뿐이므로 다만 똑같은 책들을 수천 부씩 찍어 내는 것에 만족해야 했습니다.

약간의 지적인 재능이 있는 여행자들이나 혹은 세계의 여러 나라들을 광범위하게 여행해 본 사람들이 이 나라에 오면 큰 환영을 받습니다. 이 나라 사람들은 세계에 어떤 일들이 일어나는지 알고 싶어 합니다. 우리가 그토록 환대를 받은 것도 그 때문입니다. 하지만 이 나라에 장사를 하러 오는 상인들은 그리 많지 않습니다. 철 말고는 어떤 상품을 수입하겠습니까? 그렇지 않으면 금과 은인데 이것이라면 모든 사람이 외국에 수출하기보다는 자기 나라로 수입하려고 하지 않습니까? 상품을 수출하는 데도 유토피아 사람들은 외국인들을 불러들이기보다는 그들 스스로 수송하는 것을 더 좋아합니다. 자기 자신의 상품을 수송함으로써 그들은 이웃 국가 사람들로부터 더 많은 것을 배우고 항해술을 연마하는 것입니다.

노예

유토피아 사람들은 그들과 전쟁을 하다가 잡힌 포로들을 노예로 삼습니다. 그러나 노예의 자식들이 자동적으로 노예가 되는 것은 아니며, 이 점은 외국에서 노예가 된 사람도 마찬가지입니다. 대부분의 노예는 이 나라 시민 중에 아주 큰 잘못을 저지른 사람이든지, 혹은 다른 나라 출신으로서 자기 나라에서 사형 선고를 받은 사람입니다. 둘 중에 후자가 대부분을 차지합니다. 가끔 유토피아 사람들은 그런 노예를 아주 저렴한 가격에, 혹은 아예 무상으로 넘겨받아 데리고 옵니다. 이 노예들에게는 늘 족쇄를 채우고 일을 시킵니다. 유토피아인들은 자기 나라 출신 노예들을 더 가혹하게 다룹니다. 그들이 더 좋은 교육을 받았고 최선의 도덕 훈련을 받았음에도 불구하고 잘못을 저질렀기 때문에 그들의 죄가 더 무겁고 따라서 더 엄한 벌을 받아야 한다는 것입니다. 세 번째 종류의 노예는 다른 나라의 빈민 출신으로 스스로 원해서 유토피아에 노예로 온 사람들입니다. 그런 사람들은 가외의 일을 약간 더 한다는 점만 빼면 거의 시민과 같은 정도로 좋은 대접을 받습니다. 그런 일이 자주 있지는 않지만 혹시 이 사람들 중 누군가가 자기 나라로 되돌아가려고 한다면 그것을 막지 않으며 빈손으로 보내지도 않습니다.

환자와 죽어 가는 사람에 대한 간호

앞에서 이야기한 것처럼, 이 나라에서는 환자들을 아주 극진히 간호하며, 그들을 위한 약과 음식은 어느 것 하나 소홀히 하지 않습니다. 또 불치병으로 고생하는 사람들의 고통을 경감시키기 위해 많은 노력을 합니다. 환자를 방문한 사람은 곁에 앉아서 그와 대화하며 최선을 다해 위로합니다. 하지만 그 병이 치료 불가능할 뿐 아니라 극심한 고통이 계속된다면 사제와 공무원이 찾아와서 더 이상 그런 고통을 당하지 말라고 재촉합니다. 그들은 환자에게 그들이 더 이상 삶의 의무를 다할 수 없으며 그 자신과 남에게 짐이 된다는 사실을 상기시킵니다. 실제로 그는 살 만큼 산 것입니다. 그들은 환자에게 질병이 더 이상 자신을 제물로 삼지 않도록 해야 하며, 이제 사는 것이 단순히 고통에 불과하고 이 세상이 감옥처럼 된 이상 삶의 고통으로부터 스스로 해방되든지 아니면 다른 사람에게 부탁해서 해방되라고 말합니다. 그들의 견해에 따르면 이는 쾌락에 종지부를 찍는 것이 아니라 고통에 종지부를 찍는 것이므로 현명한 일입니다. 그리고 그 환자는 신의 의사意思의 해석자인 사제의 충고에 따랐으므로 그렇게 죽는 것은 신성하고 경건한 행위라는 것입니다.

이런 주장에 설득당한 사람들은 굶어 죽든지 아니면 약을 먹고 고통 없이 잠들어서 죽음을 느끼지도 못한 채 삶을 마감합니다. 그러나 당사자의 의지에 반하여 이런 조치를 취하는 일은 결코 없습니다. 또 그것에 반대한다고 해서 그런 환자에 대한 간호를 중단하지도 않습니다. 유토피아인들은 당국의 권고에 따르는 이런 자살은 명예로운 일이라고 봅니다. 그러나 사제와 당국의 동의 없이 스스로 목숨을 끊는 자살에 대해서는 매장이나 화장할 가치도 없는 일이라 여겨서 시체를 가까운 늪지에 던져 버립니다.

결혼 풍습

여자들은 18세가 되기 전에, 남자들은 22세가 되기 전에 결혼할 수 없습니다. 혼전 성교를 하다가 발각될 경우 남녀 모두 큰 벌을 받습니다.

이들은 원수의 사면으로 형을 경감받지 않는 한 일생 동안 결혼을 하지 못합니다. 그뿐 아니라 당사자의 부모들 역시 그들의 의무를 충실히 이행하지 못한 데 대해 공공연히 망신을 당합니다. 이 나라 사람들이 이 범죄를 그토록 심하게 처벌하는 이유는 만일 난잡한 생활을 엄격하게 규제하지 않는다면 한 명의 배우자와 평생을 지내면서 온갖 소소한 불편을 함께 이겨 나가는 결혼 생활을 감내할 사람이 거의 없다고 보기 때문입니다.

결혼 상대를 고를 때 그들은 대단히 엄숙하고도 진지하게 그들의 관습을 따르는데 이것은 우리에게는 정말로 어리석고 부조리해 보입니다. 과부든 처녀든 장래의 신부가 될 사람은 책임감 있고 존경할 만한 여성 보호자의 인도 아래 신랑에게 나체로 선을 보입니다. 마찬가지로 존경할 만한 남성 보호자가 신랑을 신부에게 나체로 선을 보입니다. 우리는 이 관습에 대해 비웃고 이것이 부조리하다고 이야기했습니다. 하지만 그들은 오히려 다른 나라 사람들의 우행에 대해 조롱하는 것이었습니다. 적은 돈을 들여서 망아지를 살 때도 사람들은 의심을 품고서 잘 살펴봅니다. 망아지는 거의 벌거벗은 상태인데도 안장과 모포를 벗겨 내서 혹시 그 밑에 상처가 있지는 않은지 잘 보고 나서야 사려고 합니다. 그런데 일생 동안 기쁨 아니면 고통을 초래할 배우자를 고르면서 사람들은 참으로 부주의하다는 것입니다. 신체의 모든 부위는 천으로 가리고 다만 손바닥만 한 얼굴만 보고 매력적인지 아닌지 판단하지 않습니까. 그래서 상대편의 마음을 상하게 하고 결국 그 때문에 일생 동안 서로 증오할지도 모를 위험을 안고 결혼하게 되는 것입니다. 전적으로 성격만 보고 결혼할 정도로 현명한 사람은 많지 않습니다. 또 그런 현명한 사람이라 하더라도 훌륭한 성격의 부가적인 요인으로서 육체적 아름다움을 찬미하게 마련입니다. 남자가 아내를 멀리하게 만들 만큼 심각한 육체적 결점이 의복 밑에 숨겨져 있을 가능성은 얼마든지 있습니다. 그런데 아내와 헤어지기에는 이미 늦은 뒤에야 그것을 알게 되면 어떡하겠습니까. 결혼 후에 그런 결점을 알게 되면 유토피아 사람들은 그것을 자기 운명이라고 생각하고 참아야 하므로, 이들은 더욱 주의하여 사전에 법적인 보호 장치를 강구하는 것입니다.[98]

이토록 주의를 기울이는 또 다른 이유는 이 나라야말로 일부일처제를 시행하는 유일한 곳이기 때문입니다. 사별하지 않는 한 이들의 결혼은 깨지는 법이 없습니다. 물론 간통이나 참을 수 없이 힘겨운 일이 일어난 경우에는 이혼을 허락합니다. 이혼 시에 그런 피해를 입은 당사자는 원로원이 재혼을 허락해 주지만, 가해 당사자는 불명예롭게 간주되어 차후 영구히 재혼할 수 없습

98 모어는 첫 번째 아내를 맞이할 때 두 여자 가운데 젊은 여자가 더 마음에 들었으나 마음을 상하게 하는 것이 두려워서 나이 많은 여자를 아내로 맞았다고 한다. 아내를 잘 선택하는 문제에 대한 설명에서 망아지(영어로 colt)를 예로 든 것은 분명 그의 첫 번째 아내 이름 Jane Colt와 관련이 있다고 한다.

벌거벗은 채 선을 보는 남녀, 1715년 출간본에 수록된 삽화

니다. 남편은 육체적인 결점을 근거로 아내를 억지로 내칠 수 없습니다. 가장 곤경에 처한 사람을 방기하는 것은 잔인한 일이라고 생각하기 때문입니다. 그리고 특히 노년에 들어 배우자를 내쳐서는 안 된다고 보는데, 노년은 병을 동반하는 정도가 아니라 그 자체가 병이므로 이때야말로 배우자가 가장 필요하다는 것입니다.

가끔 결혼한 부부가 더 이상 함께 지내기 힘들어지고, 또 각자 더 조화롭게 살 수 있을 것 같은 사람을 발견하는 일이 일어납니다. 이때는 원로원의 동의 아래 두 사람은 합의 이혼하고 각자 재혼할 수 있습니다. 그렇지만 이것은 원로원 의원들과 그 아내들이 조심스럽게 조사해 본 다음에 허락합니다. 그 경우에도 이혼 허가는 쉽게 나지 않는데, 그 이유는 만일 새로운 결합이 쉽게 가능하다는 생각을 하게 되면 부부가 함께 가정을 이어 가는 것이 어려워지기 때문입니다.

간통에 대해서는 가장 심한 노예제의 형벌을 내립니다. 범법자가 기혼자라면 이혼하게 되며, 그 배우자는 원하는 경우 다른 사람과 재혼할 수 있습니다. 그러나 배우자가 여전히 상대방을 사랑한다면 이 결혼은 지속되지만, 단 노예에게 부과된 노동을 부부가 함께한다는 조건 아래서 그렇습니다. 때로는 범법자의 참회와 그 배우자의 헌신적 태도가 원수를 감동시켜서 두 사람 모두에게 자유를 회복시켜 주는 일이 있습니다. 하지만 두 번째로 간통죄를 범하는 경우에는 사형에 처합니다.

처벌, 재판, 관습

다른 범죄에 대한 형량은 미리 정해져 있지 않습니다. 원로원은 개별 범죄의 경중에 따라 상응한 벌을 정합니다. 범법 행위가 위중해서 공개 처벌이 공공의 이익에 더 적합하다고 판단되는 경우가 아니라면 남편이 아내를, 그리고 부모가 아이들을 처벌합니다. 일반적으로 중범죄는 노예형으로 다스리는데, 이것이 사형보다 범죄 예방에 효과적이고, 또 국가에 도움이 된다고 보는 것입니다. 노예는 범죄가 결코 득이 될 수 없다는 사실을 항구적으로 그리고 시각적으로 상기시키는 효과가 있습니다. 노예들이 자신의 처지에 불만을 품고 봉기한다면 마치 막대기나 사슬로 길들일 수 없는 짐승을 그렇게 하듯이 즉각 사형에 처합니다. 그러나 노예가 참을성 있게 행동하면 아무런 희망 없는 상태로 두지는 않습니다. 오랫동안 고역을 치름으로써 그들이 벌을 받는 이상으로 참회하는 모습을 보인다면 원수의 사면에 의해서건 혹은 국민투표에 의해서건 노예 상태를 경감하거나 완전히 해방시켜 줍니다.

불순한 행위를 기도한 사람은 실제 그렇게 한 사람과 똑같은 처벌을 받습니다. 미수라 하더라도 그것은 실제 범죄를 행한 것과 마찬가지로 나쁜 짓입니다. 범죄 행위를 하기 위해 의도적으로 노력한 범죄인은 설사 결과적으로 범죄 행위에 실패했다고 해서 더 나을 것이 없습니다.

그들은 어릿광대들을 아주 좋아하며, 어릿광대들을 모욕하는 사람을 경멸합니다. 어릿광대들을 보고 즐거워하는 것은 자유이며, 또 그것이 어릿광대들 자신에게도 이롭다고 봅니다. 어릿광대들의 행위나 코믹한 말에 대해 즐거워하지 않을 정도로 지나치게 진지하고 심각한 사람에게는 어릿광대를 돌보는 일을 맡기지 않습니다. 어릿광대의 유일한 재능에서 즐거움을 찾지 못하는 사람이라면 그를 친절하게 대하지 않으리라고 보는 것입니다.

어떤 사람이 불구라고 놀리면 불구인 사람이 아니라 놀리는 사람이 천박한 자로 간주됩니다. 그는 달리 어쩔 수 없는 사람을 비난하기 때문입니다.

타고난 아름다움을 소홀히 하는 것은 우둔한 성격의 표시이지만, 화장은 가증스러운 가식이라고 봅니다. 그들은 아내가 아무리 육체적으로 아름답다고 해도 남편에게 더 큰 애정을 불러일으키는 것은 아내의 성실성이라는 것을 경험을 통해 잘 알고 있습니다. 소수의 사람은 아름다움 하나에만 매혹되기도 하지만, 덕과 순종 없이는 그런 사랑은 오래가지 못합니다.

그들은 형벌을 통해 범죄를 예방할 뿐 아니라 명예를 고양함으로써 덕을 장려하기도 합니다. 나라에 많은 봉사를 한 뛰어난 사람의 동상을 광장에 세워서 훌륭한 선행의 기억을 보존하고 후대의 시민들이 조상의 영광을 따르도록 권면하는 것입니다.

유토피아에서는 공직을 얻겠다고 지나치게 애쓰는 사람은 오히려 아무런 공직도 얻지 못합니다. 일반적으로 그들은 애정과 선의 속에서 살아갑니다. 공무원들은 결코 오만하거나 접근하기 힘든 인물들이 아닙니다. 그들은 통상 '아버지'라고 불리고 또 실제 아버지처럼 행동합니다. 공무원들이 존경을 억지로 강요하지 않아도 시민들이 자발적으로 존경을 표합니다. 원수라도 의복이나 왕관으로는 일반 시민과 구분되지 않습니다. 그는 다만 곡물 한 단을 들고 가는 것으로 구분되는데 이는 고위 성직자가 밀랍 초로 구분되는 것과 유사합니다.[99]

그들은 아주 소수의 법률만 가지고 있습니다. 그들은 워낙 교육을 많이 받았기 때문에 많은 법이 필요 없습니다. 그들 생각에 다른 나라의 결점은 법률과 그에 대한 해설서가 지나치게 많다는 점입니다. 다 읽을 수 없을 정도로 양이 많고 누구도 명백하게 이해하지 못할 애매모호한 법률들로 사람을 옭아매는 것은 대단히 불공정한 일입니다. 변호사란 사건 수를 늘리고 싸움을 증폭시키는 부류로서 유토피아에서는 전혀 필요 없는 존재라고 주장합니다. 모든 사람이 각자 자신의 사건에 대해 스스로 변론하고, 변호사에게 말할 내용을 바로 판사에게 이야기하면 됩니다. 이것이 모호성을 줄이고 진리에 더 가까이 가는 길입니다. 사람들은 변호사가 조장하는 속임수 없이 자기 속내를 이야기합니다. 그러면 판사가 각각의 논점을 심사숙고하여서, 능수능란한 사람들이 단순한 사람들에게 하는 허위에 찬 비난으로부터 그들을 보호합니다. 이해하기 힘든 복잡한 법률들이 어마어마하게 많은 다른 나라에서라면 이런 식의 순수한 판단이 이루어지기 힘들 겁니다. 그러나 유토피아에서는 모든 사람이 법률 전문가가 될 수 있습니다. 이미 말한 대로 법률의 수가 적고 또 어떤 법이라도 가장 명백한 해석이 최상의 것이라고 생각하기 때문입니다. 그들의 관점에 따르면 모든 법은 각자에게 자신의 의무를 깨우쳐 주는 것이 유일한 목적입니

99 곡물은 번영을 상징하고 초는 전망vision을 상징한다.

다. 미묘한 의미는 사람들이 알아듣기 힘들기 때문에 깨우쳐 주는 바가 거의 없는 반면, 단순 명료한 의미는 모든 사람에게 도움이 됩니다. 법이 분명치 않다면 그것은 무용한 것입니다. 단순한 생각을 가진 사람에게는(대부분의 사람들은 이런 부류이고 또 이런 부류의 사람들에게는 그들의 의무가 무엇인지 말해 줄 필요가 있습니다) 끊임없이 논쟁을 벌인 끝에 속임수를 쓰는 사람들이 해석을 내리는 식의 법은 아무런 의미가 없습니다. 보통의 평범한 사람은 이런 법률적인 궤변을 이해할 수 없습니다. 아마 일생 동안 그것을 연구하더라도, 그러는 중간에 생계를 위해 일해야 하는 점을 고려하면, 끝내 이해하지 못할 것입니다.

해외 관계

과거에 유토피아 사람들은 주변국 국민들이 폭정의 멍에를 벗어던지는 것을 도와준 적이 있습니다. 그 후 이런 나라 사람들은 유토피아의 덕을 찬미하게 되고 그래서 자신들을 통치해 달라고 부탁하게 되었습니다. 이렇게 해서 누구는 1년, 누구는 5년의 임기 동안 그 나라에 파견되어 봉사했습니다. 그 기간이 끝나서 명예와 칭송을 받으며 귀국하면 다른 사람이 파견됩니다. 이런 나라들은 그들의 행복과 안전을 지키는 탁월한 계획에 대단히 만족해합니다. 한 나라의 복리와 파멸이 전적으로 공무원들의 자질에 달려 있다고 할 때, 돈의 유혹에 넘어가지 않는 유토피아인들보다 더 나은 선택이 어디 있겠습니까? 이들은 조만간 귀국해야 하는데 귀국하면 돈이 쓸모없게 되므로 돈을 받을 염려가 없고, 또 그들이 통치하는 도시의 일에 대해서는 이방인이므로 정실이나 파당 의식이 작용할 여지가 없습니다. 정실과 탐욕이라는 이 두 가지 악이 인간의 마음에 뿌리내리면 곧 모든 정의의 파괴자가 됩니다. 사회의 가장 강력한 접합제인 정의가 파괴되는 것입니다. 유토피아인들은 자신들이 지사를 보내준 나라를 '동맹'이라 부르고 도움을 준 나라를 '우방'이라고 부릅니다.[100]

---

100 동맹socius은 언제나 우방amicus이지만 그 역은 성립하지 않는다.

다른 나라들은 늘 조약을 맺었다가 파기하고 다시 맺는 일을 반복하지만, 유토피아인들은 결코 조약을 맺지 않습니다. '자연'이 사람들 간의 연결을 적절하게 잘 맺어 주는데 동맹 조약이 무슨 필요가 있습니까? 그들이 이런 생각을 확고히 하게 된 이유는 세계 각지에서 국왕들 간의 조약과 동맹이 대개 성실하게 지켜지지 않기 때문입니다.

물론 유럽에서는 어느 곳에서나 조약의 권위가 신성불가침한 것으로 여겨져 잘 지켜지는 편이고 특히 기독교권에서는 더욱 그러합니다. 그 이유는 우선 국왕들이 모두 정의롭고 덕성스럽기 때문이지만, 동시에 교황에 대해 사람들이 존경과 경외감을 가지기 때문이기도 합니다.[101] 교황 자신이 성실히 이행하지 못할 일은 결코 약속하지 않을뿐더러, 각국의 통치자들에게 어떤 방법으로든 그들이 한 약속을 지키라고 명령합니다. 만일 누군가가 그 점에 항의한다면, 교황은 종교적인 제재와 강력한 비난을 통해 약속을 지키도록 만듭니다. 특별히 '성실한 신자'라고 불리는 사람이 자신이 한 엄숙한 약속을 지키지 않으면 더욱이나 불명예스러운 일이라는 교황의 선언은 정말로 타당합니다.

그렇지만 지리적으로 먼 만큼이나 관습과 생활 방식이 우리와 판이한 신세계에서는 아예 조약을 신뢰하지 않습니다. 형식이 장대할수록, 또 서약이 많고 엄숙할수록, 그것들은 금방 깨집니다. 지배자들은 조약의 표현에서 꼬투리를 잡는데 사실 그런 것들은 그들이 일부러 집어넣은 것들이기 쉽습니다. 그래서 조약을 깰 구실은 얼마든지 찾을 수 있습니다. 그 어떤 조약이라도 정부가 거기에서 빠져나갈 방도를 찾지 못할 정도로 강력하고 명백하게 작성된 것은 없습니다. 그들은 언제나 조약의 내용들을 어깁니다. 만일 장사하는 사람들이 그런 종류의 술수, 속임수, 사기를 저지른다면 정의를 주장하는 정치가들은 그들을 큰소리로 비난하고, 이런 신성 모독적인 자들은 교수대로 보내야 한다고 주장할 것입니다. 그러나 그들 자신이 국왕에게 똑같은 종류의 속임수

101 이 말은 실제 그렇다기보다 비꼬는 것임이 분명하다. 당시 모든 왕이 조약을 완전히 무시했음은 물론 알렉산더 6세나 율리우스 2세 같은 교황들은 그보다 더 심했다.

를 충고하면서는 자신이 똑똑한 사람이라고 여기는 것입니다. 그래서 일반인들은 정의란 국왕의 위엄과는 거리가 멀고 그저 소박한 서민들에게나 어울리는 덕이라고 생각하게 됩니다. 또는 이 세상에는 두 종류의 정의가 있는데, 하나는 일반 서민들에게만 적용되는 저급한 것으로서 쇠사슬에 묶인 채 땅바닥을 기는 정의이고, 다른 하나는 군주들의 정의로서 훨씬 더 자유롭고 장엄해서 원하는 것은 다 하고 원하지 않는 것은 하지 않아도 된다고 생각합니다.

이렇게 국왕들이 조약을 잘 지키지 않는 것을 보았기 때문에 유토피아인들이 조약을 피하게 된 것이 아닐까요? 만일 그들이 유럽에서 살았다면 아마도 생각을 바꾸었겠지요. 하지만 그들은 설사 조약이 잘 준수된다고 해도 어쨌든 조약을 맺는 것 자체가 좋은 일은 아니라고 봅니다. 조약을 체결한다는 것은, 작은 산이나 개울처럼 아주 작은 지리적 제약에 불과한 국경 때문에 자연의 결속력이 미치지 못한다는 것을 뜻합니다. 즉, 사람들은 적과 경쟁자로 태어났으며, 조약으로 규제를 가하지 않는 한 서로를 공격한다는 것을 전제로 합니다. 게다가 그들은 조약이 정말로 우정을 강화하지는 않는다는 것을 잘 압니다. 극히 면밀하게 약탈을 불법으로 규정하지 않는 한, 조약을 맺는 양측은 서로 상대방을 희생시킬 권리를 가지기 때문입니다. 이에 비해 유토피아인들은 어떤 위해를 가한 적이 없는 한 사람을 적으로 간주해서는 안 된다고 봅니다. 그리고 자연적인 동료애가 조약만큼이나 훌륭한 것이며, 협정보다는 선의에 의해, 또 말보다는 진심에 의해 사람들이 더 굳건히 뭉친다고 보는 것입니다.

전쟁

그들은 전쟁이 오직 짐승들에게나 걸맞은 행위이지만[102] 다른 어느 짐승보다 사람들이 더 자주 저지르는 행위라고 생각하며 경멸합니다. 세계의 다른 어

102 bellum(전쟁)의 어원을 belua(짐승)로 상정하는 것은 민간어원설에 따른 것이다. 실제로는 맞지 않는다.

느 민족과 달리 그들은 전쟁에서 얻은 영광만큼 영광스럽지 않은 것은 없다고 봅니다. 그러면서도 그들은 필요한 경우에 대비하여 정해진 날에 모든 남녀가 군사 훈련을 합니다. 그들은 오직 합당한 이유가 있을 때에만 전쟁을 합니다. 그것은 자국 영토의 수호, 적군의 침입을 받은 우방 국가의 보호, 그리고 폭정과 예속의 압박을 받는 민족의 해방 같은 것입니다. 인간적인 동정심을 발휘하여 유토피아인들은 우방 국가가 직면한 당장의 위험에서 지켜 줄 뿐 아니라, 그들이 과거에 당했던 피해에 대해 원수를 갚아 주기도 합니다. 그러나 그것은 우선 우방국과의 협의를 통해 전쟁의 대의를 확인하고, 당사국에게 사과를 요구했으나 거절당했을 때에만 가능합니다. 바로 그럴 경우에만 전쟁을 선포할 수 있다고 봅니다. 이런 마지막 조치는 우방 국가가 침략당했을 때만이 아니라, 그 나라 상인들이 외국에서 불합리한 법률로 인해—혹은 법 자체는 합당하나 그것을 왜곡함으로써—피해를 보았을 때도 해당합니다.

얼마 전에 알라오폴리트인들에 대해 네펠로게트인[103]들이 투쟁을 벌였을 때 유토피아인들이 그들을 도와 전쟁을 개시한 것은 다름 아닌 이런 까닭에서였습니다. 유토피아인들이 볼 때, 알라오폴리트에 거주하는 네펠로게트 상인들에게 정의를 핑계로 부정의가 저질러졌습니다. 그 다툼의 옳고 그름이 어떘든지 간에 이것은 곧 격렬한 전쟁으로 발전하여 이웃 국가들도 전력을 다해 개입했고, 모두 증오를 품게 되었습니다. 번영을 구가하던 여러 나라들이 완전히 폐허가 되었으며 그렇지 않은 나라들도 큰 피해를 입었습니다. 전쟁 전에는 비교가 안 되게 약세였던 네펠로게트인들이 결국 알라오폴리트인들을 패배시키고 이들을 노예화하였습니다(유토피아는 이익을 취하려고 참전한 것이 아니므로 그들 자신은 패전국 국민을 노예로 데려가지는 않았던 것입니다).

이처럼 유토피아인들은 단순히 금전적인 문제라 하더라도 그들의 우방에게 피해가 가는 경우에는 극심하게 응징을 가합니다만, 오히려 그들 자신의 권리를 침탈당한 경우에는 그렇게 엄격하지 않습니다. 그들이 사기를 당해 피

103 Alaopolitae는 '눈먼 도시', Neophelogetae는 '구름에서 태어난 나라'의 뜻이다.

해를 보았으나 신체적인 피해를 입지 않았을 때는 피해 보상이 이루어질 때까지 교역 관계를 끊는 정도로 그치곤 합니다. 자신들보다 우방 국가 시민을 더 소중히 여겨서 그런 것은 물론 아닙니다. 동맹국 상인들이 피해를 본 경우에는 당사자들의 재산을 잃는 것이지만, 유토피아인들이 어떤 것을 상실한 경우 그것은 이 나라에 풍부하게 존재하는 공동 소유물 가운데에서 잃은 것입니다. 그것은 매우 풍부해서 어차피 수출되었을 것들입니다. 따라서 개인적으로는 아무런 피해도 입지 않은 것입니다. 자기 국민의 생명과 삶에 전혀 영향을 미치지 않는 작은 피해에 대해 많은 병사의 목숨을 빼앗으며 복수한다면 너무 잔인한 일이라고 보는 것입니다. 그러나 이 나라 사람들 중 어느 누구라도 외국 정부에 의해서든 개인에 의해서든 생명을 잃거나 불구가 되었다면, 그들은 우선 이 사태를 조사할 사절단을 파견하고 그 일에 책임이 있는 자를 넘기라고 요구합니다. 만일 그 요구가 거절될 경우 그들은 지체 없이 전쟁을 선포합니다. 만일 요구한 책임자를 넘겨받으면 그 사람은 사형에 처하거나 노예로 삼습니다.

유토피아인들은 유혈 끝에 승리를 얻은 경우 그에 대해 유감스럽게 생각하는 정도를 넘어 수치로 생각합니다. 아무리 좋은 것을 얻는다 해도 유혈은 지나치게 큰 비용이라고 보는 것입니다. 그러나 만일 교묘한 술수로 적을 물리친 경우 그들은 대단히 기뻐하고 그 승리를 공공연히 축하하며 그 훌륭한 업적을 기리는 기념비를 세웁니다. 그들은 이 행위야말로 진정 인간다운 덕성을 발휘한 결과로서, 다른 어느 동물에게도 불가능하고 오직 인간에게만 가능한 승리라고 칭송합니다. 이성의 힘으로 거둔 승리이니까요. 곰, 사자, 멧돼지, 늑대, 개 등등의 동물들은 육체를 가지고 싸웁니다. 그것들은 모두 인간보다 힘과 용맹성에서 더 우월합니다. 그러나 인간은 지혜와 이성으로 동물들을 능가하지 않습니까.

그들이 전장으로 갈 때 목표로 삼는 유일한 일은, 만일 적이 애초에 양보하고 넘겨주었다면 아예 전쟁이 일어나지도 않았을 바로 그 대상물을 확보하는 것입니다. 하지만 그것을 얻지 못하는 경우에는 그들에게 손해를 끼친 자들에 대해 가혹한 복수를 해서 두 번 다시 같은 일을 감행하지 못하게 합니다. 이런 일을 하는 이유는 명성과 영광을 얻기 위해서가 아니고 위험을 피하기 위해서입니다.

전쟁이 일어나면 그들은 곧바로 비밀 요원들을 시켜서 적국의 여러 곳에 유토피아 국가의 공식 인장이 찍힌 플래카드를 눈에 잘 띄게 걸어 둡니다. 여기에는 그들의 왕을 죽이는 자에게 거액을 지불한다는 내용이 적혀 있습니다. 그 외에도 여러 사람들 이름을 거명해 놓고 이들을 살해한 사람들에게는 왕보다는 적지만 역시 상당한 거액을 약속합니다. 그들은 왕 다음으로 전쟁 발발에 책임이 있는 자들입니다. 리스트에 오른 사람을 생포해 오는 경우 상금은 두 배가 됩니다. 그 리스트에 올라 있던 사람 자신이 자기 동료를 잡아 오는 경우에도 역시 똑같은 상금을 주고 신변을 보호해 줍니다. 그 결과 유토피아의 적국 주민들은 곧 서로를 의심하게 됩니다. 그리고 상황이 위험해지면 곧 공황 상태에 빠집니다. 그들은 왕을 비롯해서 많은 사람이 바로 그들이 믿는 사람들에게 자주 배신당했음을 잘 압니다. 이처럼 뇌물이 범죄를 일으키는 데 아주 유효하다는 것은 잘 알려져 있습니다. 그래서 유토피아인들은 거액의 상금을 아낌없이 씁니다. 그들의 비밀 요원들이 얼마나 큰 위험을 감수하는지 잘 알기 때문에 상금은 위험에 비례하여 증가합니다. 그래서 거액의 금만이 아니라 우방 국가 영토 안의 안전한 장소에 소재한 토지도 약속하며 나중에 실제로 약속한 것들을 반드시 이행합니다.

이처럼 매수를 통해 적의 목숨을 위태롭게 하는 것은 세계 어느 곳에서나 저질의 인간들이 행하는 비열한 행위로서 비난받습니다. 하지만 유토피아인들은 오히려 이것을 현명하면서도 자비로운, 훌륭한 정책으로 간주합니다. 무엇보다도 직접 전투를 벌이지 않고도 승리를 얻지 않습니까? 다만 몇몇 죄인들을 희생시킴으로써 많은 무고한 사람의 목숨을 구합니다. 그렇지 않았다면 아군이나 적군 모두 많은 사람이 목숨을 잃었을 것입니다. 이 나라 사람들은 자국 시민들만큼이나 희생된 적군 병사들에 대해서도 연민을 느낍니다. 일반 서민들은 원해서가 아니라 통치자의 광기 때문에 전쟁에 나간다는 것을 잘 알기 때문입니다.

만일 이 계획이 실패로 끝나면, 왕의 동생이나 여타 귀족들이 왕권을 노리도록 불화를 부추깁니다. 이런 내부적인 불화가 가라앉으면 다음에는 적국의 주변 국가들이 그동안 잊고 지냈던 과거의 지배권을 되살려 냄으로써—왕들은 그런 사례들을 많이 가지고 있는 법입니다—싸움을 선동합니다.[104]

유토피아인들은 이웃 국가에 전쟁이 일어나면 도와주기로 한 재원을 아낌없이 제공합니다. 그럼으로써 자국 국민의 생명을 지키는 것입니다. 그들은 자국민의 생명을 아주 높이 쳐서 국민 한 사람의 생명을 다른 나라 왕의 생명과도 바꾸지 않습니다. 그들은 원래 금은을 전쟁 목적에만 사용하려고 보유하고 있었기 때문에 주저하지 않고 지불합니다. 금과 은을 전부 다 써 버린다고 해도 그들은 아무 일 없이 잘 살아가기 때문입니다. 앞에서 언급했듯이 여러 국가들이 유토피아에 부채를 지고 있기 때문에 외국에도 많은 자금을 보유하고 있습니다. 그 돈을 가지고 각국에서 용병을 고용하는데 그중 대표적인 나라가 자폴레타[105]입니다.

유토피아에서 동쪽으로 500마일 떨어진 이 나라 사람들은 드세고 야성적이며 용맹스럽습니다. 그들이 자라난 환경은 거칠고 험한 숲과 산지입니다. 이 사람들은 어떤 집에서 살든 혹은 무엇을 입든 개의치 않고 아무런 사치를 모르며, 더위와 추위, 힘든 일을 잘 참는 강인한 민족입니다. 그들은 농사 대신 목축을 합니다. 그들 대부분은 사냥과 도둑질로 연명합니다. 이들은 타고난 전사로서 늘 전투를 고대하고 있습니다. 다시 말하면 기회가 있을 때마다 싸움에 뛰어드는 것입니다. 이들 가운데 많은 사람이 자기 나라를 떠나서 전사를 필요로 하는 사람 누구에게나 싼값에 고용됩니다. 그들이 생계를 유지하기 위해 할 수 있는 유일한 기술이 바로 살인입니다.

---

104 모어는 이 책의 앞부분에서 히슬로다에우스의 입을 빌려 그 같은 술수가 궁정인들의 저열한 짓이라고 비난하였다.

105 Zapolete는 '바쁜 장사꾼'이라는 뜻으로서 스위스인을 가리키는 것으로 보인다. 스위스인은 오랫동안 유럽에서 가장 유명한 용병들이었다.

그들은 자신에게 돈을 지불하는 고용인을 위해 용기와 충성을 다해 싸운다고 하지만, 정해진 기간 내내 그런 것은 아닙니다. 오늘 싸우는 적이 내일 돈을 조금 더 준다고 하면 곧바로 그쪽 편으로 가서 싸우기도 하고, 그다음 날 원래 고용주가 돈을 더 준다고 하면 다시 돌아오기도 합니다. 전쟁이 일어났을 때 이들이 양쪽 편 모두에서 싸우는 경우도 비일비재합니다. 피를 나눈 친척 혹은 오랫동안 함께 전투를 벌인 전우가 양편에 갈라져서 맞서는 일이 매일 일어납니다. 그러면 지난날의 혈연이나 동료 관계는 깨끗이 잊고 격렬하게 서로 싸우는데, 그 이유는 다름 아니라 양쪽 왕이 지급하는 얼마 안 되는 돈을 얻기 위해서입니다. 그들은 너무나도 돈을 탐내기 때문에 약간만 돈을 더 준다고 해도 금세 편을 바꾸려고 합니다. 그들은 탐욕에 사로잡혀 있지만, 그렇게 피를 흘려 가며 번 돈을 추잡한 일들에 탕진해 버리므로 결국 손에 쥐는 것은 하나도 없게 됩니다.

자폴레타인들은 다른 어느 나라 사람들보다 많은 돈을 지불하는 유토피아를 위해 기꺼이 싸우려고 합니다. 유토피아인들은 옳은 일에 옳은 사람들을 선택하는 데에도 힘쓰지만 이처럼 나쁜 일에는 나쁜 사람들을 골라서 이용합니다. 전쟁이 일어나면 이들은 큰돈을 미끼로 해서 자폴레타인들을 가장 위험한 곳으로 내몰아 버립니다. 자폴레타인들은 워낙 많이 전사하므로 약속했던 돈을 찾으러 오지 않는 경우가 많지만 살아 돌아온 사람에게는 충실히 약속을 지켜서 거액을 지불해 줍니다. 그래야 다음에 다시 고용할 수 있으니까요. 유토피아인들은 자폴레타인들이 얼마나 많이 죽든 상관하지 않습니다. 오히려 이 구역질 나고 사악한 인간들이 지상에서 완전히 멸종되어 마땅하다고 생각합니다.

자폴레타인 외에 다른 보조 군사력으로는 유토피아가 군사 원조를 해 준 나라의 군인들, 그리고 기타 우방 국가들의 원군들을 이용합니다. 그리고 가장 마지막으로 자국 군인들을 투입하는데 이 중에서 용맹이 뛰어난 사람이 전군의 지휘를 맡습니다. 그리고 두 명의 보조 지휘관이 더 있어서, 만일 원래의 지휘관이 살해되거나 포로로 잡히는 경우 한 사람이 지휘관을 맡고, 그마저도 무슨 일이 일어나면 나머지 한 사람이 지휘를 맡습니다. 전쟁이란 알 수 없는 일이므로 이런 식으로 대비하여 지휘관의 상실로 전체 군대가 약화되는 일이 없게 만드는 것입니다.

해외 파견병으로는 지원병만 보냅니다. 이들은 각각의 도시에서 선발된 사람들입니다. 누구든지 본인 의사에 반해서 해외 파병을 하지는 않습니다. 왜냐하면 천성적으로 겁이 많은 사람은 기껏해야 유약한 행동을 할 것이고 그 결과 동료들의 사기를 떨어뜨리게 될지도 모르기 때문입니다. 그러나 유토피아 자체가 침략당했을 경우에는 모든 사람이 동원됩니다. 그래서 유약한 사람이라 하더라도 몸이 튼튼하기만 하면 전함 위에서 용감한 병사들 사이에 배치하든지 혹은 도망갈 가능성이 아예 없는 성채 위 여기저기에 배치합니다. 그래서 동료들에게 뒤진다는 수치심, 적이 가까이 있어서 생겨나는 필사적인 심정, 그리고 아예 도망갈 가능성이 없다는 사정으로 인해 공포심을 떨쳐 버리고 그 결과 할 수 없이 용감한 군인이 되는 것입니다.

누구도 자기 의사에 반해서 해외에 파병되는 일이 없는 것과 마찬가지로, 여성들도 원하면 남자들과 함께 군대에 복무하는 것을 막지 않습니다. 여성들의 참전을 금하지 않는 정도가 아니라 오히려 장려하고 또 칭송합니다. 여성들은 전선에서 남편들 옆에 배치됩니다. 그리고 그 주위에 자식들과 친척들을 배치해서, 자연히 서로 도울 수밖에 없는 사람들끼리 협력하도록 만듭니다. 배우자 중에 한편만 살아 돌아온다든지, 아들이 아버지를 잃고 돌아오는 경우 비난을 피하지 못합니다. 그 결과 적이 계속 버티면 격렬한 육박전이 오랫동안 지속되어서 때로는 모든 사람이 전멸하기도 합니다.

내가 관찰한 바에 따르면, 그들은 용병을 사용해서 전쟁을 끝낼 수 있는 한 자신이 직접 싸우는 것을 극구 피합니다. 하지만 일단 전쟁에 돌입하게 되면, 이전에 가능한 한 전쟁을 피하는 데 신중했던 만큼이나 싸움에서 용감해집니다. 초기에는 그렇게 용맹하지 않으나 전투가 지속될수록 점점 과단성을 더해가고 끈질기고도 강력한 저항을 합니다. 그들의 정신은 아주 강건해서 전장에서 밀리느니 차라리 죽음을 선택하려 합니다. 그들은 국내에서 생계를 이어 가는 문제, 혹은 가족의 장래에 대한 걱정(가장 강인한 정신의 소유자라 하더라도 대개 겪을 수밖에 없는 문제들입니다)을 하지 않습니다. 그 결과 사기가 오른 그들은 무적의 병사가 되는 것입니다. 그들은 자신들이 훌륭한 군사 훈련을 받았다는 것을 알고 있으므로 더욱 확신에 차 있습니다. 또 어릴 때부터 모범 사례들과 애국주의의 원칙에 따른 교육을 받고 자라서 더 큰 용기를 내는 것입니다. 그들은 생명을 아무렇게나 던져 버릴 정도로 값싸게 생각하지도 않고, 그렇다고 전쟁에서 항복하게 되었을 때 수치스럽게 목숨을 구걸할 정도로 연연해하지도 않습니다.

주목할 사실 하나는 전쟁이 한창 절정에 이르렀을 때 일단의 최정예 병사들이 특별한 선서를 한 후 적장을 공격하러 나선다는 점입니다. 그를 직접 공격하기도 하고 비밀 함정을 설치하기도 하며, 가까운 곳에서든 먼 곳에서든 계속해서 그에게 타격을 가합니다. 노병들이 지쳐 떨어져도 계속 신병이 투입되기 때문에 공격이 항시 지속됩니다. 결국 적장이 도망치지 않는 한 그를 살해하거나 사로잡지 못하는 일이 거의 없습니다.

전쟁에서 승리했을 때 그들은 적을 살해하기보다는 포로로 잡으려고 하기 때문에 대량 학살이 일어나지는 않습니다. 그들이 도망병들을 추적할 때는 반드시 병사들을 모아서 군기 아래 하나의 전선을 이루어 전진하며, 항시 전열이 흐트러지지 않도록 주의합니다. 그들은 이 점에 특히 주의를 기울여서, 만일 마지막 예비 병력을 가지고 승리를 거둔 경우(그 나머지 병력은 패퇴했다고 가정합시다) 자신들의 병력을 분산시켜 가면서 도망병들을 추적하기보다는 차라리 그들이 도망가도록 놔둡니다. 그렇게 하는 데는 몇 차례 특별한 경험을 한 바가 있기 때문입니다. 언젠가 적이 유토피아의 주력군을 패퇴시킨 후 분산해서 잔병들을 추적하였습니다. 이때 예비 병력으로 남아 있던 일부 유토피아 군인들이 기회를 엿보다가 적군이 이제 안심해도 되겠다고 판단하고 방비를 느슨히 한 바로 그 순간에 역공을 감행하였습니다. 그렇게 해서 갑자기 전세가 역전되었고 유토피아 군인들이 최종 승리를 거두었던 것입니다.

그들이 매복에 더 능숙한지 아니면 적의 매복을 피하는 데 더 능숙한지는 말하기 어려울 정도입니다. 그들이 후퇴를 결정했을 때는 적이 전혀 눈치채지 못하게 행합니다. 만일 그들의 수가 열세여서 공격이 힘들 때, 혹은 지형이 불리할 때는 밤에 적이 눈치채지 못하게 책략을 써서 몰래 이동해 버립니다. 낮에 후퇴해야 하는 경우에는 점진적으로 그리고 아주 질서정연하게 움직이므로, 적으로서는 유토피아의 군대가 공격 중일 때와 마찬가지로 이처럼 후퇴할 때도 그들을 공격하는 것이 어렵습니다. 그들은 또 캠프 주변에 깊고 넓은 해자를 파고 흙으로 성벽을 쌓아서 강력한 요새를 만듭니다. 이 일은 노동자를 이용하지 않고 병사들이 스스로 합니다. 이때는 적의 기습 공격을 피하기 위해 요소요소에 보초를 세우는 외에는 모든 병사가 작업에 동원됩니다. 많은 인력이 투입되므로 넓은 지역을 포괄하는 거대한 요새를 대단히 빠른 속도로 완성할 수 있습니다.

그들이 입는 갑옷은 적의 타격으로부터 몸을 보호해 주면서도 몸동작에 불편함이 없게 되어 있습니다. 심지어 갑옷을 입고 수영도 할 수 있는데, 사실 이들의 군사 훈련 중 한 가지가 갑옷을 입고 수영하는 법입니다. 먼 거리의 적과 대치하는 경우 쏘는 화살은 아주 정확하고도 강력한 힘으로 발사되고, 또 땅 위에서뿐 아니라 말 위에서도 발사가 가능합니다. 근접 거리의 전투에서는 칼보다 전투용 도끼를 사용합니다. 날카롭고도 묵중한 이 도끼를 휘두르든가 내리치면 치명적인 피해를 입힐 수 있습니다. 그들은 전쟁용 기계 발명에도 뛰어나지만, 이런 것들이 실제 사용되기 전에 알려지면 적의 웃음거리가 되고 효과도 반감되므로 조심스럽게 은폐합니다. 이런 기계들을 고안할 때는 이동과 사용이 편하도록 큰 주의를 기울입니다.

유토피아인들이 적과 휴전을 할 때는 이를 거의 종교적으로 엄수하여, 설사 도발을 당해도 휴전 조약을 깨려 하지 않습니다. 그들은 적지를 노략질하거나 수확물을 불태우지 않습니다. 더 나아가서 가능하면 사람이나 말이 논밭을 짓밟는 것도 막는데 나중에 그들 자신이 이 곡물을 필요로 할지 모른다고 생각하기 때문입니다. 또 첩자가 아닌 한 무장하지 않은 민간인을 해치지 않습니다. 어느 도시가 항복했을 때는 그곳을 전혀 건드리지 않습니다. 심지어 돌격을 감행할 때도 약탈을 피하며, 다만 항복을 방해한 자들을 사형에 처하고 나머지 군사들을 노예로 삼을 뿐 일반 시민들은 해치지 않습니다. 주민 중에 항복을 권한 사람들이 있다면 그들에게 압수 재산의 일부를 나누어 주고, 동맹국 사람들에게 나머지를 분배합니다. 그러나 유토피아인들 자신은 결코 전리품을 취하지 않습니다.

전쟁이 끝나면 그 비용을 걷되 동맹국이 아니라 정복당한 적국에게 부과합니다. 한편으로 배상금 명목의 돈을 받아서 앞으로의 전쟁 비용으로 준비하고 다른 한편으로 토지를 받아내서 풍부한 소득원으로 삼습니다. 이런 식으로 얻은 땅이 여러 나라에 걸쳐 있고 그 양이 조금씩 늘어나서 이제 그로 인한 소득이 연 70만 두카트[106]에 달합니다. 이 재산 관리를 위해 재정 담당관들을 해외에 파견합니다. 그들은 현지에서 중요한 인물로 대접받으며 아주 화려한 생활을 하는데, 그러고도 거액이 남아서 공공 금고에 보관하기도 하고 때로는 정복당한 나라에 돈을 빌려 주는 일도 자주 있습니다. 필요한 경우 이 돈을 회수하지만 그동안 빌려 준 돈을 전액 환수하는 경우는 흔치 않습니다. 앞에서 언급했듯이 이런 토지 재산의 일부는 전쟁에서 큰 위험을 감수한 사람들에게 나누어 줍니다.

외국의 군주가 침략해 들어오면 유토피아인들은 즉각 전력을 다해 반격하되 자기들 국경 바깥에서 전쟁을 벌입니다. 자기들 영토 안에서 전쟁을 하는 것은 가급적 피하며, 어떤 일이 있더라도 동맹군 군대가 이 나라에 진입해 들어오는 일이 없도록 예방합니다.

종교

이 섬 전체에 걸쳐서 믿는 것이든 각 도시에서 믿는 것이든 여러 형태의 종교

106 Ducat. 이 화폐는 당시 국제 무역에서 많이 쓰이던 베네치아 두카트를 가리킨다. 이 액수는 현재 가치로 정확하게 얼마인지 계산할 수는 없으며, 이 문맥에서도 다만 많은 금액을 가리킨다.

들이 있습니다. 어떤 사람은 태양을, 어떤 사람은 달을, 또 어떤 사람은 다른 별을 신으로 경배합니다.[107] 또 덕과 영광이 뛰어난 지난 시대의 위인을 경배하는 사람들도 있습니다. 이들은 그 위인을 단지 보통의 신이 아니라 최고신으로 간주합니다. 그러나 대부분의 유토피아 사람들, 특히 그 가운데 현명한 사람들은 그런 종류의 것을 믿지 않습니다. 그들은 대신 하나의 힘을 믿는데, 그것은 불가지하고 영원하며 무한하고, 인간 정신의 이해를 훨씬 넘어서 설명이 불가능하며, 물질적으로가 아니라 권세로서 우주 전체에 퍼져 있다고 봅니다. 이런 존재를 그들은 '아버지'라고 부르며, 모든 가시적인 사물의 기원, 성장, 진보, 변화, 종말의 원인을 그에게 돌립니다. 따라서 그 외의 다른 어떤 존재에 대해서도 신성한 권위를 인정하지 않습니다.

유토피아의 여러 종파들은 개별적인 교리는 다르지만, 그럼에도 한 가지 사실에는 모두 동의합니다. 그것은 이 우주의 창조주이며 지배자로서 하나의 최고 존재만이 있다는 점입니다. 그들의 언어로 이를 미트라[108]라고 부릅니다. 사람들마다 이 동일한 최고 존재를 다양한 방식으로 규정하면서 경배합니다. 이렇게 각자 다르게 규정할지 모르지만, 최고 존재란 세계의 모든 사람이 공통적으로 동의하는 바와 같이, 세상의 모든 사물의 연원이 되는 유일한 힘과 권위 같은 성격이라고 그들은 이야기합니다. 그러나 점차 그들은 이 미신들의 혼합체에서 벗어나와 최고의 이성을 가진 한 종교로 귀일해 가고 있었습니다. 그러나 개종을 시도하던 일부 유토피아 사람들에게 몇 가지 불행한 사건들이 일어났는데, 만일 이런 일만 없었던들 다른 종교들은 분명히 아주 오래전에 사라져 버렸을 것입니다. 여러 사람이 이 일을 우연한 사건이 아니라 버림받은 신들이 분노하여 자신들이 입은 모욕에 대해 복수한 것이라고 추론했던 것입니다.[109]

107 하늘의 여러 빛은 페르시아 사상의 영향을 받은 곳에서 흔히 숭배의 대상이 되었다.

108 페르시아식의 이름이다.

109 고대 로마 제국의 몰락에 대해 이와 같이 기존의 신들이 자신에 대한 경배를 소홀히 한데 대해 복수한 것이라고 해석하는 견해가 있었으며, 아우구스티누스가 이에 대해 비판을 가하였다.

유토피아인들의 종교는 고대 페르시아의 영향을 받은 흔적이 보인다. 바위에서 태어나는 미트라, 작자 미상, 서기 180~192년경

그들이 우리에게서 예수의 이름을 듣고, 또 그의 가르침, 그의 삶, 그의 기적에 대해서, 또 원근의 여러 나라를 기독교로 이끌기 위해 피 흘린 많은 순교자의 놀라운 헌신에 대해서 듣고 얼마나 큰 감동을 받았는지 믿지 못할 정도입니다. 신의 신비로운 영감에 의해서 그랬는지, 아니면 기독교가 그들 사이에 이미 널리 퍼진 그 종교와 워낙 비슷해서 그런지, 그들은 곧바로 기독교에 경도되었습니다. 하지만 내 생각에는 예수가 사도들에게 공유 생활을 권고했으며, 또 가장 신실한 기독교 신도들 사이에 아직도 그런 방식이 지속된다는 사실 때문에 그들이 큰 영향을 받은 것 같습니다.[110] 이유가 무엇이든 간에 그들 중 적지 않은 수의 사람들이 우리 기독교에 동참했고 성스러운 세례를 받았습니다. 그런데 이즈음에 우리 가운데 두 명이 죽어서 네 사람만 남게 되었고 무엇보다도 유감스럽게도 사제가 없게 되었습니다. 그래서 다른 일에서는 그들이 가르침을 받았지만, 오직 사제만이 할 수 있는 성사[111]는 할 수 없었습니다. 그렇지만 이제 그들은 성사가 어떤 것인지 확실히 알게 되었고 그래서 더욱 성사를 갈구했습니다. 급기야 이 사람들은 교황의 특별한 선교단이 오지 않더라도 그들 가운데 한 사람을 뽑으면 그가 합법적으로 사제 기능을 맡을 수 있는지 여부에 대해 진지하게 토론을 벌였습니다. 내가 떠날 무렵에는 거의 한 사람을 선출하는 데까지 이르렀습니다만 그 결과가 어떻게 되었는지는 보지 못하고 왔습니다.

기독교를 받아들이지 않은 사람이라도 다른 사람의 기독교 개종을 막는다든지 비난하지는 않습니다. 내가 그곳에 있을 때 기독교도 중 한 사람이 사법적인 제지를 당한 일이 있습니다. 이 사람은 세례를 받자마자 분별력을 잃고는 공공연히 기독교를 전도하고 나섰습니다. 우리가 그렇게 하지 말라고 만

110 사도들의 공유 생활 측면에 대해서는 사도행전의 다음 구절을 보라. "믿는 사람은 모두 함께 지내면서, 모든 것을 공동으로 소유하고, 재산과 소유물을 팔아서 모든 사람에게 필요한 대로 나누어 가졌다."(2:44~45) "많은 신도가 다 한마음 한뜻이 되어서, 누구 하나도 자기 소유를 자기 것이라 하지 않고, 모든 것을 공동으로 사용하였다."(4:32~35)

111 聖事: "예수께서 세우신 눈에 보이는 형식을 통해서 눈에 보이지 않는 하느님의 은혜를 전달하는 의식"으로서, 성세, 견진, 고백, 성체, 병사, 결혼, 신품 성사의 일곱 가지가 있다.『가톨릭 교리사전』

류했음에도 불구하고, 그 사람은 우리의 종교를 선호하는 정도를 넘어서 다른 종교들을 사악하다고 비난하고, 다른 종교들을 따르는 불성실하고 신성 모독적인 사람들은 지옥 불에 떨어질 것이라고 비난했습니다. 그가 오랫동안 이런 식으로 행동하자 유토피아 사람들은 그를 체포했습니다. 그는 다른 종교를 비난한 죄가 아니라 공공질서를 어지럽힌 죄로 재판을 받아서, 결국 추방형을 선고받았습니다. 이 나라에서는 어떤 종교도 강요해서는 안 된다는 것이 가장 오래된 규정 중의 하나입니다.

우토푸스 왕은 이 섬에 오기 전에 이미 이곳 주민들이 종교 문제 때문에 끊임없이 싸운다는 이야기를 들었습니다. 사실 이 섬 사람들은 그들끼리 싸우느라고 그에게 제대로 항거를 못했기 때문에 쉽게 정복당한 것입니다. 그래서 이 섬을 정복하자마자 그는 칙령을 내려서 모든 사람은 자신이 선택한 종교를 믿을 수 있으며, 조용하고 겸손하고 합리적으로, 또 남에게 고통을 가하지 않는다는 조건으로 전도를 할 수 있게 하였습니다. 설득에 실패했다고 해서 힘을 남용하거나 폭력에 의존할 수는 없으며 이를 위반한 사람은 추방형 혹은 노예형에 처했습니다.

우토푸스가 이런 법령을 정한 것은 물론 끊임없는 투쟁과 화해 불가능한 증오로 인하여 평화가 위협받는 것을 막기 위해서지만 동시에 종교 그 자체를 위해서이기도 했습니다. 종교 문제에 대해서 그는 성급하게 교리화dogmatize하려 하지 않았습니다. 확신할 수는 없지만 신은 아마도 다양한 경배 방식을 좋아하며 그래서 의도적으로 사람들이 여러 다른 견해를 갖도록 영감을 불어넣었으리라고 추론한 것입니다. 반면, 위협이나 폭력을 통해 자신의 믿음을 강요하는 사람은 오만한 우행을 저지르는 것이라고 확신했습니다. 그의 견해에 따르면 만일 어떤 종교가 정말로 옳고 다른 것들이 모두 그르다면, 그리고 만일 사람들이 이성적이고 겸손하게 판단한다면, 그 진정한 종교가 결국 자신의 강점으로 인해 다른 종교보다 우세하게 되리라는 것입니다. 하지만 만일 이 문제를 싸움과 폭동으로 해결하려 한다면, 가장 저급한 사람들이 대개 가장 완고한 법이므로 최선의 신성한 종교가 맹목적인 미신 때문에 위축될 것입니다.

이는 마치 가시풀과 잡초 때문에 좋은 곡물이 고사枯死 하는 것과 같은 이치입니다. 그래서 우토푸스는 이 모든 문제를 공개해서 각자 자신이 믿고자 하는 바를 스스로 선택할 수 있도록 하였습니다. 그가 제시한 유일한 예외는 영혼은 육체와 함께 사멸한다든지, 혹은 이 우주는 신성한 섭리에 의해 다스려지는 것이 아니라 순전히 우연에 의해 지배받는다고 생각함으로써 인간의 품위를 극도로 손상시키는 자를 엄격히 규제한다는 법입니다.[112]

그러므로 유토피아인들은 사후에 악행에 대해서는 벌을 받고 덕행에 대해서는 상을 받는다고 믿습니다. 그리고 이를 믿지 않는 사람은 영혼의 숭고함을 짐승의 비참한 육체 수준으로 격하시키므로 거의 사람도 못 된다고 여깁니다. 그리고 이런 자를 엄격하게 제지하지 않는다면 분명히 사회의 모든 법과 관습을 깰 것이 틀림없으므로 동료 시민으로도 쳐주지 않습니다. 법 말고는 두려워하는 것이 없고 사후에 생명을 얻는다는 희망도 없는 사람이라면 자신의 개인적 이익을 위해 교묘하게 국법을 어기고 폭력으로 법을 파괴하기 위해 어떤 짓도 마다하지 않을 것입니다. 그래서 그런 견해를 가진 사람에게는 어떠한 명예도 주지 않고, 공직도 맡기지 않으며, 공적인 책임도 부과하지 않습니다. 그런 사람은 더럽고 저열한 자로 치부하는 것이지요. 그렇더라도 이런 사람을 처벌하지는 않습니다.[113] 그 누구도 다른 사람의 의지에 따라 신앙을 결정할 수는 없다고 믿으니까요. 그들은 견해를 바꾸라고 강요하지 않을뿐더러 이런 문제에서 기만이나 거짓을 허용하지 않습니다. 이런 것들은 의도적인 악행만큼이나 나쁘다고 보기 때문입니다. 이 나라 사람들은 종교적 견해를 두고 일반인들끼리 언쟁을 벌이는 것은 금지하지만, 사제 혹은 그 외의 덕망 있는 인사 앞에서는 언쟁을 허용할 뿐 아니라 장려합니다. 왜냐하면 결국 그런 사람의 광기가 이성 앞에 굴복하리라고 확신하기 때문입니다.

---

112 이 시대의 기독교도들처럼 유토피아인들은 영혼의 불멸성에 대해서 교조적dogmatic이다. 이 점은 따로 설명하기보다 믿음의 문제인 것이다.

113 이런 사람을 육체적으로 처벌하지는 않는다 하더라도 바로 앞에서 언급한 것처럼 사실상의 공개 모욕, 공직 배제, 공중 앞에서 의사 표시 금지 등을 가하는 것은 이단에 대한 공공의 처벌과 유사하다 할 것이다.

적지 않은 수의 사람들은 정반대의 실수를 합니다. 즉, 동물들도 불멸의 영혼을 가지고 있다고 주장하는 것입니다.[114] 물론 동물의 영혼이 우리 영혼과 똑같은 수준은 아니며 우리와 같은 천복을 누리지는 않는다고 하지만 말입니다. 이 사람들은 사악한 부류가 아니고 그들의 의견이 전적으로 비이성적인 것도 아니라고 보기 때문에 이들에 대해서도 전혀 간여하지 않습니다.

대부분의 유토피아 사람은 사후에 사람들이 누리는 행복이 지대하고 영원하다고 절대적으로 확신합니다. 그래서 질병에 대해서는 슬퍼하지만, 죽음에 대해서는 슬퍼하지 않습니다. 다만 더 살고 싶어 애달파하면서 절망 속에 죽어 가는 사람에 대해서는 안쓰러워합니다. 이 나라 사람들은 이것을 아주 나쁜 징조로 여깁니다. 마치 영혼이 자신의 죄를 의식하여 불안해하고 그래서 장차 맞게 될 처벌의 비밀스러운 징후 때문에 죽음을 두려워한다고 믿는 것입니다. 그뿐 아니라 신께서는 어떤 사람이 소환 받았을 때 기꺼이 응하지 않고 질질 끌며 그의 뜻을 거스르는 경우 그를 환영하지 않으리라고 생각합니다. 그런 죽음은 사람들에게 공포감을 주어서, 사람들은 우울한 침묵 속에서 시체를 묘소로 운구해 갑니다. 그곳에서 신에게 그의 영혼에 자비를 베풀고 그의 허약함을 용서해 달라고 빈 후 땅속에 시체를 묻습니다. 그러나 좋은 희망을 품고 행복감 속에 죽은 사람에 대해서는 슬퍼하지 않으며, 그런 사람의 시체는 즐거운 분위기 속에서 운구해 간 뒤 다 함께 노래 부르면서 고인의 영혼을 신에게 바칩니다. 그들은 슬픔보다는 존경의 마음으로 화장하고 비석을 세워 죽은 사람의 공적을 기록합니다.[115] 집에 돌아와 사람들은 고인의 성격과 생전의 행적에 대해 이야기하지만, 무엇보다도 고인이 훌륭한 태도로 죽음을 맞이한 사실을 가장 자주 또 즐거운 마음으로 언급합니다.

이 나라 사람들의 생각으로는 고인의 좋은 자질들을 회고하는 것은 산 사람들이 덕성스럽게 행동하는 데 도움이 되고 또 죽은 사람에 대한 최고의 예우

---

114 피타고라스주의자들이 대표적이다.

115 매장보다 화장이 더 영광스러운 이유는 불분명하다.

유토피아인들의 장례, 1715년 출간본에 수록된 삽화

가 된다는 것입니다. 그리고 죽은 사람의 영혼은 실제로 산 사람 사이에 있으며 그래서 우리가 그들에 대해 이야기하는 것을 듣는다고 믿습니다. 다만 산 사람의 눈이 둔해서 그들이 보이지 않을 뿐이지요. 죽은 이들이 지극한 천복을 누리는 상태에 있다면 그들은 원하는 곳 어디든지 돌아다닐 수 있으며, 따라서 살아 있을 때 사랑하고 존경한 친구들을 다시 찾아올 수밖에 없다고 믿는 것입니다. 다른 모든 좋은 일이 그렇듯이, 선한 사람이 지니고 있던 사랑과 존경은 죽은 다음에라도 줄어드는 것이 아니라 증가합니다. 그리하여 죽은 사람들이 자주 찾아와 우리의 말과 행동을 관찰합니다. 그래서 이 나라 사람들은 그런 수호 영령들에 의지하는 덕분에 더 큰 확신을 가지고 살아갑니다. 또 죽은 조상들이 주변에서 우리를 지켜본다는 믿음 때문에 비밀리에 수치스러운 일을 하지 않으려 합니다.

다른 나라에서는 예언이나 그 외의 미신을 진지하게 받아들이지만, 이 나라 사람들은 그런 것을 우스꽝스럽고 경멸할 만한 일로 칩니다. 그러나 자연법칙에 따르지 않는 기적에 대해서는 신성한 힘의 직접적인 발현이라 보고 아주 중시합니다. 그들은 자기 나라에 기적이 자주 일어난다고 보고합니다. 가끔 그들은 아주 위급한 시기에 기적을 행해 달라는 기도를 공적公的으로 합니다. 이렇게 아주 확신에 차서 기대하다 보면 실제로 기적이 이루어집니다.

자연에 대한 면밀한 관찰과 또 그에 따른 존경심은 신에 대한 찬미 행위에 해당합니다. 아주 소수이기는 하지만 종교적인 동기 때문에 학문을 거부하고 전혀 공부를 하지 않으며 여가 생활도 모두 포기한 채 오직 선행에만 전념하는 사람도 있습니다. 이런 사람들의 의견은 전력을 다해 자선 사업을 하면 사후에 행복의 가능성이 커진다는 겁니다. 그래서 그들은 아주 부지런히 일을 합니다. 병자를 돌보고, 도로를 고치고, 도랑을 청소하고, 다리를 다시 놓고, 풀, 자갈, 돌멩이를 치우고, 나무를 베고, 목재, 곡물 등의 물품들을 수레에 싣고 도시에 수송하는 일을 합니다. 이들은 공중을 위해서든 혹은 개인을 위해서든 노예보다 더 열심히 일합니다. 다른 사람들이 고단하고 지루하고 보람 없는 일이라 여겨서 하지 않으려는 거칠고 힘들고 더러운 일들을 오히려 기꺼운 마음으로 맡아서 합니다. 스스로는 힘든 고역을 도맡아 하면서 여가는 다른 사람들에게 돌리지만 그렇다고 그에 대한 공적을 인정해 달라고 바라지도 않습니다. 그들은 다른 사람이 살아가는 방식을 비난하지 않고 자신의 방식을 자랑하지도 않습니다. 이들이 노예처럼 처신할수록 그만큼 더 존경을 받습니다.

이 사람들은 두 부류로 나뉩니다. 첫 번째 견해를 가진 사람들은 독신으로 지내며 성행위를 일체 금할 뿐 아니라 고기도 먹지 않습니다(어떤 사람은 모든 종류의 동물성 음식을 먹지 않습니다). 그들은 이승에서의 모든 쾌락을 해로운 것으로 여겨서 거부하고 그 대신 힘든 일과 철야 기도를 통해 저승에서 기쁨을 누리기를 희망합니다. 곧 그 기쁨을 누릴 것으로 믿기 때문에 그들은 지금 여기에서 명랑하고 활동적인 것입니다. 두 번째 견해를 가진 사람들은 힘든 일을 마다하지 않는 것은 같지만 결혼 생활을 거부하지 않습니다. 그들은 결혼 생활이 주는 위안을 부인하지 않으며, 자연에 대한 의무로서 일을 하듯이 국가에 대한 의무로서 아이들을 낳습니다. 그들의 일에 방해가 되지 않는 한 쾌락을 마다하지 않으며, 고기 역시 일을 하는 데 힘을 더해 주므로 기꺼이 먹습니다. 유토피아인들은 이 중 두 번째 사람들을 더 합리적이라고 보지만 대신 첫 번째 사람들을 더 성스럽게 여깁니다. 오직 이성에만 근거해서 독신을 고집하고 쾌적한 생활 대신 힘겨운 생활을 추구하는 사람은 불합리하다고 간주하고 비웃지만 종교적인 이유로 그런 생활을 하는 사람이라면 존경을 표합니다. 이런 사람들을 이 나라 말로 부트레스카[116]라고 하는데 이는 '대단히 종교적인 사람들'이라는 뜻입니다. 종교 문제만큼 성급한 결론을 내리지 않도록 조심해야 하는 주제도 없을 것입니다.

사제는 대단히 신성한 사람들이며 따라서 아주 소수일 수밖에 없습니다. 각 도시마다 한 교회당 한 명씩 모두 열세 명의 사제가 있습니다. 전시에는 이 중 일곱 명이 종군하며, 그들의 자리에는 보좌 사제 중에서 임시로 이들을 대신할 사람이 임명됩니다. 전쟁이 끝나서 정식 사제가 돌아오면 임시직인 이 사람들

116 Buthresca는 그리스어로 '신앙심이 큰'이라는 뜻이다.

은 원래 자리로 되돌아갑니다. 사제 중 누군가가 죽으면 보좌 사제 중 한 명이 후임으로 임명됩니다. 그리고 사제들 가운데 최고 사제가 나머지 사제들을 지휘합니다. 다른 모든 공직과 마찬가지로 사제 역시 시민들의 선거로 선출하는데, 이는 파당을 배제하기 위해서입니다. 이렇게 선출된 사람은 선거 후에 사제단에 의해 서임식을 합니다.

사제들의 주요 업무는 신성한 예배를 주도하고, 종교 의례를 정하며, 공중 도덕을 감시하는 것입니다. 사제 앞에 출두하여 명예롭지 못한 생활을 한 데 대해 비판을 받는 것은 아주 큰 수치입니다. 사제의 임무는 다만 상담과 충고에 그치고 범법자의 교정과 처벌은 통치자와 공무 담당자의 일이지만, 특히 사악한 인간이라고 판단되는 경우에는 사제가 그 사람을 예배에서 배제해 버립니다. 이보다 더 무서운 벌은 없습니다. 이렇게 파문당한 사람은 큰 수치를 느끼고 파멸의 공포에 싸입니다. 심지어 육체적 안전도 보장받지 못합니다. 이런 사람은 자신이 참회한 사실을 신속하게 사제에게 인정받지 못하면 원로원이 체포하여 처벌합니다.

사제들은 아이들과 청년들의 교육도 맡아서 합니다. 이때 훌륭한 예절과 순수한 도덕심의 교육이 지식의 축적만큼이나 중요한 것으로 간주됩니다. 아직 어리고 마음이 여릴 때부터 이 나라를 지키는 데 유용한 원칙들을 주입하려고 합니다. 어린 시절에 배운 것은 어른이 되어서도 마음속에 살아남아서 이 나라를 강하게 하는 데 큰 힘이 됩니다. 사회의 쇠락은 언제나 잘못된 태도로부터 연유한 악덕에서 비롯되는 것입니다.

여성도 사제가 될 수 없는 것은 아니어서, 나이 많은 과부가 사제로 임명된 적이 있지만 이는 자주 일어나는 일은 아닙니다. 그 여사제 외에는 사제의 부인들이 이 나라에서 가장 중요한 여성들입니다.

사제만큼 큰 명예를 누리는 공무원은 없습니다. 사제가 범죄를 저지른다 해도 이들을 법정에 출두시키지 않고 다만 신과 그 자신의 양심에 맡깁니다. 사제는 신에게 성스럽게 봉헌된 사람이므로 비록 그가 죄를 지었다고 해도 사람의 손을 대는 것은 잘못이라고 생각합니다. 이 관습은 어렵지 않게 지켜집니다. 사제들이 아주 소수이고 또 대단히 조심스럽게 선발되었기 때문입니다. 지극한 선 때문에 선발되었고 도덕적 성격 때문에 존엄한 지위에 오른 사람이 타락과 악덕으로 떨어지는 일은 거의 일어나지 않습니다. 그러나 사람의 성격이란 변하는 법이므로 그런 일이 전혀 일어나지 않는다고 할 수는 없겠지요. 설사 그렇다 해도 사제가 극소수이고 그들의 명성 외에 다른 힘이 없으므로 사회에 큰 해를 끼칠 걱정은 없습니다. 사제를 그토록 소수만 선발하는 이유도 많은 사제를 뽑다 보면 존엄성이 평가 절하될 우려가 있으므로 그것을 막기 위함입니다. 그뿐 아니라 사실 일상적인 덕의 수준으로는 결코 도달할 수 없는 존엄성을 갖춘 사람은 워낙 귀하다는 것이 그들의 생각입니다.

이 나라 사제들의 명성이 국내뿐 아니라 외국에서도 높다는 점은 다음 사실에서 알 수 있습니다. 전쟁이 일어나면 유토피아의 사제들도 병사들을 따라가는데, 이들은 전장에서 약간 떨어진 곳에서 법복을 입고 무릎을 꿇은 채 하늘로 손을 뻗친 자세로 기도를 합니다. 기도 내용은 우선 평화를 주십사는 것이고 다음에는 양편에 큰 유혈 없이 자기편이 승리하게 해 달라는 것입니다. 그들 편이 승리하면 사제들은 곧장 전투원들 사이로 뛰어 들어가 자기 병사들이 격분 끝에 적군을 해치는 것을 막습니다. 적군 병사들은 사제를 부르는 것만으로 목숨을 구하고, 사제의 법복을 만지는 것으로 모든 재산 압류를 피할 수 있습니다. 이 관습이 모든 민족에게 큰 존경을 불러일으키고 또 사제들에게 진정한 권위를 부여해서, 유토피아 사람들이 적들을 살육하는 것을 막는 것과 마찬가지로 적들이 유토피아 사람들을 살육하는 것도 많이 막았습니다. 그런 사례들은 잘 알려져 있습니다. 가끔 유토피아군의 전선이 무너져서 패배를 겪고 그 결과 적들이 살육과 약탈을 하기 위해 뛰어들 때 사제들이 개입하여 양쪽 군대를 분리시키고 합당한 평화안을 체결하는 것입니다. 어느 민족이라도 이 나라 사제들의 신성불가침한 성격을 무시할 정도로 가혹하고 잔인하고 야만적이지는 않습니다.

매달 첫날과 마지막 날 그리고 매년 첫날과 마지막 날은 이 나라의 축제일입니다. 그들은 달의 운행에 따라 달을 나누고 태양의 운행에 따라 해를 나눕니다. 그들의 말로 첫 번째 날은 키네메르니라 하고, 마지막 날은 트라페메르니라 하는데,[117] 각각 '첫 축제', '마지막 축제'라는 뜻입니다. 그들의 교회는 아름답게 지어졌고 훌륭하게 장식되었으며, 수많은 사람을 수용할 수 있을 정도로 규모가 큽니다. 교회 수가 적기 때문에 이렇게 할 필요가 있는 것입니다. 교회 내부는 다소 어두운데, 이는 건축 기술이 뒤떨어져서가 아니라 일부러 그렇게 한 것입니다. 사제들이 생각하기에 실내가 너무 밝으면 신도들의 사념이 흩어지지만, 희미한 정도의 빛은 정신을 집중시키고 종교적으로 전념토록 한다는 것입니다.

앞에서 이야기한 것처럼 유토피아에는 다양한 종교가 있지만 모두 신의 본성에 대한 경배라는 한 가지 점에서는 일치합니다. 이들은 여러 길을 통하여 한 가지 목표 지점을 향해 나아가는 여행자들과 같습니다. 그러므로 교회에서는 모든 종교에 합치되는 내용만 보거나 듣게 되며, 어느 종파가 그들만의 독특한 의식을 행하고자 한다면 가정에서 해야 합니다. 따라서 교회에서는 신의 이미지를 따로 정하지 않습니다. 각자 자기 마음의 열망에 따라 자기가 원하는 대로 신의 모습을 형상화할 수 있습니다. 신적인 권위가 어떤 성격이 되었든 간에 신의 이름 역시 모두 공통적으로 부르는 '미트라'라는 말 외에는 따로 존재하지 않습니다. 그리고 그들의 기도도 다른 모든 종파의 믿음과 합치되도록 구성되어 있습니다.

'마지막 축제'의 저녁에는 모두 금식하는 가운데 이제 막 끝나가는 그달 혹은 그해에 번영을 누리게 해 준 데 대해 신에게 감사를 드립니다. 다음 날은 '첫 축제'가 되므로 사람들은 아침에 교회에 모여서 이제 막 시작된 그달 혹은 그해에 번영과 행복을 누리게 해 달라고 기도합니다. '마지막 축제' 날이 되면 교회에 가기 전에 집에서 아내는 남편 앞에, 아이들은 부모 앞에 무릎을 꿇고 그들이 행한 여러 잘못과 소홀함에 대해 용서를 구합니다. 가족 내에 분노

117 그리스어로 키네메르니Cynemerni와 트라페메르니Trapemerni의 실제 뜻은 각각 '개의 날'과 '전환의 날'이다.

와 원한의 먹구름이 끼여 있다면 그것을 없애고 맑고 안정된 마음으로 예배를 보는 것입니다. 원한에 찬 마음으로 예배를 보는 것은 신성 모독이라는 것입니다. 누군가에 대한 증오와 분노의 마음을 느끼면 화해를 하고 마음을 깨끗이 만들기 전까지는 예배에 참여하지 않습니다. 그렇지 않으면 곧 무서운 벌을 받으리라 믿고 두려워합니다.

교회에 가면 남자는 오른쪽으로, 여자는 왼쪽으로 가서 앉습니다. 그리고 남자 가족들은 남자 가장 앞에, 여자 가족들은 어머니 앞에 자리를 잡습니다. 이런 식으로 집에서 권위와 규율로 가족을 지도하는 사람이 공공장소에서도 행동을 감시합니다. 젊은 사람들은 언제나 연장자들과 함께 있도록 배려합니다. 만일 아이들끼리 둔다면 신에 대한 종교적 경외심을 기르는 데 전념해야 할 귀중한 시간을 어리석고 유치한 놀이에 허비할 수 있기 때문입니다. 종교적 경외심이야말로 덕행에 이르도록 만드는 가장 중요하고 또 거의 유일한 힘이니까요.

그들은 동물을 죽여서 희생을 바치는 행위를 하지 않습니다. 생명을 나누어 준 자비로운 신이 피를 흘리는 행위에 기뻐하지 않을 것으로 보기 때문입니다. 대신에 향을 사르고 향수를 뿌리고 많은 촛불을 켜 둡니다. 이렇게 하는 것이 기도와 같은 정도로 성스러움을 증진시키지는 않겠으나 어쨌든 그들은 이런 무해한 찬미 행위를 좋아합니다. 그들은 좋은 냄새, 빛, 의식이 정신을 고양시키고, 신의 찬미를 향한 생동감 넘치는 헌신을 불러일으킨다고 보는 것입니다.

그들이 교회에 갈 때는 모두 흰옷을 입습니다. 사제들은 다양한 색깔의 옷을 입는데, 그 옷감은 생각보다 그렇게 비싼 것이 아니지만, 대신 직조 솜씨와 장식은 아주 훌륭합니다. 옷에 금실로 수를 놓거나 보석으로 장식하지는 않았지만 대신 여러 종류의 새 깃털을 솜씨 좋게 장식해 넣어서 그 가치는 다른 귀한 재료를 사용한 것보다 훨씬 앞서 있다고 할 수 있습니다. 사제의 법복에 있는 깃털 장식의 패턴에는 상징적인 신비가 숨겨져 있으며, 그 의미는 사제들 사이에서만 조심스럽게 전수된다고 합니다. 이런 메시지들은 그들에게 신의 은총을 상기시키고, 그래서 신에 대한 감사와 그들의 의무를 일깨워 줍니다.

사제가 성의聖衣를 입고 제의실祭衣室에서 나오면 사람들은 모두 땅에 엎드려서 경의를 표합니다. 이때의 완벽하게 고요한 분위기는 마치 신이 그 자리에 있는 듯한 느낌이 들 정도로 경외감을 자아냅니다. 얼마 동안 모두 이런 자세로 있다가 사제의 신호에 따라 일어납니다. 그러고는 이 나라의 악기들에 맞추어 찬송가를 부릅니다. 이 나라 악기들은 우리의 것과 모양이 다른데, 어떤 것들은 우리 것보다 더 부드러운 소리를 내지만 어떤 것들은 비교가 안 되게 수준이 떨어지기도 합니다. 하지만 한 가지 점에서는 분명 우리보다 크게 앞서 있는데, 그것은 성악이든 기악이든 모든 음악이 자연스러운 감정을 표출하고, 소리와 주제가 완벽하게 일치한다는 점입니다. 찬송가 가사의 내용이 기쁨, 슬픔, 탄원, 고통, 분노 등 무엇이든 간에 음악은 멜로디를 통해 그 의미를 경탄스럽게도 잘 표현해서 열심히 경청하는 사람들의 마음속에 뚫고 들어가 심금을 울립니다.

마지막으로 사제와 신도들이 모두 일정한 형식의 기도를 하는데, 이는 모든 사람이 함께 기도하지만 각자 그 내용을 자신에게 적용하도록 되어 있습니다. 이 기도의 내용은 신이 우주의 창조자이자 주재자이며 모든 선한 일들을 불러일으킨 존재임을 인정한다는 것입니다. 그들은 신이 그들에게 허락한 은혜에 대해 감사하고, 특히 그들을 세상에서 가장 행복한 나라에서 살도록 해 준 데 대해, 그리고 그들이 믿기에 가장 진실한 종교적 신념을 준 데 대해 감사를 합니다. 그러나 만일 그 종교적 신념이 틀린 것이고 또 현재 그들이 믿는 것보다 더 나은 사회와 종교가 있다면 신께서 그것을 나타내 주기를 기도합니다. 그들은 언제든지 신의 인도를 받아들이려 하기 때문입니다. 그러나 만일 그들의 사회 형태가 최선의 것이고 그들의 종교가 진정한 것이라면 그들이 그것을 굳게 간직할 뿐 아니라 세상의 모든 사람도 따르게 해 달라고 기도합니다(다만 세상에 다양한 종교가 존재한다는 것이 혹시 신의 불가사의한 의지가 발현된 것이 아닐까 하는 생각도 하는 듯합니다).

그리고 이 세상에서 오래 살든 짧게 살든 그것은 상관없으나 다만 편안한 죽음을 맞은 후 신의 영접을 받게 해 달라고 기도합니다. 그러나 만일 신이 원하면 가장 고난에 찬 죽음을 맞고 곧 신 앞에 불려가도 좋다고 여깁니다. 설사 화려한 삶을 살더라도 오랫동안 신과 떨어지게 되는 것보다는 그것이 훨씬 더 낫다고 위로합니다. 이런 기도를 한 다음 그들은 다시 땅에 한동안 엎드린 뒤 일어나서 집으로 식사를 하러 갑니다. 그 나머지 시간은 놀이와 군사 훈련으로 보냅니다.

지금까지 나는 가능한 한 정확하게 이 나라에 대해 서술하였습니다. 이 나라는 내 판단으로 세상에서 가장 훌륭한 공화국commonwealth[118]일 뿐 아니라 아마도 공화국이라는 이름에 걸맞은 유일한 나라입니다. 다른 나라에서는 사람들이 모두 공공복지common wealth를 거론하지만 실제로는 자신의 복지만 생각합니다. 이에 비해 유토피아에서는 개인적인 일이 아예 없고 모든 사람이 공공사업을 열심히 추구합니다. 유토피아나 우리나라나 양쪽 모두 틀렸다고 할 수는 없습니다. 그러나 우리나라에서는 국가가 부유하게 된다고 해도 각자가 자신의 식량을 준비하지 않으면 굶어 죽을 수 있습니다. 그렇기 때문에 모두 남들보다는 자기 자신부터 돌보아야 할 필요가 절실합니다. 그러나 유토피아에서는 모든 것이 공유이므로 공공 창고가 비지 않는 한 누구도 필수품 부족에 대해 걱정할 필요가 없습니다. 분배는 그들에게 전혀 문제가 되지 않습니다. 유토피아에서는 빈민도 없고 걸인도 없습니다. 어느 누구도 소유하는 바가 없지만 모든 사람이 부자인 것입니다.

생계에 대한 근심 걱정 없이 즐겁고 평화롭게 사는 것보다 더 부유한 삶이 어디 있습니까? 누구도 돈 문제 때문에 아내의 바가지 긁는 소리에 시달리지 않고, 아들이 극빈층으로 떨어지지 않을지, 딸의 지참금은 마련할 수 있을지 걱정하지 않습니다. 누구나 자신과 가족의 생계와 행복에 대해 안심하고 지냅니다. 아내, 아들, 손자, 증손자, 고손자에 이르기까지 걱정이 없습니다. 더 이상 일을 하지 못하게 된 사람들도 열심히 일하는 사람들과 마찬가지로 잘 보

118 여기에서 commonwealth는 공공복지를 구현한 국가라는 뜻에서 '공화국'을 가리키며, 왕정과 대비되는 정치 체제로서 '공화정'의 의미는 아니다.

호받습니다.

다른 나라에서 소위 정의라 부르는 것과 유토피아의 진정한 정의를 어떻게 비교할 수 있겠습니까. 다른 나라들에서는 정말이지 조금도 정의나 공정함을 찾을 수 없습니다. 귀족이나 금세공인, 혹은 고리대금업자 같은 사람들이 일을 전혀 하지 않든가 그렇지 않으면 전혀 사회에 도움되지 않는 일을 하면서도 사치스럽고 화려한 생활을 해 나가는 곳에 무슨 정의가 있겠습니까? 반면 노동자, 목수, 농부 같은 사람들은 짐승이라도 그런 일을 하다 보면 죽을 정도로 과도한 일을 해야 합니다. 이 사람들이 일을 하지 않는다면 이 나라들은 채 1년이 못 되어 무너질 것입니다. 그렇게 중요한 공헌을 하면서도 이 사람들은 보잘것없는 수입만 벌고 매우 미천한 생활을 해서 차라리 짐승만도 못한 삶을 사는 것입니다. 짐승들이라 하더라도 1분도 쉬지 않고 일하는 법은 없고 또 먹이도 그만큼 나쁘지는 않습니다. 그리고 짐승들은 내일을 걱정하며 살지는 않습니다. 하지만 일꾼들은 현재의 보상도 받지 못하고 고통스럽게 땀 흘려 가며 일할 뿐 아니라, 무일푼으로 살게 될 노년에 대해 고민하지 않을 수 없습니다. 그들의 일당은 현재의 필요에도 부족한 형편이니 미래를 위해 저축하는 것은 불가능합니다.

이런 나라를 두고 어찌 부정의하고 배은망덕한 국가라고 하지 않을 수 있습니까? 이 나라는 일이라고는 전혀 하지 않는 소위 귀족, 고리대금업자, 금세공업자들과 그 하수인 무리에게는 풍부한 보상을 해 줍니다. 이들은 단지 기생충에 불과하고 헛된 쾌락만을 추구하는 자들입니다. 그에 비해 농부, 광부, 노동자, 마부, 목수 같은 사람들이 없으면 이 나라가 존재할 수 없는데도 이들의 복지는 전혀 아랑곳하지 않습니다. 국가는 이 사람들이 한창 좋은 시절에 수행하는 노고를 빼앗아 먹고는 이들이 늙고 병들고 지쳤을 때 배은망덕하게도 그들의 고통과 수고를 잊고 비참하게 죽도록 방치합니다. 더 나쁜 것은 부자들이 개인적인 사기 행위뿐 아니라 공공 조세 제도를 통해서 빈민들의 그 약소한 소득의 일부마저 끊임없이 빼앗으려 한다는 점입니다. 국가로부터 최대의 보상을 받을 자격이 있는 사람들이 최소의 것만 받는다는 사실 자체가 기본적으로 부정의입니다. 그런데 더 나아가서 그런 착취에 법의 이름을 들이대면서 더욱 정의를 왜곡하고 타락시킵니다. 즉 그들은 부정의를 '합법적'으로 만든 것입니다. 그래서 오늘날 번영을 구가하는 여러 공화국들에서 내가 찾아볼 수 있는 것이라고는 단지 공화국이라는 이름 아래 자신의 이익만을 더욱 불려 나가는 부자들의 음모뿐입니다.[119] 그들은 사악하게 얻은 것을 지키기 위해 온갖 수단과 방법을 동원하고, 가난한 사람들의 노력과 수고를 가능한 한 헐값에 사들일 계획을 세웁니다. 그런 것을 두고 부자들이 공화국의 이름으로 꼭 지켜야만 하는 것인 양 주장하면 곧 법이 됩니다. 도대체 공화국에 빈민들은 포함되어 있지 않다는 것입니까?

만인이 풍족하게 나누어 쓸 수 있는 재화를 탐욕스럽고 사악한 사람들끼리만 나누어 가질 때 유토피아인들의 행복과는 얼마나 큰 차이입니까! 유토피아인들은 돈을 없앴을 뿐 아니라 그와 함께 탐욕까지 없앤 것입니다! 그 한 가지만으로 도대체 얼마나 큰 고통이 사라진 것입니까! 얼마나 많은 죄의 뿌리를 잘라 낸 것입니까! 돈이 없어진다면 사기, 절도, 강도, 분쟁, 소란, 쟁의, 살인, 반역, 독살 등 온갖 범죄가 사라진다는 것을 모두 잘 알고 있습니다. 현재 우리나라에서는 이런 범죄들에 대해서 형 집행관이 응징하는 정도일 뿐 막지는 못합니다. 만일 돈이 사라진다면 공포, 고뇌, 근심, 고통, 잠 못 드는 밤이 함께 사라집니다. 빈곤 문제를 해결하기 위해서는 무엇보다 돈이 필요하다고 말하지만, 사실은 정반대로 돈이 사라지면 빈곤도 완전히 사라지는 것입니다.

이 점을 생각해 보시기 바랍니다. 흉년이 들어서 수만 명이 기아로 사망하게 되었다고 합시다. 그런데 그런 기근 끝에 부자의 곡간을 뒤져 보면 그 안에는 기근과 질병으로 죽은 사람들을 모두 살리고도 남았을 식량이 쌓여 있습니다. 그 곡물을 평등하게 나누었다면 어느 누구도 흉작의 피해를 입지 않았을 것입니다. 만일 그 저주스러운 돈이 없었다면 사람들은 생필품을 쉽게 얻었을

119 이 부분이 모어가 가장 극단적인 생각을 과감하게 표현하는 부분이지만 실은 아우구스티누스의 『신국』에 나오는 부분을 반복한 것이다. "정의를 없애 버린다면 국가는 도둑 집단이 아니고 무엇이란 말인가?"

것입니다. 돈은 생필품을 얻게 해 주는 수단이라고 말하지만 실제로는 생필품을 얻는 데 방해가 될 뿐입니다. 부자들 역시 이 점을 잘 이해하리라 믿습니다. 그들도 잘 알아 두어야할 점은, 사치품을 많이 갖는 것보다는 실제 우리 삶에 필요한 물품을 충분히 가지는 것이 더 나으며, 큰 재산을 짐 지고 있기보다는 현재의 근심 걱정에서 벗어나는 것이 훨씬 더 낫다는 점입니다. 만일 단 하나의 괴물, 즉 최악의 질병이자 만악萬惡의 근원인 오만만 없었다면, 사람들이 자신의 진정한 이익이 어디에 있는지를 알아내는 분별력과 또 우리의 구주 예수 그리스도(그분의 지혜는 반드시 최선을 알려 주시고 그분의 선의는 반드시 우리에게 좋은 권고를 주십니다)의 권위 덕분에 모든 세상 사람이 유토피아의 법을 받아들였으리라고 확신합니다.

오만은 자신이 가진 것을 통해서가 아니라 다른 사람이 가지지 못한 것을 통해 자기 장점을 재려 합니다. 오만이라는 여신은 만일 이 세상에 그녀의 비웃음과 자기 자랑의 대상이 되는 비참한 처지의 사람들이 없었다면 여신이 되지 않았을지도 모릅니다. 그녀의 빛나는 행운은 다른 사람의 비참함과 대조될 때 더 화려해지고, 그녀의 부는 다른 사람들의 가난을 고통스럽게 하고 애타게 함으로써 더 가치 있게 됩니다. 지옥에서 온 뱀인 오만은 사람의 마음속에 똬리를 틀고 있습니다. 그리고 이는 사람들이 더 나은 삶을 선택하려는 것을 막는 빨판상어[120]처럼 행동합니다.

오만은 사람 마음속에 깊이 박혀 있어서 쉽게 뽑아내지 못합니다. 그래서 최소한 유토피아인들만이라도 운 좋게 이 공화국을 이루었다는 것을 기쁘게 생각하며, 모든 인류가 그것을 따라 하기를 바랄 뿐입니다. 그들이 수용한 제도들은 그들의 공동체를 행복하게 만들었고, 또 누구나 알 수 있듯이 영원히 지속될 것입니다. 그들이 야망과 파당의 씨앗을 비롯해서 다른 악덕들을 모두 뽑아냈으므로, 내부 갈등에서 자유로울 수 있습니다. 사실 이 내부 갈등이야

120 빨판상어는 머리 위에 흡착판이 있어서 이것을 가지고 큰 물고기나 배의 밑바닥에 붙을 수 있다. 이때의 강한 흡착력을 두고 고대인들은 이 물고기가 배를 앞으로 나아가지 못하게 붙들 수 있다고 상상했다.

말로 겉으로는 안전해 보이는 여러 나라를 위태롭게 만드는 요인인 것입니다. 유토피아인들이 국내에서 조화를 이루고 그들의 제도를 건전하게 유지하는 한 주변의 탐욕스러운 국가들이 이 나라를 정복할 수도 없고 심지어는 충격을 가할 수도 없습니다. 사실 주변 국가들은 여러 차례 그런 시도를 했지만 언제나 실패만 거두었던 것입니다.

라파엘 씨가 이야기를 마쳤을 때 그가 설명한 유토피아의 관습과 법 가운데 적지 않은 것들이 아주 부조리하게 보였다. 그들의 전쟁술, 종교 의식, 사회 관습 등이 그런 예들이지만, 무엇보다도 내가 가장 큰 반감을 가진 점은 전체 체제의 기본이라 할 수 있는 공동체 생활과 화폐 없는 경제였다. 화폐가 없다는 이 한 가지만으로도 일반적으로 국가의 진정한 영광으로 여기는 귀족성, 장엄함, 화려함 및 장대함이 사라질 것이다. 그러나 라파엘 씨가 말하느라 지쳤기 때문에 이런 문제들에 대한 반대 의견에 대답을 잘할 수 있을지 의문이었다. 더구나 다른 사람들의 의견에 대해 비난할 점들을 찾아내야만 자신이 현명하다고 여기는 사람들에 대해 그가 비판한 것이 머리에 떠오르자 더욱 그런 생각이 들었다.

그래서 유토피아의 생활 방식과 또 그의 훌륭한 설명에 대해 찬사를 보내고 나서 그의 손을 잡고 식사를 하러 갔다. 그리고 우리가 나중에 시간을 내어서 이 문제들에 대해 더 깊은 의견을 나누고 조금 더 자세한 사실들을 들었으면 좋겠다고 말했다. 사실 언젠가 그런 기회가 주어지기를 지금도 고대한다.

비록 그가 의심할 바 없이 대단한 학식과 경험을 가진 것은 분명하지만, 나는 그가 말한 모든 것에 동의할 수는 없다. 하지만 고백하건대 유토피아 공화국에는 실제로 실현될 가능성은 거의 없지만 어쨌든 우리나라에도 도입되었으면 좋겠다고 염원할 만한 요소들이 많다고 본다.

토머스 모어와 인문주의자들 간의 서한들

1. 토머스 모어가 페터 힐레스에게

토머스 모어를 비롯해서 당시 인문주의자들은 국경을 넘어 서로 교류하며 우의를 나누고 있었다. 그들은 라틴어라는 공통 언어를 통해 많은 서신을 교환하였으며, 이를 통해 한 작가의 작품에 대해 그들 간에 자기 의견을 피력하고 서로 격려했다. 특기할 점은 모어 자신을 비롯해서 서신 교환에 참여하는 사람들 모두 유토피아가 마치 실재하는 곳처럼 상정하고 그에 맞추어 대화를 이어간다는 점이다. 이 '모의'를 깨고 직접적으로 유토피아가 허구라고 말하는 사람은 없다. 그러면서도 모어는 자신의 작품을 너무 있는 그대로 받아들이지 말라고 암시하는, 매우 미묘하고도 섬세한 내용을 적고 있다.

다정한 친구, 페터 힐레스에게

유토피아 국가에 대한 이 작은 책을 1년이나 지나서 당신에게 보내게 되어 부끄러운 마음이 앞섭니다. 당신은 6주 이내에 받기를 기대하셨겠지요. 당신이 잘 알다시피, 나는 관련된 자료들을 아무 문제없이 찾을 수 있었고 그것들을 정리하는 데 힘들 이유도 없었습니다. 내가 한 일은 당신과 내가 라파엘 씨로부터 들은 내용을 단순히 옮겨 적는 것뿐이었으니까요. 그뿐 아니라, 그가 한 이야기는 즉흥적이고 비공식적인 성격이었던지라 기묘한 표현을 할 이유가 없었으므로, 섬세한 말도, 억지 부리는 말도 불필요했지요. 또 당신이 잘 아시지만 그는 라틴어보다는 그리스어에 더 통달해 있는 사람입니다. 그러므로 내 표현이 그의 통상적인 단순성과 유사하면 할수록 진실에 가깝게 됩니다. 진실이야말로 이 책을 쓰는 데 내가 목표로 했던 자질입니다.

친구여, 고백하건대, 모든 자료가 완비되어 있고 거기에 내가 덧붙일 일은 거의 없었기 때문에 내가 따로 한 일은 사실상 없는 것이나 마찬가지였습니다. 자료를 억지로 모아서 정돈하는 식이었다면 아무리 재주와 학식이 뛰어난 사람이라 하더라도 많은 시간과 노력을 요했을 겁니다. 그리고 단순하게 사실적으로만 기술하는 대신 유려하게 표현해야 했다면 아무리 오랜 시간을 들여서 노력했다 해도 결국 그런 책을 쓰지는 못했을 것입니다. 평생 짐 져야 했을 법한 그런 문제들이 없다 보니 나로서는 단지 들은 내용을 써내려 가면 그만이었던 거지요. 하지만 아무리 작은 일이라 해도 내가 해야 하는 다른 일들 때문에 글 쓰는 일이 거의 불가능했습니다. 나는 하루 종일 법 문제에 매달려 있었습니다. 사건들을 청취하고 어떤 사건들은 법정 변호를 하고 어떤 것들은 타협하고 어떤 것들은 결정을 내려야 하는 일들 말입니다. 어떤 사람은 공식 직위 때문에, 어떤 사람은 재판 때문에 방문해야 했습니다. 다시 말하면 거의 하루 종일 다른 사람 일에 매달리고 나서 남은 시간에 내 일에 매달리는 것입니다. 그러고 나면 진짜 나 자신을 위한 일, 즉 공부하는 데는 거의 시간이 없었지요.

집에 돌아오면 아내와 아이들과 이야기를 나누고 또 하인들과 상의해야 합니다. 자신의 집에서 이방인이 되지 않으려면 이런 일들을 꼭 해야 하는 법입니다. 게다가 자연적으로든 운 때문이든 혹은 자신이 선택한 것이든 인생의 반려자가 된 사람들에게는 할 수 있는 한 다정하게 대해야 합니다. 물론 친숙성이나 과도한 친절로 하인을 주인으로 만들면 곤란하지요. 하여튼 이런 일들로 하루, 한 달, 한 해가 지나가 버린 것입니다.

그렇다면 도대체 언제 시간을 내서 책을 쓴단 말입니까? 더구나 나는 자거나 먹는 데에 필요한 시간은 이야기하지 않았습니다. 잠자는 시간은 우리 인생의 거의 절반을 잡아먹습니다. 게다가 먹는 일에도 자는 시간만큼이나 많은 시간을 할애하는 사람도 있습니다. 나는 식사와 취침 시간에서 일할 시간을 빼낸 것입니다. 그런 많지 않은 시간을 이용해서 결국 우리의 『유토피아』를 뒤늦게나마 완성했고 이제 당신에게 보낼 수 있게 되었습니다. 친구여, 바라건대 이 책을 통독하고 내가 놓친 것이 있는지 알려 주시기 바랍니다. 중요한 사항들 중에 잊어 먹은 것이 있을 듯하지는 않지만—내 판단과 공부가 내 기억과 일치하기를 바라는데, 사실 내 기억이 아직 절반은 살아 있을 테니까요—그래도 내가 정말 아무것도 놓치지 않았다고 확신할 수는 없습니다.

하인인 존 클레멘트John Clement가 내 마음에 큰 의심이 들도록 만들었습니다. 이 친구가 우리와 함께 있었다는 것은 당신도 아시지요. 나는 무엇인가 얻어 들을 만한 것이 있는 대화에는 꼭 이 친구를 대동합니다(그는 이제 라틴어만큼이나 그리스어에도 많은 진척을 보여서 나는 이 새싹 같은 젊은 친구로부터 좋은 수확을 얻게 되리라고 기대하고 있습니다). 어쨌든, 내가 기억하기로는 아마우로툼의 아니드루스 강에 놓여 있는 다리 길이가 500보 정도라고 히슬로다에우스 씨가 말했습니다. 그런데 존은 내가 200보나 더 크게 말했다는 것입니다. 그러니까 실제 그 강은 300보 정도라는 것이지요. 당신의 기억을 되살려 주십시오. 당신 기억이 존과 일치한다면 기꺼이 당신들의 의견에 따르고 내 잘못을 인정하겠습니다. 하지만 만일 당신도 그것에 대해 기억하지 못한다면 나는 내 기억에 따라 원래 숫자를 그대로 유지하겠습니다. 내 책에서 오류를 피하기 위해 최선을 다했기 때문에, 내가 믿지 않는 것을 말하기보다는 정직한 실수를 택하겠습니다. 요컨대, 정확하기보다는 솔직해지겠습니다.

그렇지만 당신이 라파엘 씨에게 그 일에 대해 물어보면 모든 문제가 깨끗이 풀리겠지요. 그 사람이 아직 근처에서 지낸다면 직접 물어보시고 그렇지 않으면 편지로 물어보시든지요. 그리고 내 잘못인지 당신 잘못인지 혹은 라파엘 씨의 잘못인지 확실치는 않으나, 다른 문제가 또 있어서 하여튼 꼭 라파엘 씨에게 물어보기는 해야 할 것 같군요. 도대체 유토피아가 신대륙의 어느 지역에 있는지 우리가 물어볼 생각도 안했고 라파엘 씨 역시 이야기하려고 하지 않았더군요. 이 섬이 있는 바다에 대해 내가 그렇게 많은 이야기를 써 놓고도 그 바다의 이름조차 알려고 하지 않았다는 것이 부끄럽습니다. 그러니 그 이야기를 듣는 데 많은 돈이 든다고 하더라도 놓치지 않을 겁니다. 그리고 세상에는 별의별 사람들이 다 있는지라, 신심 깊은 신학 교수 한 분이 유토피아에 가고 싶다고 그러는 겁니다. 그 사람의 동기는 한가로운 호기심 때문이 아니라, 그 섬에서 행복하게도 막 뿌리내리기 시작한 우리의 신앙을 더 북돋우기 위해서입니다. 그럴 목적으로 그는 교황으로부터 파견 명령을 받고 더 나아가서 유토피아인들의 주교로 지명되고 싶어 합니다. 그는 이 직위를 얻기 위해 아무런 망설임도 없습니다. 이것은 명예나 이득 때문이 아니라 종교적 열정으로 생겨난 성스러운 계획이라고 보기 때문입니다.

그러므로 제발이지 히슬로다에우스 씨와 연락을 취해 주십시오. 직접 만나도 좋고 혹시 그가 떠났다면 편지를 통해서라도 말입니다. 그래서 내 책에 틀린 것이 하나도 없고 올바른 것 중에 빠뜨린 것이 하나도 없음을 확인해 주셨으면 합니다. 그에게 내 책을 직접 보여 주는 것이 아마 더 합당하겠지요. 만일 내가 실수를 저질렀다면 그보다 더 잘 고쳐 줄 사람이 없지 않겠습니까. 하지만 내 책을 보지 않았다면 그도 어쩔 수 없을 테니까요. 그리고 이 기회를 빌려서 내가 그 책을 쓴 데 대해 그가 기뻐하는지 언짢아하는지도 알 수 있을 겁니다. 만일 그 자신이 책을 쓰려고 했다면 나에 대해 불쾌하게 생각할 수도 있겠지요. 내가 먼저 책을 내는 바람에 그가 쓸 이야기의 신선함을 빼앗은 결과가 되니 나로서는 참으로 미안한 일입니다.

사실대로 말하면 내가 그 책을 출판해야 할지 말아야 할지 아직도 고민 중입니다. 사람들의 취향은 참으로 다양합니다. 어떤 사람의 성질은 너무 엄격하고 은혜를 모르는 데다 성격이 까다로워서 분명 자기네들에게 이익이 되는 책임에도 불구하고 경멸과 배은망덕의 심정으로 받아들이기 때문에 책을 출판할 마음이 나지 않습니다. 그러니 차라리 나 자신의 자연스러운 성향을 좇아 즐겁고 평화로운 삶을 살며 책의 출판 같은 귀찮은 문제는 무시하는 것이 나을지 모르겠습니다. 대부분의 사람은 배움에 대해 아무것도 모르면서 그것을 혐오합니다. 우둔한 사람은 우둔하지 않은 일들은 모두 어려운 것이라며 내쳐 버립니다. 현학자들은 뭔가 고풍스러운 말이 들어가 있지 않으면 시시한 것으로 치부합니다. 어떤 독자들은 무조건 옛날 저자들 작품만 좋아하고 어떤 독자들은 자기 시대 것만 좋아합니다. 하도 엄숙해서 가벼움의 그림자도 허락지 않으려는 사람도 있고, 취미가 무미건조해서 조금이라도 재치가 들어가면 참지 못하는 사람도 있습니다. 어떤 얼간이들은 마치 개에 물려 공수병에 걸린 사람이 물을 무서워하듯 풍자를 두려워합니다. 또 어떤 사람은 변덕이 하도 심해서 앉아 있을 때 좋아하는 것이 다르고 서 있을 때 좋아하는 것이 다릅니다.

그런 사람들은 술집을 어슬렁거리면서 맥주를 들이켜며 작가들의 지성에 대해 판단을 내립니다. 그들은 확신을 가지고 모든 작가의 글을 마음대로 비판하는데 그 일을 마치 턱수염을 뽑듯이 합니다. 자기 자신은 아무런 피해를 입지 않을 안전한 곳에 숨어서 말입니다. 남이 그 사람들을 붙잡으려고 해야 소용없는 일이지요. 왜냐하면 이들은 완벽하게 면도를 해서 정직한 사람처럼 붙잡을 털이 없기 때문입니다.

마지막으로 어떤 사람들은 매우 배은망덕해서 설사 어떤 책이 마음에 든다 하더라도 결코 저자를 좋게 보는 법이 없습니다. 이 사람들은 호화로운 저녁 식사를 한 후 배가 잔뜩 부른 상태로 집으로 돌아가면서도 자기를 초대한 주인에게 고맙다는 인사 한 마디 하지 않는 손님들과 같습니다. 그처럼 까다로운 입맛과 그처럼 다양한 취향에, 그처럼 버릇없고 배은망덕한 성질을 가진 사람들에게 자기 비용을 써 가며 연회를 베푼다는 것은 참으로 어려운 과제입니다.

어쨌든 페터 씨, 내가 언급한 일에 대해 히슬로다에우스 씨와 상의해 주시겠습니까? 그 사람 이야기를 듣고 이 문제 전체를 재고해 보겠습니다. 그렇지만 하여튼 나는 이 주제에 대해 애써서 글을 썼으니 분별 있다고 하기에는 늦은 셈이지요. 출판 문제에 대해서는 히슬로다에우스 씨가 허락하기를 희망합니다. 그 뒤에는 친구들의 조언을 따르겠습니다. 그중에서도 특히 당신 충고를 가장 먼저 따르도록 하지요. 페터 힐레스 씨, 안녕히 계십시오. 부인께도 안부 전해 주십시오. 언제나 그랬던 것처럼 제게 사랑을 주십시오. 저 역시 언제까지나 당신에게 호의를 가질 것입니다.

2. 페터 힐레스가 제롬 부스레이덴에게

『유토피아』는 에라스뮈스에게 헌정된 책이므로, 에라스뮈스 자신이 나서서 모어와 같은 투의 농담을 다시 하는 것은 값싼 일로 보였을 것이다. 그래서 그는 힐레스에게 편지를 써서 부스레이덴에게 보내는 편지 형식으로 비평해 줄 것을 요청했다. 부스레이덴은 네덜란드의 여러 지역에서 공직을 많이 맡고 있는 부유한 인물이자 인문주의자였다. 힐레스는 모어가 그에게 보낸 편지 내용을 이어받아서 공상적인 내용을 추가했다. 심지어 유토피아의 알파벳이라는 것을 만들어서 소개하고 있다.

친애하는 부스레이덴 씨

근자에 토머스 모어 씨가 나에게 자신이 쓴 "유토피아 섬"을 보내주었습니다(당신은 토머스 모어 씨와 오래 친하게 지냈으므로 그가 우리 시대의 위대한 인물이라는 것은 잘 아시겠지요). 그곳은 지금까지 아주 소수의 사람들에게만 알려졌지만 플라톤의 『국가론』보다도 더 많은 연구가 필요한 곳입니다. 그것이 특히 흥미로운 이유는 뛰어난 재능을 가진 사람이 생생하게 묘사하고 조심스럽게 논구하고 또 날카롭게 분석했기 때문입니다. 내가 그 글을 읽을 때면, 모어 씨와 함께 히슬로다에우스 씨에게서 직접 이야기를 듣던 때보다 오히려 더 생생한 느낌을 받습니다. 사실 히슬로다에우스 씨도 말하는 재주가 보통이 아닙니다. 그는 다른 사람들에게 들은 내용을 단순히 반복하는 것이 아니라 오랜 기간에 걸쳐 자신의 눈으로 직접 보고 스스로 경험한 것을 정확하게 묘사하는 것이 분명합니다. 내 생각에 그는 민족·사람들·사업에 대해 유명한 율리시스보다 더 정통한 사람입니다. 그런 사람은 지난 800년 동안 태어난 적이 없었다고 생각합니다. 그와 비교하면 베스푸치는 거의 본 것이 없다고 해야 할 것입니다. 단지 듣기만 한 것보다는 직접 본 것을 더 잘 설명한다는 자연스러운 사실 외에, 그 사람은 어떤 주제의 세부적인 사실들을 설명하는 특별한 기술을 가지고 있습니다. 모어 씨가 글로 묘사해 놓은 내용들에 대해 생각하노라면 깊은 감명을 받아서 내가 마치 유토피아에 살고 있는 듯합니다. 모어 씨의 묘사에서 보이는 것처럼, 히슬로다에우스 씨가 그 섬에서 5년 동안 살면서 그렇게 많은 일을 보았다는 것이 거의 믿기지 않을 정도입니다. 모어 씨의 묘사에는 놀라운 일들이 하도 많아서 어떤 것에 가장 먼저, 또 가장 크게 놀라야 할지 모를 지경 입니다. 우선 딱 한 번 듣고 그토록 많은 일을 그대로 되살려 내는 그의 정확한 기억력이 놀라울 따름입니다. 또 공화국에 영향을 미친 수많은 다행스럽거나 불행한 사건들에 대해 일반인들은 하나도 모르고 있는 데 비해 그는 이런 일들의 비밀스러운 원천까지 거슬러 올라갈 수 있는 훌륭한 판단력을 보유한 점 역시 놀라운 일입니다. 마지막으로 그의 언어의 힘과 유려함 역시 그렇습니다. 그는 순수한 라틴어 스타일을 유지하면서도 많은 중요한 일을 예리하고도 포괄적으로 표현해 냅니다. 더구나 이 책은 수많은 공적인 업무와 사적인 일들을 처리해야 하는 상황에서 해낸 일이기에 더욱 놀랍습니다. 그렇지만 제가 이렇게 말한 내용 중에 어느 하나도 당신에게는 놀라운 일이 아니겠지요. 박식한 부스레이덴 씨, 당신은 이미 그와 친밀한 대화를 나누어서 그가 지닌 보통 사람 이상의, 거의 신에 가까운 천재성에 대해 알고 계시겠지요.

그 외에 그가 쓴 데 더해서 추가할 것은 하나도 없습니다. 다만 한 가지, 모어 씨가 떠난 후에 히슬로다에우스 씨가 내게 보여 준 것 가운데 유토피아 언어로 쓰인 시편이 있을 뿐입니다. 나는 유토피아 알파벳으로 표기하고 여백에 약간의 설명을 써 놓았습니다.

유토피아 섬의 위치를 파악하기 어렵다는 모어 씨의 말에 대해 히슬로다에우스 씨는 그 정보를 굳이 감추려고 하지는 않았지만, 아주 간략하게 지나가는 말처럼 했을 뿐입니다. 마치 다음 기회에 자세히 이야기하려는 것처럼 말입니다. 그런데 운이 좋지 않았는지 우리 두 사람 모두 그가 말한 것을 놓치고 말았습니다. 라파엘 씨가 그 이야기를 할 때 하필 모어 씨의 하인 한 명이 찾아와서 귓속말을 했습니다. 나는 그 때문에 더욱 주의를 기울여서 들으려고 했는데, 일행 중 한 명이 아마도 배에서 감기에 걸렸는지 세게 기침을 하는 바람에 그의 말을 못 듣게 되었습니다. 하지만 이 문제에 대한 자세한 정보를 얻기 전에는 결코 물러서지 않을 것입니다. 그 섬의 일반적인 위치만이 아니라 정확한 위도까지 포함해서 말입니다. 물론 우리의 친구 히슬로다에우스 씨가 건강하게 살아 있는 동안 해야겠지요.

그에 대한 풍문이 하도 많아서, 어떤 사람은 그가 귀환하는 중에 죽었다고도 하고, 어떤 사람은 그가 귀환하기는 했지만 이곳의 일들이 마땅치 않다 보니 유토피아에 대한 그리움이 절박한 나머지 그곳으로 되돌아갔다고도 합니다.

왜 지난날의 지리학자들이 그 섬 이름을 몰랐는지 그 이유에 대해 히슬로다에우스 씨 자신은 아주 간단하게 답합니다. 고대인들이 명명한 이름이 시간이 지나면서 변했든지, 혹은 지리학자들이 지금까지 그 섬을 발견하지 못했다는 것입니다. 요즘도 지난날 지리학자들이 전혀 언급하지 않은 땅들이 속속 나타나지 않습니까. 그렇지만 모어 씨 자신의 입으로 이미 말한 내용을 우리가 알고 있는 마당에 그 이야기가 사실이라는 주장들을 모아 보아야 무슨 소용이 있습니까?

책을 출판할지 말지 주저하는 것은 분명 모어 씨의 겸손함을 말해 주는 것이고 또 그 점이 그의 명예를 높여 주는 일이라고 할 수 있습니다. 하지만 여러 가지 이유에서 그 작품의 출판을 더 이상 미루어서는 안 됩니다. 빨리 당신의 이름으로 강력하게 비호해서 그 책이 여러 사람의 수중에 들어가도록 할 필요가 있습니다. 모어 씨의 좋은 자질을 당신보다 잘 아는 사람이 없고, 공화국에 좋은 충고를 통해 봉사하는 일에 당신보다 더 적합한 사람은 없습니다. 당신은 수년 동안 이 일에 매진해 오면서 지혜와 성실성으로 최고의 칭찬을 들으셨습니다. 배움의 보호자이며 우리 시대의 위대한 인물이시여, 안녕히 계십시오.

안트베르펜에서, 1516년 11월 1일

VTOPIENSIVM ALPHABETVM.

a b c d e f g h i k l m n o p q r s t v x y

Tetraſtichon vernacula Vtopienſium lingua.

Vtopos ha Boccas peu la
chama polta chamaan
Bargol he maglomi baccan
ſoma gymno ſophaon
Agrama gymnoſophon labarembacha
bodamilomin
Voluala barchin heman la
lauoluola dramme pagloni.

Horum verſuum ad verbum hæc eſt ſententia.
Vtopus me dux ex non inſula fecit inſulam
Vna ego terrarum omnium abſq; philoſophia
Ciuitatem philoſophicam expreſſi mortalibus
Libẽter impartio mea, nõ grauatim accipio meliora.

유토피아 언어로 쓰인 시편,
"한때 반도半島였던 나를 우토푸스 왕이 섬으로 만들었도다.
모든 민족 중에 나 홀로, 그리고 복잡한 추상적 말들도 없이 사람들
눈앞에 철학적 도시를 제시하도다. 내 것을 기꺼이 나누어 주며,
나보다 나은 것을 남에게서 받는 데 주저하지 않도다."

3. 부스레이덴이 토머스 모어에게

부스레이덴은 여러 공직을 맡았고 많은 재산을 가진 인사였다. 모어가 그를 만났을 때도 그의 화려한 저택을 보고 찬탄한 바 있다. 그런데 놀랍게도 이 편지에서 부스레이덴이 가장 탁월한 아이디어라고 생각한 것은 공산주의적인 공동체였다. 다음에서 보듯이 이런 식으로 편협하게 자신의 작품을 받아들이는 데 대해 모어 역시 불편하게 생각했다. 한편 부스레이덴이 수사학에 뛰어난 사람이었다는 점은 이 편지의 다소 장황한 표현들에서 알 수 있다.

나의 절친한 친우, 모어 씨

당신은 개인들의 이익을 위해 심려와 노력과 정열을 바치는 것만으로는 충분치 않은 것 같습니다. 당신의 선의와 관대함이 참으로 커서 그것들을 널리 일반 대중들에게 선사하였습니다. 당신의 그 선의는 널리 퍼질수록, 더 많은 사람이 나누어 갖고 이익을 볼수록 더 큰 상찬을 받고 유명해지고 명예를 얻습니다. 언제나 그래왔지만 이번에 행운으로 그것을 다시 얻으셨습니다. 바로 유토피아 공화국의 제도에 대해 당신이 기술하고 출판한 『오후의 대화』[1] 말씀입니다. 이 주제에 대해서는 모든 사람이 듣고자 합니다.

그것은 심오한 박식과 인간사에 대한 완벽한 지식으로 가득한 놀라운 제도에 대해 즐겁게 묘사한 것입니다. 이 작품에서 그 두 가지 자질이 무척 균등하고 알맞게 조화를 이루어서 서로 다른 편에 양보하지 않고 평등한 기반 위에서 대치하는 듯합니다. 당신은 참으로 광범위한 학식과 심오한 경험을 가지고 있어서 당신의 저술은 무엇이든 충만한 경험에서 우러나왔고 당신의 판단은 모두 풍성한 학식의 무게를 지니고 있습니다. 얼마나 희귀하고 놀라운 행복입니까! 한 가지 주목해야 할 점은 그것이 많은 사람 모두에게 열린 것이기보다 소수의 사람들, 즉 솔직한 원망願望, 이해력의

1 『유토피아』 2부를 가리킨다.

기반인 박식, 공동의 이익을 위해 명예롭고 정확하고 실제적인 판단을 할 수 있는—바로 당신이 그러하십니다—권위를 가진 사람들에게만 가능한 것입니다. 분명 당신은 자신만을 위해 태어난 것이 아니고 전 세계를 위해 태어났다고 여기고 있으며, 이 빛나는 작품으로 전 세계 사람들이 당신에게 빚지게 만들었습니다.

당신은 이상적인 공화국의 형태로서 어떤 하나의 패턴을 제시함으로써 더 이상 바랄 것 없을 정도로 효과적이고도 정확하게 목적을 이루었습니다. 그것은 합리적인 사람들을 위한 완벽한 형식이었습니다. 당신이 제시한 것보다 더 완벽하고 더 탄탄히 성립된 것, 더 바람직한 것을 본 적이 없습니다. 스파르타, 아테네, 로마 등 지금까지 많이 이야기되어 온 그 어느 유명한 국가들보다 더 우월합니다. 그런 국가들이 당신이 말한 공화국과 같은 방식으로 만들어졌다면, 같은 제도, 법, 규제, 관습을 가지고 있었다면, 분명 땅바닥에 납작 누워 사라져 버리지는 않았겠지요(재생의 희망이라고는 전혀 없는 상태로 말입니다). 그랬다면 그 나라들은 지금까지도 완전하고 부강하고 번영하며 행복한 삶을 누렸을 것이고, 세계의 여왕으로서 육지와 바다를 경계로 광범위한 제국을 분할해 가졌을 것입니다.

이런 국가들의 비참한 운명에 대해 동정심을 느끼면서 당신은 현재 막강한 권력을 가진 국가들도 그와 같은 운명을 겪지 않을까 두려움을 느꼈습니다. 그래서 완벽한 국가의 초상을 그려 본 것이지요. 그 나라는 완벽한 법을 만들기보다는 법의 집행을 최상의 사람들에게 맡기는 데 진력했습니다. 이 점에서 그들은 절대적으로 옳았습니다. 왜냐하면 플라톤의 말을 빌리면, 훌륭한 통치자가 없으면 아무리 최선의 법이라도 사문서에 불과하기 때문입니다. 무엇보다도 그런 통치자들은 그 어떤 탄탄한 공화국을 지도하는 데 필요한 성실성의 모델, 훌륭한 행위의 표본, 정의의 이미지, 그리고 미덕의 유형이 됩니다. 정말로 필요한 것은 지도자들의 사리 분별, 군인들의 용기, 시민들의 자제, 그리고 모든 사람의 정의입니다.

당신이 그토록 칭찬해 마지않은 국가는 바로 이런 원칙들 위에 건립되었으므로, 그것이 다른 민족들에게 도전이 될 뿐 아니라, 모든 사람의 존경의 대상이자 미래 세대들이 마땅히 이루어야 할 목표가 되는 것도 당연한 일입니다. 그 나라의 최대 강점은 사유 재산에 대한 논쟁이 사라지고 누구나 자신의 소유물을 포기했다는 데 있습니다. 그 사회에서 사람들은 모든 물건을 공유하기 때문에, 모든 행동과 의사 결정은 다수의 탐욕이나 소수의 욕망에 의해 결정되는 것이 아니라 정의·평등·공동체의 단결이라는 단일한 통치 목적에 따라 결정됩니다. 그렇게 모든 일들이 유일한 목표를 지향하고 있으므로, 야심, 사치, 침해, 악행 등에 불을 지를 횃불·불쏘시개·연료가 될 만한 것들을 모두 일소해 버렸습니다. 때로 품위 있는 사람들마저도 사유 재산, 이익의 갈망, 혹은 가장 안쓰러운 감정인 야심 같은 요소 때문에 자신도 모르게 이런 악덕들에 휘말려 들게 되고 그 결과 말할 수 없는 손실을 입게 됩니다. 여기에서 발원하여 갈등, 충돌, 전쟁이 일어나는데, 이는 지극히 행복했던 국가들의 번영을 전복시킬 뿐 아니라 과거의 영광, 장엄한 전승 기념물, 풍부한 상, 자랑스러운 전리품들마저 훼손해 버립니다.

이 점에 대한 나의 생각이 절대적으로 미덥지 않으시면 내 말의 신빙성을 보장해 줄 수많은 증거를 보시기 바랍니다. 파괴된 대도시들, 짓눌린 국가들, 붕괴하여 버린 공화국들, 불타 버린 도시들이 그 증거들입니다. 이들은 흔적 없이 사라졌을 뿐 아니라, 아무리 오래전으로 역사를 거슬러 올라가도 이름조차 찾을 수 없게 되었습니다.

현재 국가들이 어떤 상태에 놓여 있든지 간에 이 국가들이 유토피아의 훌륭한 패턴을 따른다면—사람들이 흔히 말하듯이 머리카락 한 올 차이만큼이라도 거기에서 벗어나지 않는다면— 그러한 가공할 붕괴, 재앙, 황폐화를 피할 수 있을 것입니다. 만일 그렇게 된다면 그들이 당신의 봉사로부터 얼마나 큰 덕을 보았는지 결과가 충분히 말해 줄 것입니다. 특히 당신의 도움으로 공화국을 건강하고 피해가 없고 승리를 거둔 상태로 유지하는 법을 배운다면 말입니다. 당신에게 진 빚은 국민 한 사람을 구한 정도가 아니라 국가 전체를 위험으로부터 구한 것과 마찬가지일 것입니다.

안녕히 계십시오. 내내 건강하시고, 당신 나라와 당신의 불멸성에 긴 생명을 가져다줄 새로운 계획들을 준비하고 수행하고 완수하시기 바랍니다. 최상의 학식을 갖추고 최선의 인간성을 갖추신 모어 씨, 영국만이 아니라 우리 세계 전체의 위대한 인물이신 모어 씨, 안녕히 계십시오.

메힐린 자택에서, 1516년

4. 에라스뮈스가 프로벤에게

프로벤은 르네상스 시대의 스위스의 유명한 출판업자로서 당시 저명한 학자들의 책을 많이 출판하였다. 에라스뮈스는 『유토피아』의 1판과 2판에 오류가 많았기 때문에 3판과 4판을 프로벤의 출판사에서 출간하도록 주선하였다. 에라스뮈스와 프로벤은 개인적으로도 친해서 에라스뮈스가 프로벤의 아들에게 대부代父가 되었다. 프로벤의 어린 아들 이름은 에라스뮈스 프로벤이다.

내 아이代子의 친부에게, 근계謹啓

지금까지 나는 나의 친구 모어의 글에 대해 지극히 좋게 생각해 왔습니다만, 우리 사이의 우정 때문에 내 판단이 잘못되었을 수도 있다고 믿었습니다. 그러나 수많은 사람이 내 의견에 공감했고 또 오히려 나보다도 더 그 사람의 탁월한 기지를 칭찬했는데 그 이유가 물론 나보다 더 그를 사랑하기 때문이 아니라 그의 장점을 더 분명하게 알아보았기 때문이고 보니 이제 내 느낌을 숨길 필요 없이 진심으로 당당하게 말해야 하겠습니다. 그의 천재성이 이탈리아에서 자라났다면 그의 탁월한 기질이 어떤 결과를 낳았을까요! 그의 모든 정력을 뮤즈 여신들에게 바치고, 그것이 서서히 성숙하여 자신만을 위한 수확이 되었더라면! 그는 앳된 소년일 때부터 많은 경구警句들을 지었고 그것들을 가지고 놀았습니다. 그는 국왕을 위해 두어 번 플랑드르에 대사로 나간 것 말고는 잉글랜드를 떠난 적이 없습니다. 가족에 대한 배려와 가사에 대한 책임, 그리고 공직과 무수히 많은 법률 문제들 외에도 참으로 많은 그리고 무척이나 중요한 국사에 주의를 기울여야 했기 때문에 책을 저술하는 데 필요한 여유 시간을 따로 냈다는 것이 놀라울 뿐입니다.

이런 이유로 당신에게 모어의 『재미있는 농담*A merry jest*』과 『유토피아』를 보냅니다. 이 책들이 당신 출판사 이름으로 나온다면 전 세계에 그리고 후손들에게 필독서가 될 것입니다. 당신의 이름이 가지는 높은 권위로 인해 어떤 책이 프로벤 출판사에서 나왔다는 사실만으로도 박식한 사람들에게 만족을 주기 때문입니다. 장인, 사랑스러운 부인과 아이들에게도 안부 전해 주십시오. 우리 공동의 아이인 어린 에라스뮈스는 학문을 위해 태어난 사람이므로 계속 공부하도도록 보살펴 주십시오.

루뱅에서, 1517년 8월 25일

5. 토머스 모어가 페터 힐레스에게

모어가 힐레스에게 보낸 두 번째 편지 역시 표면적으로는 유토피아의 실재성을 주장하는 척하면서 실제로는 그 내용을 지나치게 있는 그대로 받아들이지 말라는 암시였다. 예컨대 부스레이덴같이 『유토피아』를 높이 평가하는 여러 인물이 공산주의적인 생활 방식을 가장 높이 평가했다. 이 편지에서도 모어는 그런 편협한 방식으로 자신의 책을 받아들이지 말라는 점을 아이러니한 방식으로 언급하고 있다.

사랑하는 페터

당신이 잘 아는 그 예리한 사나이의 의견을 듣고 나는 정말로 기뻤습니다. 그는 나의 『유토피아』에 대해 딜레마를 제기했습니다. 만일 그 이야기가 사실이라면 그 안에 많은 부조리가 있고, 만일 그것이 우화라면 여러 가지 점에서 내 판단이 잘못이라는 것입니다. 나는 이 사람이 학식이 높으며 또 우리의 친구라고 믿습니다. 하여튼 그가 누구이든 간에 나는 그에게 의무감을 가지고 있습니다. 내 책이 출판된 후 그 누구보다도 솔직한 의견을 제시한 그가 나를 가장 기쁘게 해 주었습니다.

우선, 나에 대한 헌신 때문인지 그 주제에 대한 흥미 때문인지 그는 이 책을 처음부터 끝까지 통독했습니다. 그것도 사제들이 시도서를 읽는 것처럼 아무렇게나 성급히 읽은 것이 아니었습니다. 찬찬히 주의 깊게, 그리고 모든 특이한 점을 기록하며 읽었습니다. 그리고 몇몇 비판할 점들을 뽑아내고(사실 그 수가 많지는 않습니다) 그 나머지에 대해서는 조심스럽게 심사숙고를 한 뒤 동의를 해 주었습니다. 그러고는 마침내, 나를 비판할 때 쓴 표현을 그대로 옮기면, 정열을 다해 의례적인 찬사를 한 사람보다 더 상위의 칭송을 했습니다. 불완전하거나 부정확한 부분을 읽을 때 그가 실망감을 표시한 것을 볼 때 오히려 그가 얼마나 나를 좋게 평가하는지 알 수 있습니다. 그렇지만 정작 나로서는 그 다양한 주제들에 대응하면서 어불성설이라는 말을 듣지 않을 정도의 말 한두 마디나 제대로 할 수 있을지 모르겠습니다.

그렇지만, 그가 나에 대해 솔직했듯이 나도 그에 대해 솔직하고 싶습니다. 사실 유토피아의 제도에서 부조리한 것을 일부 발견했다고 해서, 혹은 그 나라 헌정에 대해 내가 미숙한 아이디어를 제시하는 것을 알아챘다고 해서, 자신이 예리한 사람이라고—그리스인이라면 '영적'인 사람이라고 표현하겠지요—생각하는 이유를 모르겠습니다. 세계 모든 국가의 제도 속에 부조리한 것들이 있지 않던가요? 국가, 지도자, 혹은 시민들의 직무에 대해 대부분의 철학자들이 쓴 글에는 수정이 필요한 내용들이 포함되어 있지 않던가요?

그러나 그가 『유토피아』가 사실인지 허구인지 고민한다면 나는 그의 판단이 오류라고 생각합니다. 내가 어떤 공화국에 대해 글을 쓰기로 작정했는데 이런 종류의 우화가 생각났다면, 마치 꿀을 발라서 먹기 좋게 하듯이 사실 위에 약간의 허구를 집어넣는 것은 전적으로 가능한 일입니다. 그렇지만 나는 그 허구를 적절히 다듬어서, 비록 일반인들은 거기에 속는다 하더라도, 학식 있는 사람들이라면 뻔히 알 수 있도록 눈짓을 했을 것입니다. 군주, 강, 도시, 섬의 이름을 특별하게 지어서, 섬은 어디에도 없는 곳이고, 도시는 환영幻影이며, 강에는 물이 없고, 군주는 백성들이 하나도 없다는 식이어서, 학식 있는 사람들은 그런 사실을 눈치 채지 못할 수가 없도록 만들었을 것입니다. 이렇게 했다면 실제 내가 했던 방식보다 훨씬 더 영리한 작업이 되었겠지요. 사실의 정확성에 대한 역사가들의 헌신 같은 것이 나에게 있지 않은 한, 유토피아, 아니드루스, 아마우로툼, 아데무스 하는 식의 야만적이고 무분별한 이름들을 쓸 만큼 바보는 아니지 않습니까.

그렇지만 힐레스 씨, 어떤 사람들은 정말로 의심이 많더군요. 우리는 순진한 사람들답게 히슬로다에우스 씨의 이야기를 있는 그대로 받아 적어 놓은 것에 불과한데도, 이 신중하고 총명한 사람들은 그 이야기를 거의 신용하지 않았습니다. 역사가로서 나의 권위뿐 아니라 내 개인적인 명성이 그들의 의심 때문에 손상될까 봐 두렵습니다. 그래서 테렌스의 미시스가 글리세리움의 아이에게 출생의 정당성을 주장하기 위해 한 말을 인용해서 나를 변호하고 싶군요. "천만다행으로 내가 아이를 낳을 때 여러 여인이 주변에 있었다오."[2] 라파엘 씨와 대화를 나누었을 때 당신과 나만이 아니라 대단히 존경스럽고 진지한 사람들이 많이 있었던 것이 정말이지 다행입니다. 그가 그 사람들에게 우리에게 말했던 것보다 더 많은 이야기를 했는지, 혹은 더 중요한 이야기들을 했는지 안 했는지 그것은 모르지만 어쨌든 우리에게 했던 것만큼이나 그 사람들에게도 많은 이야기를 했겠지요.

자, 이 의심 많은 사람이 그런 증인들마저도 믿지 못한다면 히슬로다에우스 씨를 직접 찾아가 보라고 합시다. 그는 아직 살아 있으니까요. 최근에 포르투갈을 여행하고 온 사람들에게서 들은 바로는 지난 3월 1일에도 그는 여전히 건강하고 활력이 넘친다고 하는군요. 그 사람들이 그에게서 진실을 찾아내라고 합시다. 그래서 원하면 많은 질문을 던지라고 합시다. 내가 그들에게 원하는 바는, 나는 오직 내 책에 대해서만 책임이 있지 다른 사람의 신용까지 책임지지는 않는다는 사실을 알아 달라는 것입니다.

존경하는 페터 씨, 안녕히 계십시오. 당신의 사랑스러운 부인과 딸에게도 안부 전해 주십시오. 내 아내도 당신들이 오래 건강하시기를 축복합니다.

---

2 기원전 170년경에 로마 희극작가 테렌스가 쓴 희곡 『안드리아』에 나오는 내용이다.

해제

유토피아: 이상 사회에 대한 거대한 농담[1]

1516년에 출판된 토머스 모어(1478~1535)의 『유토피아』는 오늘날까지도 많은 독자에게 심오한 영감을 주는 고전으로 남아 있다. '어디에도 없는 곳'이자 '세상에서 가장 좋은 곳'을 뜻하는 유토피아는 현실 세계에 대한 비판과 동시에 사람들이 지향하는 이상 사회의 열망을 나타낸다. 『유토피아』는 허구 세계를 그리고 있지만, 그것은 정말로 아무 근거 없는 헛된 공상이나 막연한 동경이 아니라, 고통스러운 현실에 대한 날카로운 인식에서 출발하는 지적知的인 꿈이다. 그렇기 때문에 유토피아는 구체적인 시공간 안에 정교하게 구축된 사회 형태로서 제시되며, 이를 통해 역으로 그런 꿈을 꾸는 사회에 대해 심층적으로 이해할 수 있는 흥미로운 자료가 된다.

근대 이전 시기에도 행복한 사회 혹은 행복한 시절에 대한 꿈은 늘 존재했다. 예컨대 중세 유럽의 농민들은 '코케인'이라는 민중적 이상향을 꿈꾸었다.

코케인에는 고기와 술이 넘치네.
땀 흘리고 애쓰고 열심히 일하지 않아도
고기는 공짜고 술은 넘쳐흐르니
돈 없어도 되고 걱정 안 해도 된다네.

1 이 글은 초판의 해제를 보충하고 확대한 것이다. 일부 내용은 다음 책에서 이미 설명한 바 있다. 주경철, 『유토피아, 농담과 역설의 이상 사회』, 사계절, 2015.

낮이나 밤이나 원하는 것은 달라면 되고
모든 것이 당신의 즐거움을 위해 있다네.

중세 농민들의 이상향은 이처럼 단순하기 짝이 없어서, 먹을 것이 풍부하고 힘들게 일하지 않아도 편안하게 지낼 수 있는 곳이다. 기근과 힘든 노역에 시달리던 농민들로서는 그 어떤 고상한 소망보다도 코케인 같은 나라에서 희희낙락하면 좋겠다고 생각했을 법하다. 그렇지만 이것은 단순히 그랬으면 좋겠다는 문자 그대로의 꿈일 뿐, 노력하여 만들어 내는 사회가 아니다. 유토피아는 이 점에서 본질적으로 다르다. 유토피아 역시 상상의 세계이지만, 노력을 기울이면 만들 수 있든지 혹은 그 방향으로 나아갈 수 있는 모델 역할을 한다. 그런 점에서 유토피아는 근대의 기획project이다.

토머스 모어의 이력

『유토피아』는 시대의 고통에 대한 저자의 진단과 처방의 성격이 강하다. 따라서 이 작품을 잘 이해하기 위해서는 이 작품이 탄생한 배경과 저자에 대해 알아보는 게 중요하다.

토머스 모어는 잉글랜드에서 1478년에 법률가 존 모어 경의 장자로 태어났다. 어린 시절을 따뜻한 보살핌과 애정 속에서 보낸 뒤 모어는 12세에 당대 가장 지혜로운 인물 중 한 사람으로 숭앙받던 존 모턴John Morton(1420~1500) 경의 집에 들어가 시동 역할을 하며 배움을 구했다. 당시에는 장래가 촉망되는 똑똑한 어린아이를 훌륭한 학자나 명망 있는 고위 인사의 집에 들여보내 어른으로부터 직접 배우도록 하는 관행이 있었다. 『유토피아』에도 등장하는 존 모턴 경은 캔터배리 대주교와 추기경을 지낸 인물로서, 토머스 모어의 뛰어난 자질을 알아보고 언젠가 '비범한 사람a marvellous man'이 될 것으로 확신했다. 모턴 경은 모어의 아버지와 상의하여 1492년에 그를 옥스퍼드대학에 입학시켰다. 이곳에서 모어는 라틴어를 완벽하게 익힌 뒤 그리스어 공부를 시작했으며, 수사

「토머스 모어 초상」, 한스 홀바인, 1527

학도 마스터했다. 나중에 그는 그리스어도 완벽하게 소화해서 그리스어 작품을 라틴어로 번역하였다. 모어가 특히 좋아한 작가는 풍자문 작가인 사모사타의 루키아노스였으며, 『유토피아』의 스타일 역시 전적으로 그의 영향을 받은 것으로 알려져 있다. 한편, 아침 6시부터 세 시간 동안 공부하는 옥스퍼드대학교의 규칙은 『유토피아』의 지적 생활을 묘사하는 데에 반영되었다.

모어는 훌륭한 법률가가 되기를 희망한 아버지의 영향으로 16세에 옥스퍼드를 떠나 뉴 인New Inn과 링컨 인Lincoln's Inn에서 법학과 경제학을 공부하였다.[2] 그 결과 법률가가 되고 23세에 동료들에 의해 법학 교수로 선출되어 퍼니발 인Furnivall's Inn에서 가르쳤다. 그의 지적·정신적 편력은 여기에서 멈추지 않았다. 그는 소명 의식을 느끼고 사제직을 시험해 보기 위해 런던의 카르투지오 수도원에서 4년을 지냈다. 이 수도원에서 생활한 경험은 『유토피아』의 여러 장면에 흔적을 남기고 있다. 이곳 수사들은 회색 옷을 입기 때문에 '회색 수사Grey Friars'라는 별명을 얻고 있었으며, 노동을 할 때에는 이 위에 가죽 앞치마를 둘렀다. 이들은 가능한 한 많은 시간을 기도, 공부, 명상에 바치기 위해 최소한의 필수품 생산에만 노동 시간을 할애했다. 아주 적은 노동 시간만으로도 필수품을 충분히 얻고 나머지 시간에 자신의 지적·정신적 '쾌락'을 추구한다는 『유토피아』 사람들의 태도는 분명 이 수도원 생활과 관련이 있어 보인다. 모어는 또 이 시기에 성경과 교부 철학에 대해 많은 지식을 얻었다. 예컨대 디스토피아[3]와 이상적인 유토피아의 대조는 아우구스티누스의 『신국』에서 묘사한 '두 나라'[4]의 구분에서 영향을 받았을 것이다.

모어는 결국 성직자의 길보다는 현실 세계의 길을 택했다. 그는 1504년에 17세의 어린 신부인 제인 콜트Jane Colt와 결혼했고 그녀와의 사이에서 딸 셋과 아들 하나를 얻었다. 그는 단란한 가정생활을 하면서 인문주의자답게 아내와 아이들 교육에 많은 신경을 썼다. 정규 교육을 받지 못한 아내에게 라틴어와

2 Inn은 법학생의 숙사를 가리킨다.

3 Dystopia, 유토피아의 반대로서 고통에 찬 어두운 세계.

4 신의 나라와 지상의 나라.

음악을 가르쳤고, 아이들에게는 라틴어, 그리스어, 음악 교사들을 초빙하여 가정을 작은 아카데미로 바꾸었다. 자상한 아버지가 가족들을 돌보며, 검소하고 절제된 생활을 하는 가운데 학문과 신앙을 굳건히 가꾸어 가는 그의 가정생활은 『유토피아』에 그려진 이상적 인간의 삶에 가까웠다. 그의 저작 전체의 기본 성향은 좋은 의미에서든 나쁜 의미에서든 가부장적 성격이 강하다. 가장이 애정과 권위로 가족들을 이끌고 가족들 모두 거기에 복종하는 방식에 대해 모어는 긍정적으로 생각했다. 그가 볼 때 이런 방식이야말로 행복을 얻는 기본 출발점이다. 반면 디스토피아에서는 따뜻한 인간관계가 아니라 사물 위에 행복을 구축하려고 한다. 그러나 화폐와 사유 재산이 기본이 되는 곳에서는 이기주의와 탐욕으로 인해 갈등이 빚어지기 때문에 아무리 많은 법률로 규제한다고 해도 근본적인 문제를 해결하지 못한다고 보았다.

모어의 삶은 공부와 명상만으로 이루어진 것은 아니며, 활동가로서도 빛나는 업적들을 이루었다. 우선 1501년부터 법률가로서 중요한 상업 관련 소송을 맡아 변론하였다. 이때 얻은 명성으로 1504년에 하원 의원으로 선출되었다. 그의 의정 활동 또한 남다른 데가 있었다. 당시 의회의 중요 업무 중 하나는 국왕에게 돌아갈 조세 액수를 심사하고 허가하는 것이었다. 그런데 헨리 7세가 공주의 결혼 비용으로 9만 파운드라는 거액을 요구하자, 모어는 공개적으로 국왕의 탐욕을 비판하며 액수를 4만 파운드로 낮추었다. 『유토피아』의 1부에 나오는 국왕의 탐욕에 대한 비판은 이런 실제 경험에서 우러나온 것이다.

다음 국왕인 헨리 8세 시대에 모어는 더욱 승승장구했다. 1510년에는 런던 시의 사정장관보under-sheriff가 되어 시정을 감독하였는데, 가난한 사람들을 돕는 공평무사한 관리로서 명성을 높여 갔다. 1512~1515년 동안 다시 하원 의원이 되어 여러 분야에서 활동하였다. 『유토피아』의 앞부분에 나오는 것처럼 1514년에 에스파냐의 카를로스 1세와 영국 국왕 헨리 8세 사이의 갈등으로 야기된 경제 제재 문제를 해결하고 외교 관계를 회복하기 위해 플랑드르에 파견되었고, 1520~1521년에는 독일 신성 로마 제국 황제 및 한자 동맹과의 협상 문제를 담당했다.

AVRELII AVGVSTINI HIPONENSIS EPI LIBROR
DECIVITATE DEI RETRACTATIO INCIPIT:
NTEREA CVM ROMA GOTHORV

『신국』, 아우구스티누스, 1470

디스토피아와 유토피아의 대조는 『신국』에서 묘사한 '두 나라'의 구분에서 영향을 받았을 것이다.
「마지막 심판」, 미켈란젤로 부오나로티, 1536~1541

「토머스 모어의 가족」, 롤랜드 로키, 1593

그러나 정의와 양심을 지키기 위해 타협을 거부하는 그가 현실 정치가로서 활동하다 보면 결국 피할 수 없는 모순에 빠질 수밖에 없었다. 가장 먼저 봉착한 문제는 국왕의 이혼이라는 기이한 문제였다. 헨리 8세는 죽은 형의 아내와 결혼하여 여섯 명의 아이를 얻은 후 다시 궁녀 앤 볼린Anne Boleyn과 재혼하기 위해 교황청에 이혼 허락을 요청하였다. 이를 계기로 모어는 대법관Lord Chancellor의 자리에 올랐으나, 정당하지 않은 이유로 전임자가 물러나고 자신이 승진한 데 대해 오히려 비판적인 태도를 취했다. 헨리 8세는 더 나아가서 1531년에 영국 교회가 교황청과 결별하고 국왕 자신이 교회의 수장이 되는 종교 개혁을 단행했다. 자신의 이혼을 허용하지 않으려는 교황의 반대에 직면하여 아예 가톨릭을 부정하고 새로운 종파를 설립한 것이다. 이런 움직임에 반대한 모어는 국왕에게 자신의 공직 사퇴를 간청했다. 그의 비판적 자세는 전혀 굽힘이 없어서 국왕과 앤 볼린의 결혼식에 불참했을 뿐 아니라 이 결혼에서 태어나는 후손에게 왕위를 물려준다는 왕위계승법에도 동의하지 않았다. 이런 강직한 비판을 마다하지 않던 그는 결국 반역죄로 런던 탑에 구금되었고, 1535년 7월에 재판에 회부되어 반역죄로 사형을 선고받은 후 5일 뒤에 처형되었다. 죽음을 애도하는 친구에게 오히려 "천국에서 다시 만나 즐겁게 살자"고 위로의 말을 건네고 의연하게 죽음을 맞이하는 모어의 마지막 모습은 그의 고결한 풍모를 그대로 보여 준다.

지금까지 살펴본 모어의 이력을 보면 그는 유능한 현실 정치가이며 독실한 기독교도이고 또 탁월한 인문주의자였다. 엘리트 교육 코스를 거쳐 사법계와 정계의 고위직에 올라서 활발한 활동을 펼쳤고, 동시에 최고 지식인으로서 존경을 한 몸에 받은 비범한 인물이라는 데에는 의심의 여지가 없다. 그렇지만 모어를 지나치게 신화화하는 것도 경계해야 한다. 최근의 연구들은 토머스 모어에 대해 지금까지 알려진 것과는 다른 요소들을 많이 밝혀냈다. 따뜻한 가족애, 종교적 관용, 정치적 온건성이라는 그의 면모는 다소 과장된 측면이 있다. 실제로 그는 젊은 아내가 죽자 바로 다음 달에 재혼을 했고, 이단을 화형에 처해야 한다고 주장한 광신도의 모습도 엿보인다. 자신의 죽음을 불사하고 국

「사형 선고 후 딸을 만나는 토머스 모어」, 윌리엄 프레데릭 예임스, 1872년경

왕에게 격렬히 저항한 점 또한 극단적 과격성으로 해석할 수도 있을 것이다.

시대적 배경

『유토피아』가 출판된 때는 소위 '중세 말의 위기'가 지나고 근대적인 발전이 시작되던 시대다. 유럽에서 14~15세기에는 전쟁, 질병, 기근 등 심각한 위기 상황이 벌어졌다. 일부 지역에서는 흑사병과 기근 때문에 인구의 3분의 1 이상이 사망하기도 했다. 그러는 한편 영국과 프랑스 사이에 백 년 전쟁이 벌어져서 엄청난 피해가 발생했다. 1453년에 백 년 전쟁이 종식되지만 영국에서는 그 직후인 1455년부터 1485년까지 30년 동안 장미 전쟁이라는 이름의 내전이 일어났다. 흰 장미를 상징으로 삼은 요크 가와 붉은 장미를 상징으로 삼은 랭커스터 가라는 두 귀족 가문 간의 투쟁은 처참한 학살의 연속이었다. 백 년의 전쟁과 30년의 내전을 겪은 후 영국인들은 이제 귀족들 간에 벌어지는 지긋지긋한 갈등을 다시 겪느니 차라리 강력한 군주가 군림하여 정치적 안정을 되찾아 주기를 열망했다.

1485년에 장미 전쟁이 끝나고 헨리 7세에 의해 튜더 왕조가 개창되었다. 영국사에서는 대개 이 해를 근대의 시작 시점으로 잡는다. 중세에 유럽 변두리의 미약한 국가였던 영국은 이제부터 비약적인 발전을 거듭해서 19세기가 되면 '해가 지지 않는 제국'으로 불리는 세계 최강대국이 된다. 토머스 모어가 활동하던 때는 그와 같은 위대한 발전이 본격적으로 시작된 시점이다.

위기가 지나고 발전의 시기가 시작되면 국민들 모두 행복할까? 그렇지 않다. 서민들로서는 위기의 시대만큼이나 성장과 발전의 시기에도 고통스러울 수 있다. 경제 발전의 성과를 모든 국민이 공평하게 누린다면 좋겠으나, 실제로는 발전의 과실은 소수 귀족에게 돌아가고 가난한 농민들은 희생을 감내하곤 했다. 이 문제를 잘 보여 주는 것이 『유토피아』에서 가장 유명한 구절로 꼽히는, 소위 양이 사람을 잡아먹는다고 지적한 부분이다.

"양들은 언제나 온순하고 아주 적게 먹는 동물이었습니다. 그런데 이제는 양들이 너무나도 욕심 많고 난폭해져서 사람들까지 잡아먹는다고 들었습니다. 양들은 논과 집, 마을까지 황폐화시켜 버립니다. 아주 부드럽고 비싼 양모를 얻을 수 있는 곳이라면 어디에서든지, 대귀족과 하급 귀족, 심지어는 성무를 맡아야 하는 성직자들까지 옛날에 조상들이 받던 지대에 만족하지 않게 되었습니다. 그들은 이 사회에 아무런 좋은 일을 하지 않고 나태와 사치 속에서 사는 것만으로도 부족하다는 듯이 이제는 더 적극적인 악행을 저지릅니다. 모든 땅을 자유롭게 경작하도록 내버려 두지 않고 목축을 위해 울타리를 쳐서 막습니다."

원래 시골에는 많은 농민들이 그럭저럭 생계를 유지하며 지내고 있었다. 그런데 경제가 발전하고 직물업이 성장하자 양모 수요가 늘어나 양모 가격이 급등했다. 지주 귀족들로서는 농사를 짓기보다는 양을 쳐서 양모를 파는 것이 훨씬 이득이었다. 그러다 보니 대대손손 그 땅을 빌려 농사를 짓던 사람들을 냉혹하게 내쫓아 버리고 대신 그곳을 목장으로 만들었다. 이전에 많은 사람이 생계를 이어가던 터전이 이제 양들이 풀을 뜯어먹는 풀밭으로 변모했다. 이처럼 농민들을 내쫓고 빈 땅에 울타리를 쳐서 막는 것을 인클로저enclosure라고 한다.

양 때문에 자신의 토지에서 쫓겨난 농민들은 도시로 몰려가서 빈민 생활을 하게 되고, 결국 생계 때문에 범죄자가 될 수밖에 없다. 도둑들이 감당할 수 없을 정도로 늘어나자 당국은 이들을 모두 사형에 처하는 강압적 조치를 취하였다. 『유토피아』에 나오는 이야기에 의하면 어느 날인가는 런던 시내의 사형 집행장에 한 번에 20구의 사체가 매달려 있었다고 하다.

교수대에 매달린 사람들이 원래부터 사악한 인간은 결코 아니다. 고향에서 농사를 지으며 잘 살아가던 사람들이 지주 귀족들의 탐욕 때문에 쫓겨나서 그처럼 비참한 상태로 내몰려 죽게 된 것이다. 소수는 부자가 되었지만 그로 인해 다수가 처참한 죽음으로 몰리는 이 상황이 과연 정당한 것일까? 당대의 최고 지식인이며 정치가였던 토머스 모어가 이 문제를 예리하게 짚어 보고 대안을 찾으려 했던 것이 바로 『유토피아』다.

에라스뮈스와 토머스 모어의 지적 교류

토머스 모어 시대에 유럽 지식인들은 국경을 넘어 서로 활발하게 교류하고 있었다. 그들끼리 서신을 교환하고 때로는 직접 만나 며칠을 함께 지내며 대화를 나누었다. 이런 경향을 대표하는 당대 최고의 지식인은 에라스뮈스(1466~1536)다. 그는 유럽 각지를 돌아다니며 학자들과 종교인 등을 만나 학문적인 토론을 했고, 정치인들을 만나 조언을 주곤 했다. 그가 교류했던 인물 중 한 명이 바로 토머스 모어다. 두 사람은 1499년 런던에서 처음 만났는데 이때 에라스뮈스는 33세, 모어는 21세였다. 상당히 큰 나이 차이에도 불구하고 두 사람은 이후 함께 고전을 연구하고 서로 저술을 권유하며 교류를 이어갔다. 그들은 지적인 능력을 함양하고 도덕적 진보를 이룬다는 인문주의적 목표를 공유했다. 『유토피아』는 두 사람의 우정 어린 지적 교류의 산물이다.

에라스뮈스는 이탈리아에 공부하러 갔다가 당시 그곳에서 유행하던 학문을 접하고 극도로 분개했다고 한다. 마키아벨리로 대변되는 이탈리아 휴머니즘은 에라스뮈스가 생각하는 기독교 휴머니즘과는 정반대의 성격이었다. 이런 경험을 하고 난 후 에라스뮈스가 집필한 것이 『우신 예찬』(1511)이다. 이 책을 쓰는 데는 모어의 권유도 한몫을 했으며 실제로 에라스뮈스는 이 책을 모어에게 헌정하였다. 우신愚神, 곧 어리석음 혹은 광기의 여신을 찬미한다는 것은 물론 역설적인 의미로서, 이런 형식을 통해 세태를 비판한다는 의도다. 사람들의 마음을 흩뜨려 놓는 어지러운 마음, 신학자들의 쓸데없는 논쟁, 교황을 비롯한 성직자들의 위선 같은 것들이 모두 우신 덕분이라는 식이다. 이 우신의 이름이 그리스어로 모리아Moria이다. 모어More의 라틴어 식 이름이 모루스Morus이므로, 모리아는 모어의 이름을 연상시킨다. '어리석음과 광기의 여신이 다스리는 땅이 바로 모어 씨 당신이 살고 있는 땅이라오' 하는 식이다. 이처럼 당대 최고 수준의 두 지식인 사이에 벌어진 수준 높은 지적 유희에 대해 에라스뮈스 자신이 『우신 예찬』 서론에서 이렇게 밝히고 있다.

"아무튼 뭔가 하고 싶긴 했지만 진지한 작업을 하기에는 상황이 그다지 적합하지 않은 터라, 장난삼아 우신을 예찬하는 글을 지어 볼까 하는 생각이 들었네. 아마도 자네는 '웬 팔라스(아테나 여신)가 당신에게 그런 생각을 하게 했습니까?' 하고 말하겠지. 그것은 우신Moria과 매우 비슷한 자네의 이름 모루스Morus를 생각했기 때문일세. 물론 자네는 우신과 거리가 멀고, 심지어 우신의 최대의 적이라는 사실도 모든 사람이 인정하지만 말일세. 또한 나는 자네가 이러한 내 정신의 유희를 칭찬해 주리라 믿었네."[5]

에라스뮈스는 『우신 예찬』에 화답하여 모어가 '지혜의 여신 예찬' 같은 작품을 쓸 것으로 기대했다. 자신은 광기의 여신을 찬미하는 책을 썼으니 모어는 지혜의 여신Sophia을 찬미하는 책을 써 보라는 것이다. 두 사람은 모어가 쓸 책을 놓고 대화를 이어 나가며 이렇게 물었다. '도대체 지혜는 어디에 있단 말인가?' 그리고는 그들의 공용어인 라틴어로 이렇게 답하였다: '누스쿠암Nusquam(아무 데에도 없다, 영어로 nowhere).' 아무리 찾아 봐도 이 세상에 현명함이나 지혜는 찾을 수 없다는 뜻이다. 그런데 여기에서 그들의 말장난이 더 진척되어, '지혜는 아무 데에도 없다'가 '아무 데에도 없는 곳Nowhere에 지혜가 있다'가 되었다. 결국 지혜로움이 지배하는 곳은 이 세상에 존재하지 않는 허구의 세계가 된다.

모어는 에라스뮈스의 저작에 대한 대응 저작을 위해 수년간 자료를 모았고 이를 「지혜에 대한 논설」이라는 제목으로 편집하였다. 그리고 1515년에 외교 임무를 맡아 안트베르펜에 갔을 때 이 원고를 가지고 가서, 당시 유행하던 방식대로 먼 이국땅을 여행하고 돌아온 여행자와 만나 이야기하는 픽션 형식으로 만들었다. '아무 데에도 없는 곳'인 상상의 나라를 지칭하기 위해 모어는 누스쿠암Nusquam이라는 단어 끝에 나라 혹은 땅을 가리키는 접미사(a)를 붙여 '누스쿠아마Nusquama'라는 말을 만들었다. 에라스뮈스와 모어는 이 저작을 '우리의 누스쿠아마'라고 불렀다. 모어는 영국으로 돌아온 다음 라틴어 식 이름

5 에라스뮈스, 『바보 예찬』, 문정자 역, 랜덤하우스중앙, 2006, 18~19쪽.

「로테르담의 에라스뮈스 초상」, 한스 홀바인, 1523

누스쿠아마를 그리스어 식 이름인 유토피아Utopia로 바꾸었다. 이 원고가 『유토피아』의 2부가 된다. 그리고 새로 1부를 써서 앞에 붙였다. 이렇게 전체 모습이 완성된 『유토피아』는 1516년 루뱅에서 라틴어본으로 처음 출판되었다.

그가 이름을 붙이지는 않았지만 1부는 불행이 가득한 디스토피아이고 2부는 이상적인 나라 유토피아라는 식으로 짝을 맞추게 되었다. 이렇게 되니 이제 2부 유토피아의 세계는 1부 디스토피아의 세계에서 벗어나 그곳으로 발전해 가야 하는 곳으로 의미가 강해졌다. 다시 말해 유토피아는 단지 '이 세상에 존재하지 않는 나라'라기보다 더 적극적인 의미로 '이 세상에 없지만 좋은 나라'라는 의미를 부여받았다. 1518년 바젤에서 신판을 출판할 때 모어는 그런 의미를 살리기 위해 유토피아와 발음이 비슷한 에우토피아Eutopia라는 단어를 창안하고 그 말이 들어간 풍자시를 덧붙였다. 그리스어의 어간語幹 eu-는 '좋은'이라는 뜻이므로 에우토피아는 '이상적으로 좋은 곳'이 되었다. 이렇게 해서 유토피아 의미의 발전 과정이 최종적으로 완수되었다. 『유토피아』는 실로 오랜 기간에 걸쳐 숙성된 결과인 것이다.

이런 변화 과정에 대해 프랑스의 모어 연구자 프레보는 이렇게 정리하였다.

> "이 작품은 우선 소피아Sophia(지혜의 여신)로부터 시작되었다. 그것은 이면화二面畵, diptyque의 한 면으로서 다른 한 면은 에라스뮈스가 쓴 모리아Moria였다. 이 자료 모음은 곧 논설discours의 형식을 띠었다. 히슬로다에우스의 말을 옮기는 과정에서 이것은 누스쿠아마로 변하였다. 이것이 비극적인 논쟁(1부의 변론 틀을 구성하는 첫 번째 논쟁) 속에 편입되면서 유토피아로 이름이 바뀌었다. 그것은 파악하기 힘든 '저 먼 다른 곳'을 가리켰다. 마지막으로 에우토피아라는 이름을 붙이면서 인류 공동체를 구원의 도상에 놓겠다는 모어의 최종적인 의도가 드러났다."[6]

6 André Prévost, *L'Utopie deThoams More*, Paris, MAME, 1978, p.82.

디스토피아의 현실

만일 『유토피아』가 1515년 당시의 원고였던 '누스쿠아마' 상태에서 멈추었다면 이는 매우 혼란스러운 픽션 정도로 받아들여졌을 것이다. 사실 「지혜에 대한 논설」에 묘사된 내용은 사유 재산과 화폐가 없고 금으로는 요강을 만들며 나체로 선을 보는 이상한 관습의 나라다. 이 내용만 있는 상태라면 단지 이해하기 힘든 기묘한 상상의 나라에 대한 묘사에 불과했을 것이다. 이런 내용이 제자리를 찾은 것은 '누스쿠아마'가 '유토피아'가 되고 여기에 1부의 내용이 덧붙여졌기 때문이다,

『유토피아』 제1부 내용은 역사적 현실을 다루고 있다. 시작 부분은 저자인 모어가 국왕의 명령으로 공무를 수행하기 위해 플랑드르에 가는 내용인데, 이때의 상황은 정확히 실제 일어났던 그대로다. 앞으로 엄청난 허구의 세계를 그릴 터인데 첫 시작은 실제 이야기로 시작함으로써 이 작품 속 상상의 세계가 전적으로 현실과 무관하지는 않다는 점을 나타낸다. 모어가 친구를 통해 라파엘 히슬로다에우스를 소개받고 그와 대화를 나누면서 작품은 사실에서 허구로 들어간다. 허구의 세계를 이야기해 주는 화자답게 그의 이름도 독특하다. 히슬로다에우스Hythlodaeus는 그리스어의 후트로스huthlos(넌센스)와 다이엔daien(나누어 주다)의 합성으로 보이며, 따라서 '허튼소리를 퍼뜨리는 사람'이라는 뜻이다. 히슬로다에우스는 포르투갈 출신 선원으로서, "세상을 두루 보고 싶었기 때문에 고향인 포르투갈에서 자기가 받기로 되어 있던 재산을 형제들에게 모두 넘겨주고 아메리고 베스푸치 아래 들어가서" 여행을 하였다는 식으로 그려진다.

작중作中 모어는 라파엘 히슬로다에우스와 대화를 나누자 곧 그가 많은 여행을 했고 특히 이상 국가를 직접 경험하고 와서 식견이 탁월하다는 점을 알게 된다. 그러니 국왕에게 봉사하면서 그 높은 식견을 이용해 세상을 구원하는 것이 어떻겠느냐고 조언한다. 이상적인 사회를 보고 왔다면 실제 그것을 현실 세계에 적용시켜야 마땅하지 않겠는가. 그렇지만 히슬로다에우스는 국

왕을 설득해 자신의 아이디어를 세상에 펼칠 가능성은 없으며, 국왕에게 매여 사는 노예 생활을 할 바에는 차라리 지금처럼 자유롭고 편하게 사는 게 훨씬 낫다고 답한다.

히슬로다에우스는 왜 이상적인 이념을 현실에 적용할 수 없다고 생각하는 것일까? 그의 말에 따르면 자신은 평화를 주장하려 하지만 국왕은 전쟁에 더 관심을 두고 있고, 이미 가지고 있는 영토를 잘 다스리기보다 모든 수단을 동원해 새로운 영토를 얻는 데 혈안이 되어 있으며, 그러기 위해 더 많은 세금을 거두려 할 뿐이다. 보좌관들 역시 국왕에게 아부해서 호의를 얻으려 할 뿐, 자기 말을 들으려 하지 않을 것이다. 그런 설명을 하며 거론한 내용이 바로 모턴 경의 집에서 여러 사람과 '양이 사람을 잡아먹는' 영국 사회 상황에 대해 논쟁했던 일이다. 많은 사람이 고향을 떠나 대도시로 몰려와서 범죄자로 전락하고 결국 사형당하게 된 것은 양모 가격 상승을 이용해 큰돈을 벌려는 지주 귀족들의 탐욕 때문이다. 이런 근본적인 요인을 두고 당장 도둑들만 잡아 처형하려는 것은 죄인을 만들어서 처형하는 격이다. 이런 비판에 대해 다른 사람들은 도둑질을 한 자들은 당연히 엄벌에 처하는 게 맞는다고 응수한다. 법이 그렇게 되어 있으니 법대로 해야 한다는 논리다. 그렇지만 히슬로다에우스의 생각에 이는 법의 이름으로 사람의 목숨을 빼앗는 일이다. 다른 사람의 돈을 빼앗았다고 목숨을 빼앗는 것은 법을 빙자한 불의일 뿐이다. 그의 표현대로 "극단적 정의는 극단적인 불의"다.

어떻게든 이상적인 국가에서 배운 지혜를 펼쳐서 세상을 구원해야 한다는 모어의 주장이 옳은가, 아니면 아무리 좋은 아이디어를 개진하려 해도 그것을 펼칠 수 있는 조건이 갖추어지지 않으면 불가능하다는 히슬로다에우스의 주장이 옳은가? 이것이 제1부에서 전개되는 이야기의 큰 틀이다. 다시 말해서 이상에 맞춰 현실을 개선하는 것이 가능한가 하는 문제 제기다.

히슬로다에우스는 자신의 주장을 펼치며 가상의 세 나라를 소개한다. 그 각각의 나라는 모두 현실에서 제기되는 중요한 문제 한 가지씩을 해결한 사례다. 도둑을 사형에 처하는 과도한 징벌을 가하지 않고 일을 시켜 죄를 닦게 만드는 폴릴레리트, 군주의 군사적 야욕을 억제하기 위해 신하들이 국왕에게 압박을 가하여 아예 다른 나라를 침범하지 못하도록 만든 아코리아, 백성들에게 가혹한 세금 착취를 하지 못하도록 군주에게 일정 액수 이상의 돈을 금고에 남기지 못하도록 강제한 마카리아가 그 나라들이다. 제2부에서 소개하는 유토피아가 사회의 모든 문제가 해결된 총체적인 이상향이라면, 제1부에서 소개되는 세 나라는 어떤 구체적인 작은 문제들이 해결된 부분적인 이상향이다. 달리 표현하면 제2부의 나라가 '거시적 유토피아Macro-Utopia'라면 제1부의 세 나라들은 '미시적 유토피아Micro-Utopia'라 할 수 있다.

이 세 나라는 적어도 한 가지 구체적 문제에 대해서는 확실한 해결책을 마련한 훌륭한 사례일까? 자세히 고찰해 보면 여기에서 제시된 해결책이 과연 정당하고 효과적인 방안인지 의문을 품지 않을 수 없다. 첫 번째로 소개한 폴릴레리트 사례를 보자. 영국 사회와 달리 도둑을 사형시키지 않고 공공사업에 복무케 하여 국가에도 도움이 되도록 하고 본인도 죄 값을 치르며 회개하도록 하자는 아이디어는 제법 인도적인 방안으로 보인다. 그러나 이 제도에 대한 설명에서 매우 이상한 부분을 발견하게 된다.

> "죄수에게 돈을 주면 주는 사람이나 받는 사람 모두 사형에 처합니다. 그 어떤 이유가 되었든 간에 자유인이 그들로부터 돈을 받는 것도 중대한 범죄입니다. 그리고 노예(이곳에서는 죄수를 이렇게 부릅니다)가 무기를 소지하는 것 역시 사형에 해당하는 중대한 범죄입니다. 이 나라 어느 지역이든 간에 이 사람들은 특별한 표시를 달게 되어 있습니다. 이 표시를 버리든지, 다른 구역으로 넘어가든지, 혹은 다른 구역 노예와 이야기만 해도 사형입니다. 탈주를 모의하는 것만으로도 탈주 그 자체와 마찬가지로 위험한 일입니다. 탈주 계획을 모의하면 노예는 사형이고 이에 협력한 자유인은 노예가 됩니다."(밑줄은 필자가 한 것임)

모어가 히슬로다에우스의 입을 빌려 영국의 현실을 비판한 요점은 결국 돈 때문에 사람이 죽음에 내몰리게 된다는 데 있다. 그런데 그 문제를 해결했다는 폴릴레리트의 사례를 보면 사람의 목숨을 살리는 자비로운 제도를 유지하기 위해 걸핏하면 사형을 남발하는 모순에 빠지고 만다. 해결책이라고 내놓은 것이 사실은 똑같은 문제로 되돌아가거나 어쩌면 더 악화된 것이다. 그야말로 극단적 정의가 극단적인 불의로 귀결될 수 있다는 경고다.

이런 모순은 저자의 무능력 때문일까? 그렇지 않다. 모어는 일부러 그런 모순을 책의 곳곳에 심어 놓았다. 모어는 이렇게 하면 이상향에 이를 수 있다는 식의 쉬운 청사진을 제시하지 않는다. 그보다는 오히려 일부러 모순된 답을 내보이면서 과연 우리의 생각이 정말로 맞는지 재고해 보도록 권하고 있다.

히슬로다에우스는 근본적인 해결책을 마련하기 위해서는 특별한 조건이 필요하다고 주장한다. 과연 어떤 조건이 갖추어질 때 이상적 사회가 실현 가능하다는 것일까? 제1부 마지막 부분에서 이에 대한 설명이 나온다. 사유 재산이 폐지되어야 정의와 행복이 가능하다는 것이다.

> "내 생각을 솔직하게 이야기하면 사유 재산이 존재하는 한, 그리고 돈이 모든 것의 척도로 남아 있는 한, 어떤 나라든 정의롭게 또 행복하게 통치할 수는 없습니다. 우리 삶에서 가장 좋은 것들이 최악의 시민들 수중에 있는 한 정의는 불가능합니다. 재산이 소수의 사람들에게 한정되어 있는 한 누구도 행복할 수 없습니다."

사유 재산이 완전히 사라진 유토피아에서는 "모두 덕을 숭앙하면서도 모든 것을 공평하게 나누어 갖고 또 모든 사람이 풍요롭게 살아간다"고 주장한다. 이에 대해 대부분의 사람은 모어가 했던 다음과 같은 상식적인 비판을 제기할 것이다.

> "하지만 저는 의견이 다릅니다. 제 생각에는 모든 것을 공유하는 곳에서는 사람들이 잘 살 수 없습니다. 모든 사람이 일을 안 하려고 할 텐데 어떻게 물자가 풍부하겠습니까? 이익을 얻을 희망이 없으면 자극을 받지 못합니다. 그래서 모두 다른 사람들에게 의지하려 하고 게을러질 것입니다. 어떤 사람이 자신에

게 부족한 것을 생산하기 위해 열심히 노력하더라도 자기가 얻은 것을 합법적으로 보장받지 못한다면, 그리고 특히 통치자들에 대한 존경과 그들의 권위가 모두 사라진다면 유혈과 혼란밖에 더 일어나지 않겠습니까? 모든 면에서 사람들이 서로 평등하다면 그들 사이에 어떻게 권위를 세울 수 있을지 나는 모르겠습니다."

작중 모어와 히슬로다우에스 두 사람 사이의 논쟁은 팽팽한 긴장감 속에 진행된다. 과연 누구의 의견이 타당할까? 그리고 저자인 모어의 진의는 어디에 가까울까?

여기에서 제1부가 마감된다. 두 주인공은 일단 그들의 논쟁을 멈추고, 점심 식사를 한 후 오후에 다시 이야기를 하기로 한다. 모어는 히슬로다에우스에게 그가 보고 온 유토피아라는 나라의 실상이 어떤지 자세히 설명해 달라고 부탁한다. 과연 사유 재산과 화폐 제도를 없애고 그런 바탕 위에 건립한 그 나라는 정말로 이상향일까?

유토피아는 이상 국가인가?

『유토피아』의 제2부에서 이상 국가의 실상이 자세히 서술되어 있다. 이 나라의 여러 면모를 살펴보면서 특징들을 파악해 보자.

유토피아는 섬나라로 설정되어 있다. 다만 원래부터 섬이 아니라 놀랍게도 인공적으로 만든 섬이다. 이곳은 원래 반도였는데 수많은 사람이 동원되어 땅을 파서 섬으로 만든 것으로 이야기한다. 국토의 지리적 여건까지 인위적으로 만든다는 사실은 유토피아가 원래부터 행복한 상태로 주어진 게 아니라 인간이 노력을 기울여 만들어 낸 이상향임을 강조한다.

이 나라 전역에 걸쳐 똑같은 모양의 도시들 네트워크가 조성되어 있다.

"이 섬에는 크고 장엄한 도시 54개가 있는데, 이 도시들은 언어, 관습, 제도, 법이 모두 같습니다. 지리적 여건에 따라 다소 차이는 있겠지만, 이 도시들은 모두 하나의 계획안에 따라 건설되었으며 따라서 똑같은 모양을 하고 있습니다. 가장 가까운 도시 간에도 적어도 24마일 떨어져 있고 또 가장 멀리 떨어진 도시 간에도 하루에 걸어가지 못할 정도로 멀지는 않습니다."

도시만 아니라 집들 역시 어딜 가나 똑같은 모양, 똑같은 구조다. 마치 이 나라 전체가 벌집 같다는 느낌을 줄 정도다. 집들은 개인 소유가 아니라 공유제로 유지되며, 추첨을 통해 배당하고 또 주기적으로 서로 교환한다. 여닫이 형태의 대문은 항시 열려 있어서 누구나 다른 사람 집으로 들어갈 수 있다. 그러므로 이곳은 사유 재산이 없는 정도가 아니라 사생활이 없다고 할 수 있다. 의복과 음식 역시 사정이 비슷하다. 이 나라 사람들은 누구나 다 똑같은 옷을 입고 있는데, 옷 색깔은 원래의 양모 그대로 흰색이다. 건국 이래 수백 년 세월 동안 이 옷은 변화가 없다. 또 식사는 가족끼리 집에서 하는 게 아니라 구민 회관에서 공동 식사를 한다.

의식주 모든 점에서 집단적 성격이 강하다는 것을 알 수 있다. 그렇다면 이 나라에서는 가족이 아무 의미가 없고 마치 병영처럼 집단생활을 영위하는 걸까? 그렇지는 않다. 오히려 다른 어느 나라보다 가정의 가치를 강조한다. 아버지가 가장으로서 가족을 잘 이끌고, 모든 가족이 거기에 복종하는 것이 이 나라의 미덕이다. 부부간 결합은 지극히 강하여 이혼이 사실상 불가능하며(이혼하려면 의회의 허락을 받아야 한다), 혹시 간통을 저지른 사람은 노예로 전락하고 재범인 경우에는 사형에 처한다. 그러므로 적어도 겉보기에는 통상적인 가정을 이루고 살 뿐 아니라, 가족의 가치를 아주 소중하게 여기고 철저하게 지키려는 것으로 보인다. 그런데 다른 한편 그와는 모순되는 매우 기이한 측면도 보인다. 다음 구절을 보자.

"한 도시가 지나치게 커지거나 작아지지 않도록 한 도시 안에 6천 가구 이상이 되지 않게 하고 또 한 가구의 식구 수가 10명에서 16명 사이가 되도록 법령으로 정했습니다. 가구당 어린이의 숫자는 제한하지 않고 다만 어른들의 숫자를 조정하는데, 식구가 많은 가구로부터 식구 수가 충분치 않은 가구로 사람들을 이전시킵니다. 마찬가지로 인구가 많아진 도시 주민들 일부를 인구가 부족한 도시로 이주시킵니다."

국가가 도시 주민과 가족 수를 강제로 조정하고 있음을 알 수 있다. 한편으로 지극한 가족애를 강조하지만 동시에 가족 성원들을 마음대로 이전시키는 이 현상을 어떻게 설명할 수 있을까?

가족 단위든 국가 단위든 이 나라 전체를 규정짓는 가장 큰 특징을 '가부장제'라고 표현하고 싶다. 이 말은 오늘 우리에게는 그다지 좋은 의미로 받아들여지지 않지만 모어의 시대 사람들에게는 결코 나쁜 의미가 아니었다. "이 섬 전체는 마치 하나의 가족 같다"는 것이 모어가 자랑스럽게 이 나라를 설명하는 내용이다.

그런데 이 말을 잘 생각해 보자. 섬 전체가 가족과 같다는 말은 정반대로 실제 가족은 상대적으로 의미가 작다는 뜻이다. 그러니까 작은 규모의 내 가족보다는 그것을 넘어서 이 나라 전체라는 '큰 가족'이 더 중요하다. 가족의 가치가 아주 강하지만 그 원리를 확대 적용하다 보니 오히려 가족을 마음대로 해체하고 조정하고 있다. 왜냐하면 작은 나, 작은 우리 가족 위주의 삶이 아니라 더 큰 가족, 즉 국가 전체 단위로 행복을 추구하기 때문이다. 주민들 각자가 자기 하고 싶은 것을 맘대로 하면 결국 안정과 질서가 깨지고 불평등이 커지므로, 공동체 전체의 규율을 엄수하며 살아야 한다. 나 개인의 행복 추구가 아니라 나라 전체가 한 가족처럼 화목하게 살아가며 공동으로 행복을 추구하는 것이 이상적인 상태다. 이를 위해서는 법보다는 가부장적 권위를 갖춘 어른들이 나서서 가족과 나라 질서를 잘 유지해야 한다.

이렇게 질서 잡힌 상태에서 모든 사람이 공동으로 일을 하므로 가족이나 나라 전체의 살림에 큰 문제가 없다. 여기에서 주목할 점은 모어가 이상 국가를 그리면서도 이 나라의 생산성이 엄청나게 좋아서 일주일에 두어 시간 일하면

먹는 문제를 완전히 해결한다는 식으로 서술하지 않는다는 점이다. 예컨대 놀라운 기계가 있어서 다른 나라 같으면 일주일 걸려 하는 일을 이곳에서는 아주 단기간에 다 처리한다는 식의 공상적 해결책을 내놓을 법도 한데, 그보다는 모든 국민들이 6시간씩 의무적으로 일을 하여 식량 문제를 해결한다고 설명한다. 이런 점을 보면 이 작품은 아주 현실적이다.

무엇보다 식량 확보가 가장 급한 과제다. 이 나라의 주민 대부분은 곡물 농사에 종사하며, 수확한 곡물은 빵 제조용으로만 쓸 뿐 맥주와 같은 곡물주 제조에는 사용하지 않는다. 과도한 음주가 문제를 일으키는 점도 고려했겠지만, 분명 곡물 부족 상황에 대비한 조치라는 것을 알 수 있다. 이 나라의 실상은 엄청난 생산성을 통해 풍족한 삶을 누리기보다는 곡물을 자급자족하는 수준이다.

그렇다면 당시의 기술 수준에서 사람들이 6시간만 일해서 식량 문제를 온전히 해결할 수 있느냐가 관건일 터이다. 저자가 내놓은 계산은 타당성이 없지 않다. 현실 사회에서는 일하지 않고 놀고먹는 양반 귀족들이나 한량들이 많으니 전체 인구 중 실제 일하는 사람들의 비중이 너무 낮다. 유토피아에서처럼 거의 전 주민이 생산적인 일을 한다면 필수품과 편의품은 충분히 생산할 수 있을 것이다. 게다가 현실 사회에서처럼 사치품 생산에 많은 인력이 투입되지 않는다는 점도 고려해야 한다. 사치품이란 소수의 사람들만을 위한 물품이다. 저자는 그런 상품은 무용한 정도를 넘어 인간의 진짜 행복을 방해한다고 판단한다. 그러므로 사치품 생산에 투입될 인력까지 모두 곡물 생산에 투입하면 더더욱 식량 확보는 무리 없이 이루어질 것이다. 이 사회의 중요한 원칙은 불요불급不要不急한 수요를 억제하고, 필수품 생산에 모든 자원을 집중한다는 것이다.

이런 사회에서는 당연히 빈부격차가 크지 않다. 모어는 한 걸음 더 나아가서 아예 불평등의 싹을 완전히 제거해 버리고자 한다. 돈을 없애자는 아이디어가 대표적이다. 돈을 통해 빈부격차가 더 벌어지고 사람들 사이에 지배 관계가 생겨나니 아예 그것을 없애 버리자는 것이다. 그러기 위해서는 돈의 주요 재료가 되는 귀금속에 대한 사람들의 생각 자체를 바꾸어 놓아야 한다.

> "그들은 값이 헐한 도기 접시와 유리잔으로 음식을 먹으면서 요강과 평범한 그릇 같은 것은 금과 은으로 만듭니다. 범법자들은 금귀고리와 금목걸이를 해야 하고 심지어 금관을 머리에 써야 합니다. 즉 이 사람들은 금과 은을 가능한 한 최대의 조롱거리로 만든 것입니다."

부자들이 금은을 축적함으로써 더 큰 부자가 되고 그렇게 하지 못하는 서민들은 가난에 빠지게 되는 것이 현실에서 벌어지는 상황일진대, 이 나라에서는 금과 은이 결코 고귀하고 소중한 물건이 아니라는 식으로 사람들 생각을 바꾸어 불평등의 가능성을 원천 봉쇄해 버렸다.

이 나라 경제 사정을 정리해 보면, 우선 모든 국민이 똑같이 일해서 먹고 사는 문제를 해결했다는 점이 큰 특징이다. 사치라는 것은 원천적으로 금지되어 있다. 기본적인 필요는 다 충족하고 그 이상의 것은 아예 존재하지 않는다. 그러니 더 많은 부를 얻겠다고 아등바등할 필요가 없다. 그런 점에서 이 나라는 대부분의 사회가 안고 있는 극도의 불평등, 서민들의 생활고 등의 문제를 성공적으로 해결했다고 평할 수 있다.

그런데 이 점만 이야기하면 절반만 설명한 셈이다. 전 국민이 함께 일해서 먹는 문제를 해결한 것은 물론 아주 중요한 일이다. 그러나 그것이 문제의 핵심이 아니다. 사실 그보다 더 중요한 것은 일하고 남는 시간이 있다는 점이다. 여유 있는 시간이야말로 유토피아의 핵심이다. 사람들이 그 시간을 이용하여 정말로 인간적인 가치를 구현할 수 있기 때문이다.

유토피아 사람들의 일과는 오전에 3시간 일하고 점심 식사를 한 후 2시간 정도 휴식을 취한 다음 오후에 다시 3시간 일을 하는 것이다. 그 후 저녁 식사를 하고 8시에 취침하여 8시간을 잔다. 그러므로 새벽 4시에 일어나는데 일은 오전 9시에 시작되므로 아침에 다섯 시간이 남는다. 이 새벽 시간에 이 나라 주민들은 공개 강의에 참석한다. 이는 분명 모어가 수학했던 대학의 일정과 일치한다. 당시 영국 대학에서는 첫 수업이 대개 새벽 5시부터 7시 사이에 시작되었다고 한다.

대부분의 국가에서는 국민들이 쉬는 시간에 어떤 일을 하고 지내는지 아무런 관심을 두지 않을 것이다. 많은 사람이 대개 음주, 도박, 사냥 같은 오락에 열중할 터다. 그렇지만 유토피아 사람들은 이런 종류의 '타락한' 오락에 탐닉하지 않는다. 그런 오락이 결코 행복을 가져다주지 않는다는 사실을 깨달았기 때문이라는 것이다. 의미 없이 주사위 던지는 노름, 사냥개가 약한 동물인 토끼를 쫓아가서 행하는 참혹한 살생 같은 것이 인간의 행복한 정서에 맞지 않다는 것을 잘 알고 있다. 그렇다면 인간의 행복은 어떻게 가능한가?

행복이란?

이상향의 존재 의의는 결국 그곳에 사는 사람들이 행복하게 살아간다는 데에 있다. 그렇다면 행복이란 무엇인가, 어떤 조건이 갖추어질 때 인간은 행복한가 하는 문제가 제기된다. 『유토피아』 제2부에서 히슬로다에우스는 상당히 긴 지면을 할애하여 행복의 문제에 대해 설명한다.

이 나라 사람들은 행복이 자신들의 삶의 목표라고 밝힌 다음, 행복은 결국 쾌락으로 이루어진다고 말한다.

> "그들은 덕과 쾌락을 논하지만, 그들의 주요 관심사는 인간의 행복이며, 행복이 한 가지로 이루어졌는지 여러 가지로 이루어졌는지를 따집니다. 그들은 인간의 행복이 거의 대부분 쾌락으로 이루어진다는 견해에 다소 과도하게 경도된 듯합니다. 더 놀라운 것은 그들이 진지하고 엄격하다 못해 가혹하고 엄숙한 종교를 통해 이 쾌락주의적hedonistic 철학을 옹호한다는 점입니다."

행복이 쾌락으로 이루어진다면 쾌락이란 무엇이며, 어떤 쾌락이 인간을 더 행복하게 만드는가 하는 문제를 따지지 않을 수 없다.

행복에 이르는 진정한 쾌락은 크게 두 종류로 구분된다. 하나는 육체적 쾌락이고 다른 하나는 정신적 쾌락이다. 육체적 쾌락은 저급한 쾌락이지만 달리 말해 더 기본적이고 중요한 것이다. 이는 다시 두 종류로 나뉜다.

첫 번째 것은 '감각을 만족시키는 즉각적인 즐거움'이다. 배고플 때 밥을 먹으면 찾아오는 만족감, 혹은 더 간단한 종류로는 피부가 가려울 때 긁었을 때의 상쾌함 같은 것들이다. 이런 것들은 작지만 틀림없는 쾌락이다. 사실 굶어서 배고픈 상태라면 당연히 행복과는 거리가 멀 수밖에 없다.

두 번째 종류의 육체적 쾌락은 '고요하고 조화로운 육체 상태, 무질서에서 벗어난 건강한 상태'다. 쉽게 말해 건강 그 자체가 쾌락이다. 비록 음식을 먹고 마시는 데에서 오는 만족보다는 덜 직접적으로 감각에 호소하지만, 건강이 지극히 중요한 요소라는 점은 부인할 수 없다. 건강은 행복을 구성하는 중요한 육체적 쾌락 요소이며 다른 모든 쾌락의 기반이다.

무엇보다 잘 먹고 몸이 편안하고 건강을 유지하는 것이 쾌락의 근간이라고 보는 것은 타당하다. 그렇지만 기본적이라는 것과 가장 중요하다는 것은 다른 이야기다. 유토피아의 철학에서 가장 소중한 쾌락은 정신적 쾌락이다. 그것은 덕의 실천과 올바른 삶에 대한 인식을 가리킨다. 정신적 쾌락은 그의 말을 직접 옮기자면 "지식, 그리고 진리에 대한 관조로부터 오는 즐거움, 또는 잘 보낸 한평생을 되돌아 볼 때의 만족이나 장래의 행복에 대한 의심할 바 없는 희망" 같은 것이다. 결국 모어가 말하는 쾌락은 우리가 그 말을 할 때 떠올리게 되는 향락 같은 게 결코 아니다. 실상 그들이 말하는 '선하고 정직한 쾌락'은 지적인 덕이며, 곧 종교적인 원칙에 부합되는 종류의 것이다. 결국은 덕을 실천하고 따르는 쾌락이 행복이라고 말하고 있다.

여기에서 거듭 강조할 점은 이 나라는 소수의 행복이 아니라 모든 사람의 행복을 추구한다는 점이다. 그렇다면 이 나라 주민들은 '쾌락-행복'을 어떻게 누리고 있는가?

우선 모든 사람이 건강한 삶을 살 수 있어야 하다. 기본적인 육체적 쾌락을 만족시켜야 하기 때문이다. 그러려면 안정적으로 식량을 확보하는 게 필수인

데, 이는 모든 시민이 공동으로 일해서 수확한 식량을 나누어 먹는 방식으로 해결한다. 이때 하루 6시간 노동으로 이 문제를 해결했다는 것이 중요한 의미를 띤다. 이 나라 사람들은 노동 시간 외에 남는 시간을 확보하였고, 그 시간에 덕성을 키우고 지식을 연마하고 신을 경배하고 그 외에 자신이 바라는 더 고상한 활동을 할 수 있다. 즉 육체적 쾌락보다 더 소중한 요소, 곧 정신적 쾌락을 향유한다는 점에서 행복한 삶을 살고 있다. 이 점을 볼 때 유토피아를 원시 공산주의 사회로 파악하는 것은 잘못된 해석이다. 공산주의 이론에서 공동 생산과 공동 분배는 가장 중요한 목표이지만, 유토피아에서는 그 자체가 목표가 아니라 더 상위의 다른 목표를 위한 기초일 뿐이다. 여유 시간에 정신적 쾌락을 얻는 것이 최종적인 목표이기 때문이다.

이처럼 집단적으로 행복을 추구하므로 개인이 과도하게 자신만의 쾌락을 추구해서는 안 된다. 예컨대 나 혼자 많은 부를 얻어 멋진 의복을 입으려 하면, 우선 '좋은 옷을 입으면 덕성이 더 높아 보인다고 착각하는 잘못된 쾌락'에 빠져서 그 자신이 행복을 잃게 되고, 다음으로 공동의 행복을 이루기 위한 경제 체제의 작동이 어려워져서 사회 전체의 행복을 저해한다. 이곳은 개인의 사적 욕망을 마음대로 충족시키는 곳이 아니라 반대로 사적 욕망을 절제하는 곳이다. 나의 행복이 전체의 행복 속에서 조화롭게 자리 잡는 것이 이 사회의 기본 원칙이다.

이런 일은 오직 유토피아 같은 나라에서만 가능하다는 것이 히슬로다에우스의 주장이다. 반대로 말하면 현실 사회에서 많은 사람이 불행한 이유는 인간의 자만심 혹은 오만 때문이다. 유토피아처럼 모든 사람이 집단적으로 사회 문제를 해결하고 공동으로 덕을 쌓으며 살아가면 모든 사람이 행복하게 될 텐데, 사람의 마음속에 있는 이 강렬한 욕망, 곧 나 자신이 다른 사람보다 우월하다고 믿는 오만이 모든 것을 망치게 한다는 것이다.

비판적 성찰

히슬로다에우스가 설명한 유토피아는 과연 모든 사람이 행복한 이상 사회일까? 부의 불균등한 분배, 부익부 빈익빈 등 현실 사회의 문제를 근본적인 방식으로 해결했고, 그 기반 위에서 정신적·지적 행복을 추구하는 이 나라의 방식은 우리가 모범으로 삼을 만한 모델이라 할 수 있을까? 오후 내내 유토피아에 대해 자세한 설명을 전해 들은 작중 모어는 과연 어떤 반응을 보일까? 의당 이 나라를 찬탄하는 말을 하지 않을까? 그런데 놀랍게도 그는 히슬로다에우스의 설명에 대해 지극히 비판적인 논평을 한다.

> "라파엘 씨가 이야기를 마쳤을 때 그가 설명한 유토피아의 관습과 법 가운데 적지 않은 것들이 아주 부조리하게 보였다. 그들의 전쟁술, 종교 의식, 사회 관습 등이 그런 예들이지만, 무엇보다도 내가 가장 큰 반감을 가진 점은 전체 체제의 기본이라 할 수 있는 공동체 생활과 화폐 없는 경제였다. 화폐가 없다는 이 한 가지만으로도 일반적으로 국가의 진정한 영광으로 여기는 귀족성, 장엄함, 화려함 및 장대함이 사라질 것이다."

『유토피아』를 읽는 독자들은 이 마지막 부분에 와서 충격을 받지 않을 수 없다. 지금까지 열심히 이상 국가를 설명해 놓고, 결론 부분에 와서 모든 걸 다 뒤집어엎어 버리기 때문이다. 그것도 단순히 몇 가지 부분적인 문제점들을 지적하는 게 아니라 이상 국가의 가장 중요한 전제 조건이 되는 공동체 생활 그리고 화폐의 제거가 받아들일 수 없는 점이라고 주장하지 않는가.

도대체 모어의 진의는 무엇일까? 유토피아는 이상 국가인가, 부조리한 공상에 불과한가? 작중 모어와 히슬로다에우스 중 누구 생각이 진짜 모어의 뜻에 부합할까? 이 문제에 대해 많은 논의가 있었고, 전문 연구자들도 이 부분에 대해 의견이 엇갈린다. 다만 우리로서는 이 문제에 대해 이렇게 정리할 수 있을 것이다.

『유토피아』에 나오는 두 캐릭터인 히슬로다에우스와 작중 모어는 모두 토머스 모어의 분신이다. 모어는 현실 세계의 갈등과 모순 앞에서 이 문제들을 해결할 수 있는 극단적인 해결책들을 생각해 보고, 그것들을 구현한 가상의 국가를 만들어 사고 실험을 한 셈이다. 이 사고 실험에서 이상 국가의 대변인이 히슬로다에우스이고, 비판적 성찰을 하는 캐릭터가 작중 모어다. 작중 모어는 실제 세계에서 살아가는 본래의 자기 자신에 가깝다. 즉 현실을 대변하는 자아가 실험적 사고를 대변하는 또 다른 자아의 이야기를 듣고 그것에 대해 토론하고 논쟁을 벌인다. 그렇지만 실험의 결과 최종적인 결론을 내리지는 않은 상태로 마무리를 짓고 있다. 책의 마지막 부분을 보자.

> "라파엘 씨가 말하느라 지쳤기 때문에 이런 문제들에 대한 반대 의견에 대답을 잘할 수 있을지 의문이었다. (…) 그래서 유토피아의 생활 방식과 또 그의 훌륭한 설명에 대해 찬사를 보내고 나서 그의 손을 잡고 식사를 하러 갔다. 그리고 우리가 나중에 시간을 내어서 이 문제들에 대해 더 깊은 의견을 나누고 조금 더 자세한 사실들을 들었으면 좋겠다고 말했다. 사실 언젠가 그런 기회가 주어지기를 지금도 고대한다.
> 한편 비록 그가 의심할 바 없이 대단한 학식과 경험을 가진 것은 분명하지만, 나는 그가 말한 모든 것에 동의할 수는 없다. 그렇지만 고백하건대 유토피아 공화국에는 실제로 실현될 가능성은 거의 없지만 어쨌든 우리나라에도 도입되었으면 좋겠다고 염원할 만한 요소들이 많다고 본다."

그러므로 『유토피아』에 그려진 국가가 과연 우리가 따라야 하는 모델인지 정반대로 모순 가득한 허망한 공상에 불과한지에 대해서는 명확히 알 수 없다. 마지막에 나오는 발언을 보면, 유토피아의 계획 중에 우리 사회가 받아들일 만한 부분들이 분명 존재하지만 그것은 실현하기가 쉽지 않으며, 더 나아가서 그중 많은 부분은 오히려 나쁜 측면들이라고 이야기한다. 그렇다면 그런 모델을 만들어 제시한 이유는 무엇일까?

이 작품에서 거론된 국가 모델은 애초에 실현 불가능하며, 모어 자신도 그런 의도를 가지고 있지는 않았을 것이다. 사실 인간 사회를 완벽하게 개조하는 이상적인 모델이라는 게 있을 수 없다. 혹시라도 그런 모델이 있다고 강변하고 현실 사회에 무리하게 적용하려 하면 심각한 문제들이 노정될 것이 분명하다. 그러므로 모어는 이상향이 어떠해야 하는지 고민하면서 동시에 그것을 무리하게 추구할 때 초래될 위험에 대해 경고하는 이중의 작업을 하고 있다. 모어가 텍스트 중간에 일부러 모순점들을 집어넣고, 자신의 주장에 대해 농담조로 비판하는 것이 그 때문이다.

어쩌면 우리가 주목해 볼 부분은 "나중에 시간을 내어서 이 문제들에 대해 더 깊은 의견을 나누고 조금 더 자세한 사실들을 이야기했으면 좋겠다"고 무심한 듯 이야기하는 내용이다. 모어는 순진하게 이상 국가의 청사진을 제시하고, 그 계획을 실천에 옮기면 모든 문제가 해결된다는 식으로 이야기를 하지는 않는다. 세상이 그렇게 단순하지 않고, 문제가 그렇게 쉽게 풀릴 성질이 아니며, 대개는 문제를 해결하겠다는 방안이 더 큰 문제를 일으킬 수 있다는 점을 누구보다도 잘 알고 있기 때문이다. 앞서 이야기했듯이 지극한 정의가 곧 지극한 불의로 귀결되기 십상이다. 그러나 우리는 그런 점을 염두에 두되 현실의 문제에 대해 계속 고민하고 더 나은 사회와 국가로 나아가도록 최선의 노력을 경주해야 마땅하다.

이 작품에서 설명한 이상 국가는 완전한 이상 국가가 아니다. 그런 점에서 히슬로다에우스는 이름 그대로 허튼소리를 한 것이지만 그것은 매우 중요하고 의미심장한 허튼소리였다. 현실을 예리하게 살펴보고 그것을 거울삼아 더 나은 사회에 대해 깊은 성찰을 하는 기회를 제공했기 때문이다. 행복한 사회를 만들기 위해서는 어떤 요소들이 필요한지 우리 모두 생각해야 하며, 또 그런 생각을 할 때 어떤 문제들이 있을 수 있는지 또 다시 생각해 보아야 한다. 『유토피아』의 의미는 이상 사회의 모델을 제시한 것이 아니라 그에 대해 생각하도록 권유한 데에 있다.

참고 자료

1. 오비디우스, 『변신』 중 「황금시대」(기원전 8년)

태초에 사람들이 살았던 시대가 황금시대였다는 전설은 많지만 그 가운데 후대에 큰 영향을 미친 것 중 하나는 오비디우스의 『변신』의 앞부분에 나오는 내용이다. 이 이야기는 중세 이후 기독교의 영향을 받아 에덴동산 신화와 겹쳐지기도 했고, 때로는 혁명적 메시아주의자들에 의해 종말의 시점에서 인류가 마지막으로 도달하는 시대로 변형되기도 했다. 이 이야기는 모어의 『유토피아』에도 깊은 영향을 미쳤다.

첫 시대는 황금시대였으니, 이 초기의 날들에는
아무런 법도 권력도 없었다, 그래도 사람들은
올바른 일을 했고 강요하지 않아도 약속을 지켰다.
아무런 처벌도, 위협도 없고, 협박의 말을 놋쇠 명판에
새겨 둘 필요도 없었다, 사람들이 몰려가서
높은 곳에 앉은 판관에게 자비를 구하지도 않았다.
법과 판관 없이도 사람들은 안전하게 살았다.
높은 언덕 위에 솟아 있는 소나무를 베어 배를 지어서
대양의 거친 물결 넘나들며 사람들에게 고향을 떠나도록
만드는 일도 없었다.
도시에는 해자垓字가 없었다. 놋쇠로 만든 나팔, 긴 트럼펫,
칼이나 방패 같은 것들도 없었다.
평온한 시간 속에서 평화롭게 지내는 모든 민족은
군대의 침략을 몰랐고, 그러는 동안 대지는 가래와 보습이
닿은 적 없는데도, 기꺼이 사람들이 원하는 것을 베풀었다.
사람들은 대지의 선물에 만족하였으니 그것은 억지로,
강제로 빼앗은 것이 아니었다.
월귤나무 열매와 산수유나무 열매를 받고 산기슭에서 산딸기를 걷고
가시나무에서 딴 잘 익은 열매를 먹으며
주피터 신의 큰 참나무에서 도토리도 얻었다.

1년 내내 봄이어서, 따뜻한 서풍이 씨 없이도 자라난 꽃들을
어루만지며 지나갔다.
경작도 하지 않은 땅이건만 여기에
수염 난 밀 줄기들이 빽빽하게 자라 하얗게 빛났다.
강물에는 우유와 넥타[1]가 넘치고 참나무에서는
황금빛 꿀이 흘러나왔다.
그 후에 사투르누스가 우울한 지옥으로 쫓겨난 뒤
주피터가 세상을 다스리니, 은의 시대가 도래했다.
이때는 황금시대보다는 못하지만
그래도 노란색 황동의 시대보다는 나았다.
주피터는 예전의 봄을 짧게 만들어 버리고,
1년을 네 개의 계절로 나누었으니,
겨울, 이제는 짧아진 봄, 더운 여름, 고집 센 가을이 그것이라.
이제 처음으로 여름 더위에 공기가 하얗게 달구어졌고,
고드름이 달려서 바람을 맞았다.
처음으로 집이라는 것이 필요해졌으니 동굴이나 잡목 숲에서 살면서,
그곳에서 나뭇가지와 버들가지를 엮고 목피를 둘렀다.
처음으로 곡물 종자를 줄 맞추어 심어야 했고
무거운 쟁기를 진 황소가 신음했다.
세 번째로 청동시대가 찾아왔다.
마음은 더욱 각박해지고 가공할 무기에 의존했으나
그래도 아직 야만적이지는 않았다.
마지막이 철의 시대였다.
악이 터져 나왔다. 그런 조악한 곳에서 겸손이니, 진실이니
믿음이니 하는 것들은 후퇴하고

1 그리스 신화에서 신들이 마시는 불로장생 음료수.

그 자리에 사기, 간사한 계략, 야만적인 폭력, 배신,
그리고 수치스러운 이익 추구가 대신 들어섰다.
이제 바람에 돛이 부풀어 올랐고—처음에 선원들은 이게 무엇인지도
몰랐다—배의 용골은 저 높은 산꼭대기에 오랫동안 서 있던 나무로
만들어 낯선 파도 위를 춤추듯이 내달렸다.
그리고 한때 햇빛이나 공기처럼 모든 사람 것이던
대지는 측량사의 줄자 아래 감시당했다.

2. 플라톤, 『국가론』(기원전 360년경)

플라톤은 사유 재산에 대해 전적으로 부정적이기보다는 차라리 이중적이었다. 하층 시민들에게는 재산을 허용하지만 국가의 '수호자' 계층에게는 재산을 허용치 않은 것이다. 이들은 이상 국가의 철학자이자 전사이자 왕이었다. 이들이 국가의 번영을 지키는 핵심 인물인 만큼 이들의 교육이 매우 중요한 문제였다. 교육 내용은 신화적인 내용을 문자 그대로 믿도록 만드는 것이었다. 이 아이들은 태어나자마자 다른 아이들로부터 격리되어 따로 자라나는데, 이들에게는 자신이 보통 사람들에게서 태어난 것이 아니고 국가의 대지 그 자체에서 태어난 것이며, 일반인들과는 달리 금과 은의 요소로 만들어졌다고 주입시킨다. 이렇게 자라나서 통치자가 되어 통속적인 금속을 탐하게 되면 불편부당한 정치를 하게 된다는 것이다.

시민들이여, 당신들은 모두 한 형제들이긴 하지만 신께서는 각자 다르게 만드셨습니다. 당신들 중 일부는 명령하는 권리를 가지고 있는데, 이들은 금으로 만든 사람이니만큼 큰 명예를 가지고 있습니다. 은으로 만든 사람은 보조자들입니다. 농민과 장인匠人은 황동과 철로 만들었습니다. 이런 각각의 종種은 어린아이 내부에 심어져 있습니다. 그렇지만 사실 모든 사람은 같은 줄기에서 만들어졌기 때문에 가끔 금 부모가 은 아이를 얻고 은 부모가 금 아이를 얻기도 하는 것입니다. 그리고 신께서는 무엇보다도 지배자에게 가장 중요한 법칙으로서 이런 것을 선언하셨습니다. 그들이 가장 애써서 지켜야 하는 것은 혈통의 순수성입니다. 그들은 자기 자식들에게 어떤 요소가 섞여 들어가는지 잘 지켜보아야 합니다. 만일 금이나 은 부모의 아이들에게 황동과 철이 섞이면 자연은 지위의 전환을 명령합니다. 이때 지배자는 자기 아이들의 지위 변화에 대해 슬퍼해서는 안 됩니다. 그 아이는 지위가 떨어져서 농민이나 장인이 되고, 반대로 농민이나 장인의 아이 중에 금이나 은을 받은 아이는 명예로운 지위로 상승하여 수호자나 보조자가 되는 것입니다. 신탁에 의하면 황동이나 철의 인간이 수호자가 되어 통치를 하면 그 나라는 망한다고 되어 있습니다.

이야기는 이런 내용입니다. 우리 시민들이 이 이야기를 과연 믿을까요?

그는 이렇게 답했다. 우리 세대에는 가능성이 없습니다. 그러나 우리 아이들, 그리고 그 아이의 아이들, 그 후손들은 그 이야기를 믿게 만들 수 있을 것입니다.

***

이제 우리의 이상을 실현하기 위해서 그들의 생활 방식이 어떠해야 하는지 알아보도록 합시다. 우선 반드시 필요한 정도 이상으로 재산을 가져서는 안 됩니다. 또 자기 집과 창고를 두어서 남이 들어오지 못하게 막아서도 안 됩니다. 그들의 식량은 자제와 용기의 대표자라 할 수 있는 훈련된 전사들에게 필요한 정도입니다. 또 그들은 시민들로부터 고정된 급료를 받는데 이는 1년 동안의 비용을 충당하는 정도이지 그 이상이어서는 안 됩니다. 그리고 전투 부대에서 함께 살아가는 군인들처럼 공동 식사를 하고 공동생활을 해야 합니다. 우리는 그들에게 금과 은은 신으로부터 받은 것이라고 말해 줄 것입니다. 고귀한 금속이 이미 그들 내부에 존재하므로 일반인들 사이에 흔한 비금속이 필요치 않으며, 또 그런 세속적인 혼합을 통해 신성을 더럽혀서는 안 됩니다.

그런 통속적인 금속은 신성을 더럽히는 행위의 원천이기 십상이어서, 그들 내면의 순결한 귀금속을 더럽힐 것이기 때문입니다. 그리고 모든 시민 가운데 그들만은 금은을 만지거나 거래해서는 안 되며, 집 안에 금은을 두든지 그런 것을 몸에 두르든지 그런 것으로 만든 용기로 음료수를 마셔도 안 됩니다. 그렇게 해야만 그들이 구원을 받고, 또 그래야 그들이 나라를 구할 것입니다. 만일 그들이 가정이나 땅, 돈을 얻게 되면, 그들은 '수호자'가 아니라 단순히 한 집의 가장이자 남편이 될 것이며, 다른 시민들의 동맹이 아니라 적과 독재자가 될 것입니다. 미워하는 동시에 미움을 받고, 또 음모를 꾸미는 동시에 음모의 대상이 되면 그들은 평생 외부의 적보다는 내부의 적에게 큰 공포를 느낄 것입니다. 그렇게 되면 그들 자신뿐 아니라 국가 전체가 파멸을 면치 못합니다. 그렇기 때문에 이런 취지의 법을 만들어야 하는 것입니다.

3. 플루타르코스, 『영웅전』 중 「리쿠르고스」(서기 1~2세기경)

리쿠르고스는 기원전 7세기에 스파르타의 국제國制를 만들었다는 전설적인 인물이다. 스파르타는 오늘날의 관점에서는 군국주의적인 특징과 강압적인 교육 방식으로 인해 부정적으로 받아들여지기 십상이지만, 실제로는 고대 그리스에서 많은 사람이 아테네보다도 스파르타를 더 이상적인 국가로 생각했다. 그 이유는 토지를 공유하고 시민들이 식사를 공동으로 하는 식으로 마치 국가 전체가 한 가족 같은 공동체를 이루었기 때문이다. 모어의 『유토피아』에도 분명 스파르타를 연상시키는 부분이 많으며, 다른 유토피아주의자들에게도 스파르타는 중요한 참고가 되었다.

리쿠르고스는 라코니아 지방의 토지를 3만 필지로 나누어서 페리오이코이, 즉 지방의 자유민들에게 나누어 주고, 스파르타시市에 속한 땅을 9만 필지로 나누어 스파르타 시민들에게 나누어 주었다. (…) 각각의 토지에서는 남자의 몫으로 70부셸, 아내의 몫으로 12부셸의 보리, 그리고 같은 비율의 포도주와 기름이 생산되었다. 리쿠르고스는 이 정도의 양이면 육체의 활력과 건강을 유지하는 데 충분하다고 생각했다. 그로부터 얼마 후 리쿠르고스는 여행에서 돌아오다가 막 수확을 끝낸 토지에 똑같은 분량의 곡식단이 나란히 쌓여 있는 것을 보고 미소를 띠며 "라코니아 전 국토는 마치 많은 형제 간에 새로 분배한 가족 재산과 같소"라고 옆에 있는 사람들에게 말했다고 한다.

리쿠르고스는 불공평과 불평등의 마지막 흔적까지 없애기 위해 동산動産도 똑같이 나누려는 계획을 세웠다. 그러나 모두 자기 재산을 빼앗기는 것을 싫어했기 때문에 그는 다른 방법을 써서 사람들의 탐욕을 정치적 방식으로 억제하고자 했다. 그는 우선 금화와 은화를 모두 거두어들이고 쇠돈만을 쓰게 했다. 이 쇠돈은 부피가 크고 무거웠지만 가치는 얼마 되지 않아서, 고작 10미나(아주 소액)의 돈을 저장하려면 커다란 방이 필요했고 이것을 운반하는 데는 소가 끄는 수레가 필요했다. 이 화폐가 사용되자 불공정하던 많은 일이 라케다이몬 땅에서 사라졌다. 이런 돈을 누가 훔치거나 뇌물로 받거나 강탈하겠는가? 이 돈은 숨길 수도 없고 가져 봐야 만족스럽지도 못하고, 게다가 깨뜨려서

스파르타의 리쿠르고스 동상(벨기에 브뤼셀 법정), 매트 포포비치, 2013

다른 물건을 만들 수도 없었다. 이 돈은 벌겋게 달군 쇠에다 초를 쳐서 만들었기 때문에 쇠의 성질이 사라져서 부스러지기 쉽고 다루기도 힘들어서 다른 목적에 쓸 수 없도록 해 놓았기 때문이다.

리쿠르고스는 다음으로 생활에 불필요한 기술들을 모두 없앴다. 사실 그런 사람들을 내쫓지 않았더라도 그들의 물건을 팔지 못하기 때문에 돈을 벌지는 못했을 것이다. 쇠돈은 그리스의 다른 지역으로 갖고 가지도 못했고, 가치도 적어서 놀림의 대상이 되기만 했을 것이다. 그러므로 외국에서 자잘한 물품들을 사올 수가 없었다. 선원이나 상인들이 외국 상품을 항구로 들여오지도 않았고, 수사학 선생들이 스파르타의 땅에 발을 들여놓지도 않았으며, 떠돌이 점쟁이, 뚜쟁이, 금은 세공인도 없었다. 이곳에 돈이 없기 때문이다. 사치는 저절로 사라져갔고, 부자들이라 해도 공공연히 과시할 곳이 없어서 단지 집 안에 쌓이므로 가난한 사람들보다 나을 것이 없었다. 대신 생활에 꼭 필요한 침대나 의자, 책상 등 가구들의 질이 아주 좋아졌고, 그중에서도 특히 스파르타의 컵은 대단히 평판이 좋았다. 크리티아스가 전하는 바에 의하면, 이 컵은 군인들이 행군하면서 마셔야 하는 탁한 물도 깨끗해 보이게 만들고, 물속에 섞인 더러운 것들은 컵 밑바닥으로 가라앉게 되어 있어 위의 맑은 부분만 사람 입에 닿으므로, 군인들이 특히 좋아했다고 한다. 이것들은 모두 리쿠르고스의 지혜가 만들어 낸 결과였다. 쓸데없는 사치품을 만들던 기술자들은 더 많은 사람이 사용하는 유용한 물건을 만드는 데 그들의 솜씨를 발휘했기 때문이다.

사치를 억제하고 재물에 대한 욕심을 없애기 위해 그는 세 번째로 아주 정교한 정책을 도입했다. 그것은 여러 사람이 한곳에 모여서 특정한 음식을 함께 먹도록 한 것이다. 리쿠르고스는 각자 집에서 호사스러운 소파와 식탁에 앉아 요리사가 준비한 산해진미를 쌓아 놓고 시중을 들여가며 먹게 되면 탐욕스러운 동물이 그런 것처럼 살만 찌고, 게으른 잠과 뜨거운 목욕, 지나친 휴식만 찾게 되어서 사람의 정신과 육체를 병들게 한다고 생각했다. 테오프라스토스가 말한 것처럼, 간소한 음식을 공동으로 먹는 리쿠르고스의 정책은 '부富를 무욕의 대상'으로 만든 위대한 성취였다. 부자나 가난한 사람이나 모두 같은 식탁에 앉아 식사를 하므로 부자들이 사치스러운 음식을 만들어 남에게 자랑하는 일도 없어지게 되었으니, 플루투스(부의 신)가 장님이 되어 아무런 활동도 못하고 그림처럼 꼼짝 못하는 일을 볼 수 있는 곳은 세상에 스파르타밖에 없었다. 부자들이 자기 집에서 미리 식사를 하고 공동 식사장에 나갈 수도 없었다. 많은 사람이 감시하다가 그런 사람을 보게 되면 나약한 인간, 혹은 공동 식사도 감내하지 못하는 여자 같은 남자라고 비난했다. (…) 이 공동 식사에 나오는 음식 중에서 검은 수프는 특히 유명했다. 노인들은 고깃덩이를 젊은이들에게 주고 검은 국물을 마시는 것을 좋아했다. 이 수프가 유명하다는 말을 듣고 폰투스의 어느 왕은 일부러 스파르타의 요리사를 불러서 검은 수프를 만들어 먹어 보았다. 그런데 그 수프는 전혀 맛이 없었다. 왕이 불평을 하자 요리사는 "왕이시여, 이 수프는 먼저 에우로타스 강(스파르타 가운데를 흐르는 강)에 가서 목욕을 하신 다음에 잡수셔야 제맛이 납니다"라고 말했다.

4. 사도행전

사도행전 4장의 마지막 절들은 초기 기독교도의 공동생활을 묘사한다. 반은 공동체이고 반은 교회인 이 작은 모임은 나중에 모든 기독교도가 따라야 하는 모범으로 간주되었다. 이들의 생활의 특징 중 하나는 모든 물건을 공동 소유하는 것이었다. 그리고 5장의 첫째 절들은 모든 것을 함께 나누는 생활을 더욱 극적으로 묘사하는 내용이다.

4:31~35, 5:1~11

기도를 마치자, 그들이 모여 있는 곳이 흔들리고 모두 성령으로 충만해져서 하느님의 말씀을 담대히 말하게 되었다. 많은 신도가 다 한마음 한뜻이 되어, 아무도 자기 소유를 자기 것이라고 하지 않고 모든 것을 공동으로 사용하였다. 사도들은 큰 능력으로 주 예수의 부활을 증언하였고, 그들은 모두 큰 은혜를 받았다. 그들 중에는 아무도 가난한 사람이 없었다. 땅이나 집을 소유한 사람들은 그것을 팔아서 그 판 돈을 사도들의 발 앞에 가져다 놓았고, 사도들은 이를 필요한 사람들에게 나누어 주었다. 키프로스 태생으로 레위 사람이요, 사도들에게서 바나바, 곧 '위로의 아들'이라는 뜻의 별명을 받은 요셉이, 자기의 밭을 팔아서 그 돈을 사도들의 발 앞에 가져다 놓았다.

그런데 아나니아라는 사람이 그의 아내 삽비라와 함께 소유를 팔아서, 그 값의 일부를 따로 떼어 놓았다. 아내도 이를 알고 있었다. 그는 그 나머지를 사도들의 발 앞에 가져다 놓았다. 그러자 베드로가 말하였다.

"아나니아는 들으시오. 어찌하여 그대는 마음이 사탄에게 홀려서 성령을 속이고 땅값의 일부를 몰래 떼어 놓았는가? 그 땅은 팔기 전에도 그대의 것이 아니었는가? 또 판 뒤에도 그대의 마음대로 할 수 있었던 것이 아닌가? 그런데 왜 이런 일을 할 마음을 먹었는가? 그대는 사람을 속인 것이 아니라 하느님을 속인 것이오."

아나니아는 이 말을 듣고 그 자리에서 쓰러져 숨졌다. 이 소문을 들은 사람들은 모두 크게 두려워하였다. 젊은이들이 일어나 그 시신을 싸서 메고 나가

「아나니아의 죽음」, 라파엘로 산치오, 1515

장사를 지내 주었다. 세 시간쯤 지나 아나니아의 아내가 그동안 일어난 일을 알지 못한 채 들어왔다. 베드로가 그 여자에게 "그대들이 판 땅값이 이것뿐인가? 어디 말해 보시오" 하고 묻자 "예, 그것뿐입니다" 하고 여자가 대답하였다. 베드로가 그 여자에게 "왜 그대들 내외는 서로 공모해서 주의 영을 시험하려 하였는가? 보시오, 그대의 남편을 묻은 사람들의 발이 막 문에 다다랐으니, 그들이 또 그대를 메고 나갈 것이오" 하고 말하였다. 그러자 그 여자도 그 자리에서 베드로의 발 앞에 쓰러져 숨졌다. 젊은이들이 들어와 그 여자가 죽은 것을 보고서 메어다가 그의 남편 곁에 묻었다. 온 교회와 이 사건을 들은 사람들은 모두 크게 두려워하였다.

5. 성 베네딕트 수도원 규칙(6세기)

유토피아주의자들은 흔히 기독교에 눈을 돌렸는데 그 이유는 초기 신자들이 이상적인 공동체를 구현한 것으로 보였기 때문이다. 수도원이 그런 기관이었다. 그 가운데 특히 가장 유명하고 널리 퍼진 것이 베네딕트 수도원이었다. 이 수도원의 유명한 규칙서는 원래 몬테카시노에 새로 세워진 수도원을 위한 것이었으나, 일종의 표준적인 규칙서로 널리 알려지게 되었다. 그 내용은 극도로 엄격하다고 할 수는 없으나 재산 공유에 대해서는 철저했다.

33장 수도사들은 자기 소유의 물건을 가져야 하는가

이 악덕은 각별히 수도원에서 근절해야 한다. 누구든지 수도원장의 허락 없이 어떤 물건이라도 주고받거나 자기 것으로 삼아서는 안 된다. 그것이 책이든 서판이든 펜이든 그 무엇이든 간에 허락되지 않는다. 수도사들에게는 심지어 자기 몸이나 의지도 마음대로 할 수 없는 것이기 때문이다. 그들이 원하는 것이 있다면 수도원장에게 요청하도록 하고, 만일 수도원장이 주거나 허락한 것이 아닌 무엇인가를 가지면 규칙 위반이 된다. 성경에 말하기를 “모든 것을 공동의 것으로 하고, 누구든 그것이 자기 것이라고 말하지 못하게 하라”(사도행전 4:32) 만일 누군가가 이 최악의 악덕에 빠져 있다가 발각되면 첫 번째나 두 번째에는 경고를 주고, 그래도 잘못을 교정하지 않으면 처벌한다.

34장 모두 필요품을 똑같이 받아야 하는가

성경 말씀을 따르도록 하자. “분배는 각자 원하는 바대로 하였다.”(사도행전 4:35) 이는 사람들을 차별해서 품위를 인정해 준다는 의미가 아니라 (하느님이 그것을 금하셨다) 환자들을 돌본다는 의미이다. 적은 것만 필요한 사람은 그 점에 대해 하느님께 감사드릴 일이요 불만을 가져서는 안 된다. 많은 것이 필요한 사람은 그의 병에 대해 겸손할 일이요, 그에게 보여 주는 은총에 대해 교만

하지 말아야 한다. 그래서 모든 수도사가 평화롭게 지내야 한다. 무엇보다도 이유가 무엇이든 간에 불만을 드러내는 악덕을 말이나 몸짓으로 나타내서는 안 된다. 형제 중 누군가가 그런 죄를 짓는다면 심한 처벌을 부과한다.

6. 코케인(중세 민담)

중세 유럽에서 대부분의 사람은 매일같이 지루하고 힘든 농사일을 하는 한편 때때로 기근에 시달리며 살아갔다. 이런 상황에서 사람들은 음식과 섹스, 유희가 얼마든지 보장되는 꿈같은 세계를 그리곤 했다. 그리고 농부들의 눈으로 볼 때 수도원에서 살아가는 수도사들은—실제 생활이 어떤지는 전혀 다른 문제이지만—일도 하지 않고 편하게 살아가면서 여자들(특히 수녀들)과 놀아나는 사람들로 비쳤다. 농민들은 자신들의 모든 욕망이 충족된 세상을 가상의 수도원에 빗대어 그리곤 했다.

에스파냐 서쪽 먼 바다에
코케인이라 불리는 나라가 있다.
하늘 아래 그 어디에도 이보다 더 즐거운 곳은 없다.
비록 천국이 활기차고 밝은 곳이라 해도
코케인보다 더 영광스럽지는 않으리.
사실 말이지 천국에서 보여 줄 것이라고는
줄지어 서 있는 식물 말고 무엇이 있는가?
그곳의 꽃은 붉고 풀은 푸르고 도덕적 분위기는 엄숙하며
지복至福이 넘친다 해도 먹을 것이라고는
과일뿐이요 마실 것이라고는 물뿐이니
별로 재미는 없어 보이네.
게다가 사람들도 많지 않으니
엘리아와 에녹[2] 말고 누구와 말을 나눌꼬?
그들이 비록 좋은 사람들이지만
그 외에 아무도 없지 않은가.
코케인에는 고기와 술이 넘치네.

---

2 에녹은 창세기에 나오는 인물인데 하느님과 300년간 동행하다가 죽지 않고 하늘나라로 들어 올려졌다고 한다.(창세기 2장) 선지자 엘리아 역시 불의 전차를 타고 하늘나라로 들어 올려진 인물이다.(열왕기 2권 2장)

땀 흘리고 애쓰고 열심히 일하지 않아도
고기는 공짜고 술은 넘쳐흐르니
돈 없어도 되고 걱정 안 해도 된다네.
낮이나 밤이나 원하는 것은 달라면 되고
모든 것이 당신의 즐거움을 위해 있다네.

***

근엄한 외관을 한 고귀한 수도원이 하나 있어서
흰색 혹은 회색 옷의 수도사들을 잔뜩 거느리고
하늘 높이 깃발을 올리고 있네.
그곳에는 많은 정자와 홀이 있는데
벽들은 고기 파이로 되어 있고 하늘까지 뻗은 소탑小塔들은
생선과 고급 육류로 채워져 있어서
누구나 그중 가장 맛있는 것을 먹을 수 있다네.
교회와 수도원의 탑과 홀은 모두 생강 빵으로 되어 있고
기름진 푸딩으로 만든 뒷문은 왕자나 왕의 잔치용으로 써도
좋을 정도인데 누구든 먹고 싶은 만큼 먹고 먹고 또 먹어도 된다네.
누구나 환영일세, 늙은이나 젊은이, 혹은 몸집 좋고 튼튼한 사람이든,
온화하든 뻔뻔하든 간에.
이곳의 젊은 수도사들은 매일같이 저녁 식사 후에 놀러 간다네.
매나 메추라기라 해도
이 즐거움 가득한 수도사들보다 민첩하고 솜씨 좋지는 못하리.
그들이 풀밭을 가로지르며 춤출 때
긴 소매는 휘날리고
두건은 저녁 공기 속에서 날아다니네.
이들이 도망가는 것을 지켜보는
수도원장 역시 기쁨이 가득하다네.

원장이 수사들을 불러 모아 놓고
"저녁 기도 드립시다" 하고 소리쳐도
말 안 듣는 수사들은 놀이에 정신이 팔려
언덕 너머 저 멀리 뛰어간다네.
수사들이 장난치며 시야에서 멀어져 갈 때
이를 본 수도원장님께서는 무리 중에서
처녀 한 명을 골라내서 예쁜 속옷을 걷어 올리고
그녀의 엉덩이를 작은북 삼아 돌아오라는 북소리를 낸다네.

***

그곳에는 또 다른 수도원이 있는데
달콤한 우유 같은 강이 흐르는 곳
비단처럼 부드러운 시골에 있는
정말이지 훌륭하기 그지없는 수녀원이라네.
여름 날씨가 너무 더우면 젊은 수녀들은 보트를 타고
노를 힘껏 저어 강에 들어가
용감하게 강변으로부터 멀리 나가서
집에서 아주 멀어졌을 때
옷을 벗고 물결과 바람을 즐기다가
물속으로 첨벙 뛰어들어 가
물을 튕기고 헤엄친다네.
이를 본 젊은 수사들은 기쁜 마음에
서둘러 다가오도다.
곧바로 수녀들에게 가까이 가는 동안 각자 자기 파트너를 정하고는
재빨리 자기 노획물과 함께 호기심에 찬 눈들을 피해
수도원의 은밀한 오두막으로 가서
진실한 사랑의 매듭을 엮는다오.

여자들은 모두 특별한 행동을 통해
진실한 헌신의 행위를 한다네.
덕망이 높기로 유명하며 높은 두건을 쓰고 다니는
수사는 원기를 북돋우기 위해 1년에 적어도
열두 명의 아내와 즐긴다네.
이는 은총이 아니라 자신의 권리로서
자신의 쾌락과 위안을 위해서 하는 일이라네.
그리고 열정이 넘쳐서
밤새 여성의 휴식을 빼앗는 수사는
언젠가 수도원장이 되기를 소망하는 충분한 이유가 있는 법이지.

7. 사제 요한Prester John 왕국(12세기)

사제 요한 왕국은 중세 유럽에서 매우 큰 영향을 미친 전설 중의 하나이다. 그 내용은 이슬람권 너머 먼 지방에 사제 요한이라는 인물이 다스리는 강력한 기독교 왕국이 존재한다는 것으로서, 특히 십자군 시기에는 이 왕국을 찾아서 양측이 함께 이슬람 세력을 협공하자는 방안이 진지하게 검토되었다. 12세기에 사제 요한 본인이 비잔틴 제국 황제 마누엘 1세 콤네노스에게 보냈다는 편지가 유포되었다. 물론 이는 위서僞書이지만 당시 사람들의 심성을 잘 보여 주는 자료라 할 수 있다. 여기에서 사제 요한 왕국은 막강한 권력과 풍요로운 부, 그리고 진실한 신앙심을 갖춘 이상 국가로 묘사된다.

우리의 위대함은 세 개의 인도를 지배하고, 성 토마스 사도의 시신이 있는 먼 인도에까지 미치고 있다. 우리 영토는 사막을 관통하여 태양이 떠오르는 궁전을 향해 펼쳐져 있고, 바벨탑 곁의 황폐한 바빌론 계곡을 통과한다. 72개의 주가 우리에게 복속하는데 그중 일부는 기독교도이며, 각각 왕을 두고 있다. 그 모든 왕이 우리에게 조공을 드리고 있다.

우리 영토에는 코끼리, 쌍봉낙타, 단봉낙타를 비롯하여 지상의 거의 모든 짐승이 존재한다. 우리 땅에는 꿀이 흐르고 사방에 젖이 충만해 있다. 우리 땅 가운데에는 독으로 해를 입히는 일이 없고 개구리가 시끄럽게 우는 법이 없으며, 전갈도 없고, 풀밭에 뱀이 기어 다니지 않는다. 독충들이 있어서 그 치명적인 힘을 사용하는 법도 없다.

이교도주州 가운데 한 곳에서 비손Physon이라는 강이 흐르는데 이 강은 지상낙원에서 발원하여 그 주 전체를 이리저리 흘러간다. 그 강에는 에메랄드, 사파이어, 석류석, 토파즈, 귀감람석, 마노, 녹주석, 붉은 줄마노, 그 외의 많은 보석이 있다.

또 물이 없고 모래만 차 있는 바다도 있다. 이곳의 모래는 바다처럼 끊임없이 움직이고 파도쳐서 정지해 있는 때가 없다. 어떠한 방법으로도 이 바다를 항해하거나 건너는 것이 불가능하므로 그 너머에 어떤 지방이 있는지 알 수 없다. 물이 없는데도 우리 쪽 바닷가에서 많은 종류의 물고기를 잡을 수 있는

메리 1세 시대의 지도책에 등장하는 사제 요한, 디오구 호멩, 1558

데, 이것들은 다른 곳에서는 볼 수 없는 가장 맛있는 생선들이다.

이 바다에서 사흘 동안 여행을 하면 산이 하나 나온다. 이 산에서 물 대신 돌멩이가 흐르는 강이 내려와 모래 바다까지 흘러간다. 이 강은 일주일에 사흘 동안 흐르는데 이때 크고 작은 돌멩이들이 쏟아져 나오며 또 그와 함께 나무까지 모래 바다로 가져간다. 강이 바다에 닿으면 돌멩이와 나무가 사라져서 보이지 않게 된다. 바다가 움직이는 동안에는 건너가는 것이 불가능하며 나머지 나흘 동안에는 건너갈 수 있다.

모래 바다와 우리가 말한 산 사이에는 사막이 있다. 그 땅 밑에 개울이 흐르는데, 그곳에는 접근할 수가 없다. 이 개울이 큰 강으로 흘러드는데 이 강에는 우리의 지배를 받는 사람들이 들어가서 많은 보석을 얻어 가지고 나온다. 이 강 너머에 유대인 10지파가 있는데 이들은 비록 자신들이 왕을 가진 것처럼 주장하지만 모두 우리의 하인들이며 조공을 드리는 자들이다. 다른 주에는 염열炎熱의 지방 옆에 살라만더라고 하는 불도롱뇽들이 산다. 이것들은 불 속에서만 살며, 마치 누에처럼 자기 주위에 가죽을 만든다. 우리 궁전의 숙녀들이 이 가죽을 조심스럽게 짜서 우리가 통상 입는 옷들을 지어낸다. 이 옷감으로 만든 옷을 빨려면 불 속에 집어넣어야 하며 그러면 옷들이 깨끗하게 된다.

모래 바다와 산 사이의 평원에는 믿기지 않을 정도의 치유력을 가진 돌이 있어서 기독교도거나 혹은 기독교도가 되려는 사람들의 모든 병을 낫게 해 준다. 돌 가운데 홍합 모양의 굴이 있고 그 안에 4인치 깊이의 물이 잠겨 있는데 이곳은 성스럽고 존경스러운 두 노인이 지키고 있다. 이들은 이곳에 오는 사람들에게 기독교도냐, 혹은 그럴 의향이 있느냐를 묻고, 또 온몸을 치유받기 원하느냐를 물어서 그 답이 만족스러우면 옷을 벗고 굴로 들어가게 한다. 이 사람들의 믿음이 신실하면 물이 불어나기 시작하여 사람들 머리 위까지 올라간다. 이 일이 세 번 일어난 다음 물이 내려가서 원래의 수준이 된다. 그러면 이곳에 들어간 사람은 그 어떤 병이라도 나아서 나오게 된다.

금, 은, 보석, 모든 종류의 동물, 그리고 사람 수에서 우리를 능가하는 것은 이 세상에 없다고 확신한다. 우리 가운데에는 빈자가 없다. 우리는 이방인과 순례자를 모두 받아들인다. 우리 땅에는 도둑과 강도가 없고, 또 간음과 탐욕도 없다.

우리가 전쟁에 나가게 되면 군대 앞에 군기 대신 보석으로 치장한 거대한 금제 십자가 13개를 들고 나가는데, 그 각각의 십자가 뒤를 1만 명의 기병과 10만 명의 보병이 뒤따른다. 이 외에도 짐꾼과 보급품 담당 일꾼이 따로 있다.

우리 땅에서는 아첨을 찾을 수 없고, 우리 사이에 싸움이란 없으며, 우리는 엄청난 부를 소유하고 있다. 다만 말馬이 부족하고 보잘것없다. 부와 인구 면에서 우리를 당할 사람은 없다고 믿는다.

평상시에 말을 타고 나갈 때는 우리 앞에 금이나 보석 혹은 다른 어떤 치장도 하지 않은 나무 십자가를 내세움으로써 우리 주 예수 그리스도의 수난을 상기하게 되며, 흙을 채운 금단지를 내세움으로써 우리의 살이 언젠가는 그 원래의 구성물인 흙으로 돌아간다는 사실을 상기시킨다. 여기에 더해서 금이 가득 찬 은그릇을 내세워 우리가 영주 중의 영주라는 점을 모든 사람이 알 수 있도록 한다. 우리의 위대함은 이 세상에 있는 부를 모두 합친 것보다도 크다.

우리 중에는 거짓말하는 사람이 없으며 그 누구도 감히 사실이 아닌 것을 이야기하려 하지 않는다. 왜냐하면 거짓말을 하는 사람은 죽음을 당하든지 혹은 죽은 사람으로 간주되기 때문이다. 그 사람의 이름은 거명되지도 않고 우리 가운데 명예를 인정받지도 못한다. 진리를 따르고 그 안에서 기쁨을 찾는 것이 우리의 즐거움이다.

우리의 숭고함이 머무는 왕궁은 성 토마스가 군다포르 왕[3]을 위해 지은 왕국의 형식을 따랐으므로 방과 다른 구조가 모두 닮았다. 천장, 기중, 처마도리는 싯딤shittim 나무(조각목)로 되어 있다. 천장은 불에 타지 않는 에보니로 되어 있다. 박공 꼭대기에는 두 개의 황금 사과가 올려져 있는데 그 안에 각각 두 개의 석류석이 들어 있어 황금은 낮에 빛나고 석류석은 밤에 빛난다. 왕궁의 큰 문들은 붉은 줄 마노로 되어 있고 그 위에 세라스테스cerastes라 불리는 뱀의 뿔

3 king Gundafor, 서기 1세기경 인도-파르티아 왕국의 왕.

을 달아서 누구도 독을 숨기고 그곳을 지나갈 수 없다. 작은 문들은 에보니로, 또 창문들은 크리스털로 되어 있다. 궁정인들이 식사하는 식탁들은 어떤 것은 황금으로, 어떤 것은 자수정으로 되어 있으며, 식탁을 받치는 다리는 상아로 되어 있다. 왕궁 앞의 광장에서는 결투 방식으로 재판이 이루어지는 것을 볼 수 있다. 그래서 이 광장은 전사들의 용기를 더욱 북돋우도록 마노로 덮여 있다. 왕궁에는 발삼 향을 넣지 않고는 불을 밝히지 않는다. 우리의 숭고함이 쉬는 방은 놀라울 정도로 금과 온갖 종류의 보석들로 덮여 있다. 하지만 마노로 치장한 경우에는 그 주변에 네 개의 홍옥수紅玉髓를 두어서 마노의 사악한 기운을 완화시킨다. 우리 방에는 발삼 향이 계속하여 타고 있다. 우리의 침대는 순결의 덕을 가진 사파이어로 만들어졌다. 우리는 지극히 아름다운 여인들을 가지고 있지만, 이 여자들은 1년에 네 번만 우리에게 찾아오되 그것도 오직 아들을 낳기 위해서일 뿐이며, 다윗에 의해 밧세바가 축성을 받은 것처럼 이 여자들이 우리에게 축성을 받으면 각자 자신의 자리로 돌아간다. (…) 만일 만물의 창조주이신 주께서 우리를 세계에서 가장 높고 영광에 찬 존재로 만드시고 난 다음 왜 사제presbyter 이상의 높은 직명을 허락하지 않으셨는지 묻는다면, 이 때문에 놀라워할 필요는 없다. 여기 그 이유가 있기 때문이다. 우리 궁정에는 교회에서 우리보다 더 높은 위엄을 가지고 있고 더 높은 성무를 맡은 사제들이 많다. 우리 궁정에는 대주교와 왕이 마름과 시종, 마부marshall 역할을 맡고 있으며, 왕과 수도원장이 요리사 역할도 맡고 있다. 따라서 우리 폐하께서 그런 이름을 취하거나, 우리 왕궁에 넘쳐 나는 그런 이름들을 자랑하는 것이 온당해 보이지 않는다. 그래서 우리는 우리의 크나큰 겸손함을 보이기 위해 더 소박한 이름으로 불리고 더 낮은 지위를 차지하기로 정한 것이다. 하늘의 별들과 바닷가의 모래알을 셀 수 있다면 그로써 우리 왕국의 위대함과 부의 거대함을 판단할 수 있을 것이다.

8. 아메리고 베스푸치의 1차 여행(1507)

토머스 모어가 아메리고 베스푸치의 아메리카 여행기를 읽고 영향을 받은 것은 분명하다. 이 점은 『유토피아』의 묘사에서도 충분히 찾을 수 있다. 베스푸치를 비롯한 초기 탐험가들은 신대륙을 탐험할 때 유럽인들이 전통적으로 가지고 있던 황금기와 순수한 자연에 대한 견해를 투사한 것일까? 이 점은 확실치 않다. 베스푸치 바로 다음 시대의 탐험가 기록과 달리 여기에서는 인신 희생 혹은 식인 풍습에 대한 언급이 없다는 점도 특기할 만하다.

……우리는 항시 시야에서 육지를 놓치지 않은 채 북서풍을 받으며 해안을 따라 항해했는데, 언제나 육지에는 사람들이 살고 있었다. 이틀 동안 항해한 뒤 제법 안전하게 정박할 수 있는 곳을 발견해서, 육지에서 반 리그 떨어진 곳에 닻을 내렸다. 그곳에는 엄청난 수의 사람들이 보였다. 이날 우리는 보트를 타고 상륙했다. 40명의 선원들을 채비를 잘 갖추어 육상으로 올려 보낸 것이다. 하지만 그곳 사람들은 여전히 조심스러워하며 우리와 대화를 나누려 하지 않았고, 우리 또한 그들이 가까이 와서 말하도록 만들 수 없었다. 이날 우리는 갖은 애를 써서 그들에게 방울, 거울, 구슬, 스팔린spaline(미상) 같은 물품들을 쥐어 줌으로써 그 사람들 일부가 믿음을 갖고 우리와 이야기할 수 있게 만들었다. 이렇게 친구가 된 다음 해가 져서 그들과 헤어져 배로 돌아왔다. 다음 날 아침 동이 텄을 때 우리는 해안에 엄청난 수의 사람들이 운집해 있는 것을 보았다. 이번에는 여자들과 아이들도 데리고 왔다. 해안으로 가 보니 그들도 자신들의 물품들을 가지고 있었다. 그 물건들에 대해서는 적당한 때에 이야기하도록 하겠다. 우리가 해안에 닿기도 전에 많은 사람이 물로 뛰어들어 헤엄쳐 와서 해안으로부터 활 쏘는 거리(약 300미터) 정도의 지점에서 우리를 맞이하였다. 그들은 수영에 익숙해 있고 또 우리를 아주 오랫동안 잘 아는 것처럼 대했다. 그들이 그런 믿음을 보인 데 대해 우리는 기뻐했다. 그들의 생활 방식과 관습에 대해 알게 된 바로는, 그들은 남자나 여자 할 것 없이 수치스러운 곳을 조금도 가리지 않고, 태어날 때와 마찬가지의 완전한 나체 상태로 돌아다

녔다. 키는 중간 정도였고 신체 비례가 조화를 이루고 있었다. 살색은 사자 갈기 같은 붉은색을 띠었다. 만일 그들이 옷을 입고 산다면 우리처럼 피부가 하얗게 될 것이다. 길고 검은 머리카락 말고는 신체의 다른 곳에는 털이 없었다. 특히 여성들은 머리카락 때문에 아름다워 보였다. 그들은 외모상으로는 그렇게 잘생기지 않았다. 얼굴이 넓어서 타타르인들처럼 보이기 때문이다. 머리카락 말고는 눈썹과 속눈썹을 포함해서 신체 어디에도 털이 자라지 않도록 했는데 그 이유는 털이 자라는 것을 더러운 일로 여기기 때문이다. 남자나 여자 모두 뛰거나 걸을 때 발걸음이 아주 가벼웠다. 우리가 여러 번 본 일이지만, 여자가 1, 2리그 정도 뛰는 것은 전혀 개의치 않았다. 이런 점에서 그들은 우리 기독교도보다 큰 장점을 가지고 있었다. 그들은 믿을 수 없을 정도로 수영을 잘하며, 특히 이 점에서는 남자보다 여자가 더 나았다. 우리는 이 사람들이 쉴 데라고는 하나도 없는 바다에서 1, 2리그 정도 수영하는 것을 여러 번 보았다. 그들의 무기는 활과 화살이었다. 이것은 아주 잘 만들었지만 다만 화살 끝에 철이나 그 외 어떤 금속도 사용하지 않고 그 대신 짐승이나 생선의 이빨이든지 혹은 불로 끝을 단단하게 만든 나무를 붙였다. 그들은 정말로 명사수라서 조준하는 것은 무엇이든 다 맞혔다. 어떤 곳에서는 여자들이 활을 쏜다. 다른 무기로는 불로 달구어서 단단하게 만든 나무 창, 아름답게 조각한 손잡이를 갖춘 곤봉 같은 것들이 있다. 그들은 자기들과 다른 언어를 사용하는 사람들과 아주 잔인한 전투를 벌이는데, 누구든 살려 주는 법이 없고 다만 극심한 고통을 가하기 위해서만 살려 줄 뿐이다. 전쟁에 나갈 때는 여자들을 데리고 가는데, 이 여자들은 함께 싸우는 것은 아니고 짐을 운반하는 일을 한다. 여자들은 남자들도 지지 못할 정도의 무거운 짐을 등에 진 채 30, 40리그를 걸어간다. 우리는 그런 여자들을 자주 보았다. 그들은 각자가 독자적인 전사라고 생각하므로 한 명의 대장 밑에서 싸우거나 정돈된 대열을 이루는 법이 없다. 전쟁 목적은 지배, 영토 확장, 무절제한 욕심 같은 것이 아니고, 옛날 언젠가 있었던 원한을 갚는 것이다. 왜 전쟁을 하느냐고 물으면 그들의 대답은 한결같이 자기 조상이나 부모의 원수를 갚기 위해서라고 답한다. 그들은 자유롭게 살기 때문에 왕이나 귀족도 없고 그 누구에게도 복종하지 않는다. 그들이 분기해서 전쟁에 나가는 과정은 이런 식이다. 그들의 적이 누군가를 죽이거나 포로로 잡아가면 희생자의 친척 중 최고령자가 큰길에 나와서 친척의 죽음에 대해 복수하자고 열변을 토하는데 그러면 모두 공감하여 전쟁에 나가는 것이다. 그들에게는 사법 제도가 없고 나쁜 일을 한 사람을 처벌하지도 않는다. 아버지나 어머니 누구도 아이들을 야단치지 않는다. 서로 간의 분란은 놀라울 정도로 희귀하거나 차라리 아예 없다고 해야 할 정도이다. 대화를 나눌 때는 무척 단순해 보이지만, 그들과 관련된 일에 대해서는 매우 약삭빠르고 날카롭다. 그들은 낮은 목소리로 아주 조금밖에 말하지 않는다. 그들도 우리와 똑같이 입천장, 이, 입술로 발음을 하며[4] 다만 사물에 우리와는 다른 이름을 부여했을 뿐이다. 언어 종류는 매우 다양해서 100리그마다 바뀌는 것 같다. 그래서 서로 말이 통하지 않는다. 생활 방식이 아주 야만적이어서 정해진 시간에 밥을 먹지 않고 아무 때나 원하는 시간에 밥을 먹는다. 그렇기 때문에 낮 시간보다 밤 시간에 더 자주 밥을 먹는 것도 이상한 일이 아니다. 그들은 식탁보나 다른 어떤 덮개도 없이 땅바닥에서 밥을 먹는다. 고기를 담는 데에는 자기들이 직접 만든 대접이나 호박을 반 자른 것을 이용한다. 잠잘 때는 면으로 만든 그물을 공중에 걸어 놓고 그 속에서 잔다. 이렇게 자는 것이 불편해 보일지 모르지만 실제로는 아주 편하다. 이불 속에서 자는 것보다 차라리 더 편하다. 그들은 계속 몸을 씻기 때문에 몸이 매끄럽고 깨끗하다. 말하기 민망하지만, 그들이 대변을 볼 때는 남의 눈에 띄지 않도록 최대한 노력한다. 이런 점에서 보면 깔끔하고 부끄러움을 아는 편인데, 오줌을 눌 때는 더럽고 부끄러움을 모른다. 서서 남과 이야기하는 동안 뒤로 돌아서지도 않고, 또 부끄러운 줄도 모르고 그대로 오줌을 누는데 그런 일은 이곳에서 부끄러운 일이 아닌 것이다. 그곳에서는 결혼 풍습이 없다. 남자는 원하는 대로 여자들을 취한다. 헤어질 때는 여자가 자기에게 어떤 나쁜 일을 했는지 혹은 여자가 어떤 불명예스러운 일을 했는지 이야기할

4 유럽인들과 같은 발음을 한다는 의미이다.

필요도 없이 헤어진다. 이 점에서는 여자들도 남자만큼이나 자유롭다. 질투도 하지 않고 또 대단히 음란한 점에서 남자나 여자나 똑같다. 그들이 엄청난 욕구를 만족시키기 위해 얼마나 교묘한 일들을 하는지에 대해서는 품위를 지키기 위해 말하지 않겠다. 이곳 여자들은 다산을 하며 임신 중에도 거리끼는 일이 없다. 출산도 어찌나 쉽게 하는지 아이를 낳고 하루만 지나면 어디에나 돌아다니고, 특히 강에 목욕하러 가는 것을 좋아하는데 이때 그들은 물고기처럼 건강하고 튼튼하다.

여자들은 애정이 없고 잔인해서 만일 남편에 대해 화가 나면 즉시 인공적인 방법으로 자궁 내의 태아를 죽이고 유산을 한다. 이런 식으로 그들은 수많은 목숨을 없앴다. 그들은 매우 균형 잡힌 몸매를 한 우아한 여자들로서 모양이 일그러진 신체 부위는 없다. 그 여자들은 완전히 벌거벗은 채 다니지만 살집이 좋아서 한 번도 그런 것을 본 적이 없는 사람이라면 여성의 성기가 없다고 생각할 것이다. 왜냐하면 허벅지로 모든 것을 다 가리고 다만—점잖게 표현해서—펙티그논pectignone, 恥丘만 보이기 때문이다. 요컨대 마치 우리가 코나 입이 부끄러운 부분이 아닌 것처럼 그녀들에게는 치부가 별로 수치스러운 부분이 아닌 것이다. 이곳에서는 여자들의 젖꼭지가 늘어진다든지 출산을 많이 해서 배가 아래로 처진다든지 주름이 잡힌다든지 하는 일은 놀라울 정도로 드물다.

마치 아이를 한 번도 낳지 않은 여자들처럼 보인다. 그 여자들은 우리 기독교도와 관계를 맺고 싶어 한다는 점을 노골적으로 드러낸다. 이들 사이에 법이 있다는 것을 듣지 못했다. 그들은 무어인이나 유대인이라고 부를 수도 없다. 그들은 이교도보다 못하다. 왜냐하면 이 사람들이 희생을 드리는 것을 보지 못했기 때문이다. 이들에게는 기도드리는 사원도 없다. 이들의 생활 방식은 에피쿠로스적으로 보인다. 그들은 거처를 공유한다. 집은 오두막 형태이지만 대신 아주 큰 나무로 튼튼하게 지어져 있고 위에는 야자수 잎으로 덮어서 폭풍우나 벌레의 피해에 대비하였다. 어떤 곳에서는 집이 매우 넓고 길어서 한 집에 600명이 사는 것을 본 적도 있다. 그리고 집이 13채에 불과한데 인구는 4천 명이나 되는 마을도 있다. 그들은 8~10년마다 집을 바꾸는데, 왜 그러느냐고 물으면 흙 때문이라고 답한다. 흙이 더러워지고 부패하면 건강에 좋지 않게 되며 그러면 몸에 통증이 온다고 하는데 이는 맞는 말로 보인다.

이 사람들의 부富는 색깔이 화려한 새 깃털, 생선뼈로 직접 만드는 묵주 알, 뺨이나 입술, 귀에 꽂는 흰색 혹은 녹색 돌들, 그 외에 우리 같으면 별로 가치를 두지 않는 물건들뿐이다. 그들은 교역을 하지 않는다. 매매라는 것을 모르는 것이다. 그리하여 자연에서 얻는 것으로 만족하며 살아간다. 유럽이나 다른 곳에서 높이 여기는 부, 그러니까 금, 보석, 진주 같은 것들은 하찮게 여기며, 그래서 자기들 땅에 그런 것들이 나지만 일부러 얻으려 하지 않고 또 높이 치지도 않는다.

9. 타소, 「아민타」 중 코러스(1573)

타소Torquato Tasso(1544~1595)는 우르비노의 궁정 시인으로서 당대 가장 인기 있는 시인이었다. 젊고 매력 있는 이 시인은 젊을 때부터 시재를 드러내서 이십 대에 시가극 「아민타Aminta」를 완성했다. 이 작품의 1장 마지막에 나오는 코러스는 가장 유명한 부분이다. 이 노래를 부르는 주인공 아민타는 소박한 전원생활을 즐기는 양치기이자 명예를 지켜야 하는 궁정인의 성격을 동시에 지니고 있다. 그는 오비디우스의 작품을 잘 아는 박식한 인물이면서 동시에 그 내용을 희롱하는 뻔뻔스러운 인물이기도 하다.

오, 사랑스러운 황금시대여,
그대가 사랑스러운 이유는 단지
실개천에 젖이 흐르고 가지 끝마다
꿀이 녹아떨어지기 때문만은 아니네.
또는 쟁기가 가서 닿지 않아도
대지가 풍성한 수확을 선물하고
누구도 미워하지 않는 독 없는 뱀이
소리도 없이 부드럽고 유연한 풀밭을
미끄러져 가기 때문도 아니네.
혹은 1년 내내 태양이 구름 없는 하늘에서
밝게 타며 기름진 땅을 데우고
봄의 형상들을 날아오르게 만들기 때문도 아니네.
온통 전쟁에만 미쳐서 또는 한줌의
정복이나 이윤의 탐욕에 빠져서
위험한 바다를 넘어 멀리 떠돌아다니도록
사람을 내몰지 않기 때문도 아니네.

아니, 그런 이유 때문이 아니고,

다만 그 헛되고도 공허한 우상,
증오의 마음이라는 병, 이름하여 '명예'가
얼음같이 찬 손으로 우리 욕망을 가라앉히거나,
혹은 다정한 마음을 쇠 굴레에
묶지 않았기 때문이라네.
"무엇이든 당신이 원하는 것을 할 수 있다"는
자연의 법령, 황금의 규칙이자 부드러운 보편법이
증오의 심연 속에서 부서지기 전이라네.

둥그렇게 피어난 야생화 무더기 가운데
횃불도 화살도 없이 꼬마 큐피드가 내려앉아서
님프와 양치기들을 위해 노래하는 동안
주변에서는 부드러운 애무와 속삭임,
내밀한 소리와 부드러운 입맞춤이 섞이는데
일생 동안 기쁨과 순결한 만족이 계속될 듯
그 입맞춤은 한없이 계속되고 몸을 누인
날씬한 아가씨는 지나가는 바람에 가슴을 열도다—
요즘에는 여자들이 겹겹의 옷 아래에서
장미를 해방시켜 꺼내지 않건만…….
그러나 그 시절에는 여자들은 기꺼이
호수나 강의 빛나는 물속 아롱거리는
잔물결 아래로 숨어들어 가고
기쁨에 넘치는 연인 옆에서 속박을 벗어난
나신裸身으로 장난치도다.

너, 명예여, 그것은 바로 너였다,
처음 기쁨의 샘에 독을 푼 것은,

「실비아를 구출하는 아민타」, 가스파르 뒤게, 1633년경

그리하여 연인들의 타는 갈증을
풀지 못하게 방해하고
내리쏟아지는 채찍질의 장막 뒤로
명예로운 눈을 숨게 만든 것은.
너는 다른 모든 기쁨도 모조리 거두어 가서
잿더미 아래 어두운 불처럼 숨겨 버렸구나.
너는 자유롭게 흩날리는 화사한 머리카락을
억지로 머리끈 아래 숨겼다,
그러고도 모자라 우아하기 그지없는
사랑놀이를 부끄러움으로 만들고
연인들의 장난기 가득한 희롱을 비난하며,
타고난 순수를 엄격한 얼음 속에 가두었다.
명예여, 그것은 네 잘못이다,
사랑의 비옥한 땅을 망쳐 놓아서,
자연의 선물인 감각을 절도와
잘못된 허식으로 변형시킨 것은.

이 모든 것이 너의 드센 싸움의 승리였구나,
너는 우리의 슬픔 위로 더 큰 슬픔을 끼얹는다.
그러나 사랑과 자연의 왕이여, 왕 중의 왕이여,
네게 무슨 이익이란 말이냐,
너의 그 강력한 계략을 알지도 못하고
너의 크나큰 명예를 알지도 못하는
우리 같은 초라한 인생을 기어이 짓누른들?
고매한 지배자와 야심에 찬 사람들의
그 꿈은 그대와 함께 제발 가 버려라,
그리하여 초라하고 아무 야심 없는 우리들이

우리 생각대로 우리 생을 살도록 내버려 두어라,
고대인들이 예전에 그랬던 것처럼.
그러면 우리는 사랑하며 조용히 삶을 살리라
지나가는 세월과 휴전을 맺을 필요도 없이
오직 지금 이 순간만이 진정 우리 것이니
하루가 가고 해가 져서 덧없는 빛을 잃었을 때
끝없는 밤 외에 우리에게 무엇이 남으리…….

10. 캄파넬라, 『태양의 도시』(1602)

『태양의 도시』는 이탈리아의 도미니코 수도회 수사 토마소 캄파넬라의 철학 저작으로서 가장 중요한 유토피아 문헌 중의 하나이다. 병원기사단 단장과 제노바 출신 선장 간의 대화 형식으로 쓰인 이 책은 재화, 여성, 아이들이 공유인 신정정치神政政治 사회를 묘사한다. 저자의 최종적인 아이디어는 신의 뜻으로 에스파냐 국왕이 주도하여 전 세계가 평화롭고 조화된 기독교 세계를 건설하리라는 예언이다.

선장 이 사람들은 인도에서부터 유래했는데, 약탈자이자 폭군인 마기Magi 승족의 압박을 피해 온 현인들입니다. 그들은 자기들끼리 이상적인 공동생활을 하겠다고 결정했습니다. 그들이 원래 살던 곳에서는 부인 공유제란 없었지만 그들은 이제 그 제도를 실시하고 있습니다. 모든 것은 공유이며, 다만 필요한 것을 행정관을 통하여 배분받고 있습니다. 예술도, 명예도 또 오락도 공유이며, 결코 어느 물건이든 개인적으로 소유할 수 없습니다.

그들은 모든 사유 재산은 자기 집과 아내와 자식들을 가지는 데에서 발생하는 것으로, 바로 여기에서 이기주의가 발생한다고 봅니다. 인간은 자기 자식을 부자와 권력자로 만들고자 하고, 또 상속인에게 큰 부를 남겨 주려고 하므로, 부와 권세를 가진 사람들은 두려움을 모르는 채 국가 재산에 손을 대서 자기 것으로 만들려고 하고, 돈 없고 힘없고 게다가 조상 덕도 없는 사람들은 탐욕, 사기, 위선을 부리게 됩니다. 그렇지만 우리가 이런 이기적 사랑을 버리면 국가에 대한 사랑만 남게 될 것입니다. (…)

기사단장 그렇다면 그곳에서는 서로가 서로에게 이익을 취하는 일이 없으니까 우정이라는 게 없지 않을까요?

선장 천만에요, 그렇지 않습니다. 어느 누구도 다른 사람에게서 선물을 받을 수 없을 때 어떻게 될지에 대해서는 한 번 생각해 볼 필요가 있습니다. 누구든지 필요한 것은 공동체에서 받을 수 있고, 행정관은 사람들이 자기 필요 이상의 것을 받지 않도록 세심한 주의를 기울입니다. 하지만 정말로 필요한 것을 요청하면 거부하지 않습니다. 참다운 우정이란 그보다는 전쟁터에서, 병상에 누워 있을 때, 또는 예술 세계에서 서로 돕고 가르치는 중에 우러나옵니다. 때로 그들은 칭찬과 대화를 통해, 그리고 그들이 필요로 하는 행위나 물건을 나누는 가운데 서로를 개선시킵니다. 나이가 같은 젊은이들은 서로 형제라 부르고 자기보다 22세 이상인 이는 아버지, 22세 이하인 이는 자식이라 부릅니다. 그리고 이 형제간의 관계에 금이 가는 일이 없도록 행정관이 잘 다스리고 있습니다.

기사단장 어떻게 그런 일이 가능한지 자세히 설명해 주시지요.

선장 우리가 지니고 있는 모든 도덕관념마다 거기에 해당하는 행정관이 있습니다. 도량, 용기, 순결, 관대, (형사·민사상의) 정의, 위안, 진실, 친절, 근면, 감사, 명랑, 운동, 절제 등의 덕목들을 정하고, 어릴 때부터 사람됨과 성품이 그 덕에 적당하다고 인정되는 사람을 뽑아서 이 부문을 담당하도록 하는 것입니다. 그들 사이엔 절도, 살인, 강간, 근친상간, 간통 등의 죄악이 없습니다. 그들은 은혜를 모르는 것, 당연한 친절을 베풀어야 할 때 하지 않은 악의, 나태, 슬픔, 분노, 천박함, 중상, 거짓말 등을 지극히 싫어하며, 이런 잘못을 저지른 사람들을 고발합니다. 이런 범죄자는 재판관이 이제 충분히 교정되었다고 판단할 때까지 공동 식당에서 식사할 수 있는 권리, 또는 여인과 육체관계를 맺을 수 있는 권리, 그 밖에 다른 명예를 박탈당합니다. (…) 여자는 19세가 될 때까지, 그리고 남자는 21세가 될 때까지 성관계를 맺지 못하고, 신체가 허약한 사람은 더욱 늦게까지도 불가능합니다.

그렇지만 그 이전이라도 불임증에 걸린 여자라든가 임신 중의 여자와의 성교는 허락된답니다. 출산 경험이 있는 여교사들은 생식 담당 행정관과 상의하여 성 문제로 지극히 고민하여 정욕을 참지 못하는 자가 의사를 몰래 밝혀 오면 그들에게 여자를 소개해 주는데, 이 경우에는 의사인 '사랑'의 보좌관에게 보고해야 합니다. 남성 동성애는 비난의 대상으로서, 발각된 사람은 이틀 동안 구두를 목에 매고 다니도록 조치합니다. 그 뜻은 정해진 질서를 어겼으므로 다리를 머리에 올려놓는다는 것입니다. 재범인 경우 더욱 중형이 가해지고 마지막에는 사형에 처합니다. 규율대로 21세까지 성행위를 피한 사람에게는 노래를 불러 찬양합니다.

그들은 남녀 모두 고대 그리스 사회에서처럼 나체로 운동을 하기 때문에 교사들은 누가 성적 결합에 적합한지 누가 성적 불능자인지 잘 파악하고 있습니다. 성교할 나이가 되면 그들은 몸을 깨끗이 씻고 세 밤마다 교접을 갖습니다. 이때 체격이 좋고 후덕한 남자는 몸집이 좋고 아름다운 여자와 만납니다. 뚱뚱한 여자는 마른 남자와, 마른 여자는 살찐 남자와 상대하는데 이는 양자의 신체적 균형을 유지하기 위함입니다. 밤이 되면 아이들은 교사의 명령에 따라 잠자리에 듭니다. 어른들은 저녁 먹은 것이 소화되기 전에는 성교를 삼가며, 성교 전에 반드시 신에게 기도를 올립니다. 여자는 성교 전에 저명한 인물의 조각상을 감상하며, 신에게 그와 같은 훌륭한 아이를 갖게 해 달라고 기도드립니다. 그들은 각자 다른 방에서 기다리다가 시간이 되면 교사가 각각 방문을 열어 주어 짝을 맺게 됩니다. 그 시간은 천문학자와 의사가 정합니다. (…) 한 여자와 한 남자 사이에서 임신이 안 되면 그 여자는 다른 남자와 결합하며 그래도 불임인 경우엔 여러 남자의 공유물이 됩니다. 그 여자는 식당 또는 사원에서 어머니로서 받을 수 있는 명예로운 대우를 받지 못합니다. 이는 여자가 쾌락을 위해 고의로 임신을 피하는 일이 없도록 하기 위해서입니다. 임신한 여자는 15일간 일을 쉬고 그 후 아이를 위한 영양섭취를 원활히 하기 위해 가벼운 일만 하게 됩니다. 분만 후 아이는 공공장소에서 양육되며 전문가의 의견에 따라 2년 정도 모유를 먹입니다. 젖을 뗀 후에는 여아는 여교사에게, 남아는 남교사에게 맡겨져 다른 아이들과 함께 공동생활을 합니다. 이때 글자를 배우고 달리기와 씨름을 연습하며 그림을 통해 사물을 배웁니다. 7세가 되면 여러 사물을 익히면서 지도자의 의사에 따라 차차 다른 학문과 공학을 배웁니다. 그 가운데 지능이 떨어지는 아이들은 시골로 보냈다가 머리가 깨기 시작하면 다시 불러옵니다. 그러나 대체로 동일한 별 아래에서 태어난 동년배 아이들은 성품, 육체적 발육 등에서 거의 비슷합니다. 그렇기 때문에 이 나라는 늘 평화로운 가운데 사람들이 서로 돕고 사랑합니다.

11. 베이컨, 『새로운 아틀란티스』(1626)

프랜시스 베이컨의 유토피아 소설 『새로운 아틀란티스』는 아메리카 대륙 서쪽 연안에 위치한 벤살렘이라는 가상의 나라에 찾아간 선원들의 기록 형식으로 꾸며져 있다. 이 나라에서 특히 중요한 기관은 솔로몬 학술원으로서, 과학적인 관찰과 실험을 통해 자연을 이해하고 정복하는 일을 수행한다. 이는 과학을 통해 더 나은 사회를 건설할 수 있다는 근대적인 유토피아 사고의 전형적인 작품이다.

하느님이 그대를 축복하기를! 나의 아들이여, 그대에게 내가 가진 가장 귀한 보물을 선사하겠습니다. 하느님과 인류에 대한 사랑으로 나는 그대에게 솔로몬 학술원에 대해서 이야기를 해 드리겠습니다. (…)

학술원의 목적은 모든 사물의 원인과 비밀스러운 작용을 탐구하는 데 있습니다. 그럼으로써 인간 활동의 영역을 넓히며 인간의 목적에 맞게 사물을 변화시키는 것입니다.

그러한 목적을 실현하기 위한 준비 절차와 도구는 다음과 같습니다. 우리는 거대한 동굴을 여러 개 가지고 있습니다. 그중에서 가장 깊은 동굴은 깊이가 600패섬fathom(1,098미터)이 넘습니다. 그 가운데에는 언덕이나 산을 파서 만든 것도 있습니다. 산의 '깊이'와 동굴의 깊이를 더하면 3마일(4,828미터)이 넘기도 합니다. 지상의 표면에서 보면 산의 '깊이'나 동굴의 깊이나 같은 것이며, 둘 다 태양이나 하늘의 햇살, 혹은 대기로부터 멀리 떨어져 있으니까요. 우리는 이 동굴을 하부 지역이라고 부릅니다. 우리는 이 동굴을 사물의 응고, 경화, 냉동 혹은 보존을 위해 사용합니다. 우리는 천연 광산을 본떠서, 여러 물질을 혼합하거나 이 동굴에다가 오랜 기간 둠으로써 인공 금속을 만들어 내기도 합니다. 이상하게 보이겠지만 우리는 이 동굴을 병을 치료하고 생명을 연장하는 데 이용합니다. 실제로 몇몇 은자隱者들이 필요한 물자를 충분히 갖추고서 이 동굴에서 살았는데, 그들은 아주 오래 살았습니다. 이를 통해 우리는 많은 지식을 얻었습니다. (…) 우리에게는 천연 샘이나 온천을 모방해서 만든 많은 인공 우물과 분수가 있습니다. 이것들은 황산, 황, 강철, 청동, 납, 초석 같은 광물

질이 들어 있는 온천을 따라 만든 것입니다. 또 많은 물질을 용해시키기 위한 작은 우물도 있습니다. 여기에 물질을 넣으면 다른 용기나 수반水盤에 넣을 때에 비해 물의 성질이 훨씬 빠르고 강하게 나타납니다. 그렇게 해서 우리는 '천국의 물'이라고 불리는 특수한 물을 만들어 냈습니다. 이 물은 건강과 장수를 보증해 줍니다.

우리는 기후 체계를 그대로 보여 주는 거대한 건물도 만들었습니다. 여기에서는 눈과 우박, 비, 물 대신 특별한 물질이 내려오는 인공 강우, 천둥, 번개를 만들 수 있습니다. 또, 개구리나 파리 같은 다양한 생물체를 공기 중에서 번식시킬 수도 있습니다.

또 건강의 방이라 불리는 특수한 곳이 있는데, 이 방에는 병을 치료하고 건강을 유지하는 데 적합한 공기를 유지합니다. (…)

우리는 씨앗 없이 배양토의 혼합만으로 다양한 식물을 성장시키는 방법을 알고 있습니다. 마찬가지로, 통상적으로 알려진 것과는 다른 새로운 종을 개발하기도 하며, 한 종류의 수목이나 작물을 다른 종류로 변환시킬 수도 있습니다.

온갖 종류의 짐승과 새들이 있는 공원이나 구획지區劃地도 있습니다. 이곳의 목적은 물론 희귀한 동물 혹은 관상용 동물을 보존하고자 하는 것도 있지만, 이들을 해부하고 실험해서 인간 육체의 비밀을 밝히고자 하는 데 큰 목적이 있습니다. 실험을 통해서 우리는 아주 놀랍고 이상한 현상들을 발견했습니다. 생명에 핵심적이라고 알려진 부위를 제거했는데도 계속 살아 있기도 하고, 겉으로는 죽은 것처럼 보이는 동물들을 살려 내기도 했습니다. 또 여러 종류의 독이나 다른 약품들을 투여해 보기도 하고, 여러 수술을 실험해 보기도 합니다. 그 결과 우리는 동물을 원래의 자연 상태보다 크게 만들거나 작게 만들 수도 있고, 아예 성장을 멈추게 하는 방법도 터득했습니다. 자연 상태보다 더욱 번식력이 뛰어나게 만들 수도 있고, 반대로 번식을 못하도록 만들 수도 있습니다. 또 색깔, 모양, 활동 양식을 다르게 만들 수도 있습니다. 서로 다른 종의 동물들을 교배하여 새로운 종의 동물을 얻는데, 이럴 경우 일반적으로는 번식이 안 되지만 우리의 실험에서는 계속 번식이 가능하도록 할 수 있습니다.

12. 스위프트, 『걸리버 여행기』 중 4권 「휴이넘의 나라」(1726)

조너선 스위프트의 소설 『걸리버 여행기』 중 4권 「휴이넘의 나라」는 지성을 갖춘 말馬 휴이넘과 짐승의 수준으로 격하된 인간 야후를 대조하고 있다. 야후가 인간의 모든 나쁜 면을 대변하는 존재인 반면, 휴이넘은 이성적 사회를 건설하여 덕성이 넘치는 삶을 사는 존재다. 이런 풍자를 통해 스위프트는 영국 사회 혹은 유럽 문명을 비판한 것으로 보인다.

그(주인공을 보호하는 휴이넘)는 나 자신과 내 나라에 대해 이전에 내가 했던 이야기를 진지하게 생각해 보았다고 말했다. 그리고 어떻게 해서 그렇게 되었는지는 모르지만 우리는 아주 작은 분량의 **이성**을 가지게 되었다고 하였다. 하지만 우리는 이성을 좋은 일에 사용하지 않고 오히려 우리의 **타고난** 부정을 더욱 악화시키고, 자연이 우리에게 부여하지 않은 새로운 부정을 늘리는 데 사용하였다는 것이다. 그나마 자연이 우리에게 부여한 얼마 안 되는 좋은 능력을 버리고 원래의 욕망을 키웠으며, 우리의 발명품으로 그런 욕망을 채우려는 헛된 시도를 하면서 온 생애를 보내는 것 같다는 것이다. (…)

우리의 **통치** 제도는 분명 큰 결함을 지니고 있는 이성에 의하여 만들어졌고 따라서 큰 결함을 지닌 **덕**virtue에 의해 만들어진 것이다. **이성적**인 동물을 지배하는 데는 **이성**만으로도 충분하다. 이성적인 동물이란 우리에게는 도저히 불가능한 성질이다. 비록 내가 영국인을 옹호하느라고 많은 사실을 숨기고 때로 사실과 다른 것들을 말했는데도[5] 주인님은 그 내용으로도 우리를 그렇게 판단하였다. 그는 이렇게 생각하고 있었다. 주인님은 자기 의견에 확신을 가지고 있었다. 왜냐하면 내가 힘, 속도, 행동, 짧은 손톱과 발톱, 그리고 자연이 관여하지 않은 다른 특별한 부분에서 오히려 더 불리한 점만 제외하고는 다른 야후들과 나의 몸이 아주 닮았기 때문이다. 그러므로 우리의 생활, 태도, 행동에 대해 내가 묘사한 것들을 통해서 주인님은 우리 인간의 정신 역시 야후들

5 휴이넘의 나라에는 거짓말이라는 것이 존재하지 않기 때문에 거짓말을 이렇게 표현하였다.

휴이넘의 지배를 받는 야후들, 루이스 존 리드, 19세기 말~20세기 초

과 비슷하다는 것을 알게 되었던 것이다. 주인님은 야후들이 서로를 미워하고 있으며, 자신의 종족을 다른 동물들보다도 더욱 미워하고 있다고 말하였다. 그 이유는 이성에 따라 다른 야후들의 모습이 아주 역겹게 생겼다는 것을 아는데, 문제는 다른 야후들의 생김새는 파악하지만 자신만은 파악하지 못하기 때문이다. 따라서 그는 우리가 몸을 감싸는 것이 현명한 일이라고 하였다. 우리의 발명을 통해 서로에게 기형적인 모습을 감출 수 있는데, 그렇게라도 하지 않으면 도저히 참을 수 없는 것이다. 그런데 주인님은 자신이 잘못 생각했다는 것을 깨달았다. 자기 나라의 야후들이 다투는 이유가 내가 설명한 영국 사람들의 경우와 비슷하다는 것을 알게 되었다. 다섯 마리의 야후들에게 쉰 마리가 먹고도 남을 만큼의 음식을 던져 준다면, 그들은 평화롭게 먹지 못하고 먹이를 자기가 독차지하려고 싸운다는 것이다. 그래서 들에서 야후들에게 먹이를 줄 때는 하인이 옆에서 지키고 있어야 하고, 집에서 기르는 야후들은 조금씩 거리를 두어서 묶어 놓아야 한다.

암소가 늙거나 혹은 사고로 죽었을 때, 휴이넘이 자기가 기르는 야후에게 주기 위해 그것을 치워 놓지 않으면 이웃의 야후들이 떼를 지어 몰려와 싸우게 된다. 우리가 발명한 것과 같은 살인 도구가 없기 때문에 서로 죽이는 경우는 좀처럼 없다고 하더라도, 야후들은 서로 발톱으로 싸우다가 깊은 상처를 입는다. 어떤 경우에는 확실한 이유 없이 야후들 사이에서 싸움이 벌어진다. 한 지역의 야후들은 다른 지역의 야후들이 대비하기 전에 기습 공격을 한다. 하지만 그들의 계획대로 전쟁이 잘 이루어지지 않으면 집으로 돌아와 같은 지역의 야후들끼리 소위 **내전**을 벌인다.

이 나라의 들판에는 여러 가지 색깔의 **빛나는 돌**이 있다. 야후들은 그 돌을 미친 듯이 좋아한다. 빛나는 돌이 땅속에 묻혀 있는 것을 우연히 발견하면, 그들은 며칠 동안 발톱으로 땅을 파서 꺼내 가지고 자기 굴에다가 무더기로 숨겨 놓는다. 그러고는 자기 동료들이 빛나는 돌을 훔쳐 갈까 봐 세심하게 감시한다. 주인님은 이런 비자연적인 욕망을 이해할 수 없었다고 한다. 이런 돌이 야후들에게 무슨 쓸모가 있는지 알 수 없다는 것이다. 그러나 이제 주인님은 그것이 우리 영국인들의 탐욕과 같은 원리에서 나왔다고 믿게 되었다. 그는 시험 삼아 한 야후가 숨겨 놓은 곳에서 빛나는 돌을 치워 보았다. 보물을 잃어버린 더러운 동물은 크게 울부짖으면서 야후들을 모두 그 장소로 데리고 갔다. 그곳에서 그는 절망적으로 울부짖으며 동족들을 물어뜯었다. 그는 먹지도 않고 잠을 자지도 않았으며, 일을 하지도 않으며 여위어 갔다. 다음에 주인님은 하인을 시켜서 빛나는 돌을 원래의 장소로 옮겨 놓도록 하였다. 야후가 그것을 발견했을 때, 그는 즉시 생기를 되찾았다. 그리고 그 빛나는 돌을 더 은밀한 곳에다 감춘 다음 이제 말을 잘 듣게 되었다.

연보

1478 2월 7일, 런던에서 법률가인 부친 존 모어 경Sir John More과 모친 애그니스 그라운저Agnes Graunger의 여섯 자녀 중 둘째로 태어남.

1484 런던에서 가장 명망 있는 학교 중 하나인 성 안토니 학교St. Anthony's School에 입학.

1490 캔터베리 대주교와 잉글랜드 대법관을 역임했던 존 모턴 경Sir John Morton의 집에서 2년간 사동으로 일하며 배움.

1492 옥스퍼드대학교 입학.

1496 뉴 인New Inn 법률 학교 입학.

1501 퍼니발 인Furnivall's Inn 법학 교수로 선출.

1503 종교적 각성으로 카르투지오 수도회에 들어가 수도사 생활을 함.

1504 그레이트 야머스Great Yarmouth 지역을 대변하는 의원이 됨.

1505 제인 콜트Jane Colt와 결혼. 두 사람 사이에서 마가레트Margaret, 엘리자베스Elizabeth, 시슬리Cicely, 존John 등 4명의 자녀가 태어남.

1510 런던 지역을 대변하는 의원 및 런던 시 사정장관보 선임.

1511 제인 콜트 사망.

1511 앨리스 미들턴Alice Middleton과 재혼.

1513 『리처드 3세의 역사*History of King Richard III*』 집필 시작(미완).

1514 추밀원Privy Counsellor 위원으로 활동함. 신성 로마 제국 황제 카를 5세를 방문하는 외교 사절단의 일원으로 토머스 울지 대주교를 따라 칼레와 브뤼주 등지를 방문, 귀국하여 기사 작위를 받음. 이 시기에 『유토피아』 초고를 준비함.

1516 『재미있는 농담*A Merry Jest*』 출간 후 에라스뮈스의 편집으로 『유토피아』 초판본 출간.

1518 『라틴어 시편*Latin Poems*』 출간.

1520 독일의 신성 로마 제국 황제 및 한자 동맹과의 협상 문제를 담당하며 『브릭시우스에게 보내는 편지*Letter to Brixius*』 출간.

1523 하원 의장 선임. 마틴 루터와 종교적 논쟁을 벌인 『루터에게 답함*Responsio ad Lutherum*』 출간.

1529 10월, 대법관으로 임명. 헨리 8세의 비서 겸 개인 고문 역할을 수행. 『이단에 대한 대화*A Dialogue Concerning Heresies*』 출간하여 종교 논쟁을 이어 감.

1530 헨리 8세의 이혼을 요청하는 서명에 동참하기를 거절함.

1531 헨리 8세가 영국 내 종교적 최고 수장임을 주장하는 '수장령Acts of Supremacy' 선언문에 서명을 거부함.

1532 대법관직 사임. 『프리스에게 반反하여 보내는 편지*Letter Against Frith*』, 『틴들의 답변에 대한 논박*The Confutation of Tyndale's Answer*』 출간.

1533 앤 볼린 왕비 대관식에 불참. 『'살렘과 비잔티움'에 대한 비판*Debellation of Salem and Bizance*』, 『중독된 책에 대한 대답*The Answer to a Poisoned Book*』 출간.

1533 체포 및 런던탑 구금.

1534 4월, 영국 의회는 '수장령'을 통과시킴. 모어는 국왕의 수장권을 부인하는 뜻을 굽히지 않아 반역죄로 기소됨.

1535 7월 1일, 유죄 판결.

1535 7월 6일, 사형 집행.

1935 5월 19일, 가톨릭교회의 시성으로 성인聖人으로 공인됨.

사후에 출판된 저작들(집필 연도로 추정되는 저작 포함)

『리처드 3세의 역사*History of King Richard III*』(c. 1513~1518)
『마지막 네 가지*The Four Last Things*』(c. 1522)
『환난에 대한 위로의 대화*A Dialogue of Comfort Against Tribulation*』(1534)
『열정에 대한 논문*Treatise Upon the Passion*』(1534)
『축복받은 육신에 대한 논문*Treatise on the Blessed Body*』(1535)
『교습과 기도*Instructions and Prayers*』(1535)
『그리스도의 슬픔*De Tristitia Christi*』(1535)

도판 출처

5쪽 © AF Fotografie / Alamy Stock Photo.
13쪽 © CORBIS / Getty Images.
19쪽 © Johannes Stradanus / Wikimedia Commons.
32쪽 © Ferdinand Bol / Wikimedia Commons.
62쪽 Wikimedia Commons.
68쪽 © Giovanni Paolo Panini / Peter Horree_Alamy Stock Photo.
91쪽 Wikimedia Commons.
96쪽 © Pieter Aertsen / Wikimedia Commons.
104쪽 Wikimedia Commons.
126쪽 Wikimedia Commons.
169쪽 © Hans Holbein / Wikimedia Commons.
172쪽 © Augustine / Wikimedia Commons.
173쪽 © Michelangelo Buonarroti / Wikimedia Commons.
174쪽 © Rowland Lockey / Wikimedia Commons.
176쪽 © William Frederick Yeames / Wikimedia Commons.
181쪽 © Hans Holbein / Wikimedia Commons.
207쪽 © Matt Popovich / Wikimedia Commons.
211쪽 © Raffaello Sanzio da Urbino / Pictures Now / Alamy Stock Photo.
220쪽 © Diogo Homem / Wikimedia Commons.
231쪽 © Gaspard Dughet / Wikimedia Commons.
241쪽 © Louis John Rhead / Wikimedia Commons.

* 일부 저작권자가 불분명하거나 연락이 닿지 않는 경우에는 확인되는 대로 별도의 허락을 받도록 하겠습니다.

찾아보기

ㅌ

ㅍ

ㅎ